O livro de Jurgen é prático e divertido, mas, acima de tudo, é subversivo. Se você se importa o suficiente para iniciá-lo, você descobrirá que essas ferramentas transformarão tudo na sua organização.

Seth Godin

Autor de *The Icarus Deception*

Abordagem brilhante, contraintuitiva e criativa para a gestão. Muito perspicaz e humanista. Altamente recomendado!

Derek Sivers

Fundador do CD Baby, palestrante TED, autor de *Anything You Want*

Liderando para a Felicidade é a melhor abordagem em um cenário em constante evolução de gestão.

Tomas Rybing

Diretor de Gerenciamento de Projetos na Aptilo Networks

Em nosso mundo sempre ativo, em tempo real, a natureza do trabalho mudou potencialmente para melhor. Embora as pessoas possam ser mais autônomas e produtivas, elas também podem se destruir mais facilmente. Jurgen aborda essas mudanças importantes em seu livro divertido e interessante.

David Meerman Scott

Autor do best-seller *The New Rules of Marketing and PR*

Não espere que os gerentes resolvam os problemas de gestão que atrapalham você. Seja o gerente do seu próprio destino e aja em vez de esperar! Este livro perspicaz não apenas o ajudará a encontrar o caminho certo a seguir, mas também ensinará como habilitar as pessoas ao seu redor para que possam criar um ambiente de trabalho melhor para todos.

Kamil Posiadała

Desenvolvedor ágil de software

Envolva as pessoas, melhore o ambiente de trabalho e encante os clientes: estes são os princípios deste livro incrível, que mostrará como transformar toda a camada de gestão em sua organização em uma fonte de criatividade, produtividade e engajamento. Excelente!

Marshall Goldsmith

Top 50 dos pensadores especialistas, Top 10 Global Business Thinker e um dos Executive Coach mais bem ranqueados

Hoje, todos os gerentes são profissionais do marketing. Você precisa vender suas ideias, seus planos e suas soluções. *Liderando para a Felicidade* coloca você no caminho para o sucesso em um mundo em que somos responsáveis por gerenciar nossa própria carreira e nossa própria contribuição para o mundo.

Penelope Trunk

Autora de *Brazen Careerist: The New Rules for Success*

Como você se torna um dos melhores gerentes do mundo? Profissionais do esporte contratariam um bom treinador e se exercitariam diariamente. *Liderando para a Felicidade* de Jurgen Appelo é seu *coach* particular, que lhe oferece vários exercícios e conselhos práticos para o gerente moderno. A única coisa que você precisa além disso é o exercício diário.

Tobias Leisgang

Gerente de Engenharia de Sistemas na Texas Instruments

Em um mundo em rápida mudança, onde a previsível doutrina newtoniana já não está mais à altura dos desafios colocados sobre os gerentes, o oportuno livro de Jurgen Appelo fornece uma informação incrivelmente acessível para mudar o pensamento que provavelmente definirá o gerente do futuro.

Deane Sloan

Chief Technology Officer na Equinox IT

Deseja saber como pode ser o próximo estágio evolutivo da gestão? Faça um favor a si mesmo e dê uma olhada em *Liderando para a Felicidade*, de Jurgen Appelo. Cheio de dicas de ouro para a gestão e também com exercícios e atividades, *Liderando para a Felicidade* fornece *insights* sobre como envolver a próxima geração da força de trabalho.

John Baldoni

Autor de *MOXIE: The Secret to Bold and Gutsy Leadership*, presidente de liderança e desenvolvimento na N2Growth

Você quer um bom livro sobre gestão? Desfrute a leitura de *Liderando para a Felicidade*. Cada capítulo está cheio de momentos "ahá!". Eu lia no transporte público e chegava ao escritório com um sorriso e ótimas ideias para melhorar o nosso local de trabalho.

Jeanne Estelle Thebault
Presidente do Chapter Montreal do IIBA

Dirigindo uma equipe de 700 pessoas em uma fábrica de software, sou confrontado todos os dias com o desafio de obter o melhor de nossos profissionais e equipes para que clientes felizes recebam software de alta qualidade a cada duas semanas. Este livro fornece às nossas equipes informações, ferramentas, histórias, jogos... para manter nosso pessoal fazendo a coisa certa de forma certa e com paixão.

Johan Lybaert
Diretor de Aplicações na Europa da Cegeka

Você sonha com uma gestão mais adaptada à complexidade do nosso mundo? Boas notícias, isso é uma realidade! *Liderando para a Felicidade*, de Jurgen Appelo, é a caixa de ferramentas do jardineiro ágil que promove a colaboração, constrói a equipe em torno de valores comuns, desenvolve habilidades e motiva seus colegas de trabalho. Agora você tem as chaves para mudar o mundo. Como eu, leia este livro e cultive a felicidade em sua organização.

Loïc Leofold
Consultor de Ágil e de Gerenciamento na Astrakhan

É difícil acertar a liderança, mas com um bom conjunto de ferramentas e exercícios o trabalho fica imensuravelmente mais fácil. Este livro oferece essas ferramentas, exercícios e, acima de tudo, informações sobre como um gerente do século XXI se comporta. O trabalho e a força de trabalho são fundamentalmente diferentes em comparação com o que eram até uma década atrás, e o livro de Jurgen ajuda a engajar e entusiasmar o leitor a se tornar um gerente melhor e liderar sua equipe para o sucesso.

Mike Pearce
Gerente de Desenvolvimento na MOO.com

Se a gestão é importante demais para ser deixada apenas para os gerentes, então as práticas de gestão ágil descritas por Jurgen Appelo neste livro são valiosas demais para serem aplicadas apenas ao ambiente de TI. Equipes motivadas, ágeis e versáteis são um pilar do sucesso nos dias de hoje no mundo dos serviços financeiros. Você descobrirá como construí-los a partir deste livro!

Tomasz Sitkowski
CRO interino no mBank CZ/SK

Como a geração atual gosta da integração entre vida profissional e pessoal, as pessoas observam e respondem seguindo em frente. *Liderando para a Felicidade* fornecerá um guia completo para sair do escritório e contribuir para uma cultura de sucesso como uma meta, enquanto se diverte em sua jornada.

Sebastián Diéguez
Agile Coach e Evangelista

Muitos autores fazem questionamentos, mas Jurgen Appelo os responde. Ele oferece uma combinação de pensamentos nítidos e articulados em uma leitura fácil e envolvente. Se você procura conselhos úteis que o ajudarão a construir um relacionamento melhor, mais forte e mais produtivo com aqueles que você lidera, recomendo que você leia o livro de Jurgen.

Mike Myatt
Autor de *Hacking Leadership*, colunista da *Forbes* sobre liderança e fundador da N2Growth

Há outra maneira de imaginar a gestão. Neste livro, Jurgen Appelo está oferecendo práticas e exercícios que você pode facilmente experimentar, para mudar seu próprio ambiente. Enquanto desenvolve seu talento em gestão, você dirá, assim como eu: obrigado, Jurgen!

Alexis Monville
Chief Agility Officer na eNovance, cofundador na Ayeba

Copyright© 2020 por Brasport Livros e Multimídia Ltda.

Tradução do livro "Managing for Happiness: games, tools, and practices to motivate any team" sob licença da Wiley & Sons, Inc. Copyright © 2016 Jurgen Appelo.

Todos os direitos reservados. Nenhuma parte deste livro poderá ser reproduzida, sob qualquer meio, especialmente em fotocópia (xerox), sem a permissão, por escrito, da Editora.

Editor: Sergio Martins de Oliveira
Gerente de Produção Editorial: Marina dos Anjos Martins de Oliveira
Editoração Eletrônica: Abreu's System
Capa: Linda Hirzman
Arte final: Trama Criações

Técnica e muita atenção foram empregadas na produção deste livro. Porém, erros de digitação e/ou impressão podem ocorrer. Qualquer dúvida, inclusive de conceito, solicitamos enviar mensagem para **editorial@brasport.com.br**, para que nossa equipe, juntamente com o autor, possa esclarecer. A Brasport e o(s) autor(es) não assumem qualquer responsabilidade por eventuais danos ou perdas a pessoas ou bens, originados do uso deste livro.

DADOS INTERNACIONAIS DE CATALOGAÇÃO NA PUBLICAÇÃO (CIP)

A646l	Appelo, Jurgen
	Liderando para a felicidade : jogos, ferramentas e práticas para motivar qualquer equipe / Jurgen Appelo ; tradução: Mateus Rocha ... [et al.]. – Rio de Janeiro: Brasport, 2020.
	304 p. : il. ; 17 x 24 cm.
	Título original: Managing for Happiness: games, tools, and practices to motivate any team
	Inclui bibliografia.
	ISBN 978-65-88431-13-9
	1. Liderança. 2. Motivação. 3. Gestão de equipes. I. Rocha, Mateus. II. Coutinho, Isabel. III. Marinho, Tadeu. IV. Escobar, Luisa. V. Título.
	CDU 658.310.131

Bibliotecária responsável: Bruna Heller – CRB 10/2348

Índice para catálogo sistemático:
1. Motivação na administração de pessoal 658.310.131

BRASPORT Livros e Multimídia Ltda.
Rua Washington Luís, 9, sobreloja – Centro
20230-900 Rio de Janeiro-RJ
Tels. Fax: (21)2568.1415/3497.2162
e-mails: marketing@brasport.com.br
vendas@brasport.com.br
editorial@brasport.com.br
www.brasport.com.br

Liderando para a Felicidade

Jogos, ferramentas e práticas para motivar qualquer equipe

Jurgen Appelo

Tradução:
Mateus Rocha, Isabel Coutinho, Tadeu Marinho, Luisa Escobar,
Diogo Riker, Ivan Ferraz, Gino Terentim, Ricardo Peters e Elaine Valverde

Rio de Janeiro
2020

Prefácio: Melhor Gestão para Todos

> Boas ideias não são adotadas automaticamente. Elas devem ser dirigidas para a prática com corajosa paciência.
>
> Hyman Rickover, almirante americano (1900–1986)

Uma vez eu tentei motivar um profissional a melhorar seu desempenho dando a ele um aumento um pouco maior em comparação a seus pares na equipe. Não funcionou. A situação na verdade ficou pior, e em um típico exemplo de o-universo-odeia-todas-as-minhas-melhores-intenções, no fim das contas toda a equipe se sentiu desmotivada e ressentida.

Em minha defesa, o trabalho que esse profissional produziu era terrível. Como seu gerente, eu tinha que lidar com queixas, ameaças e abuso de clientes sobre a qualidade de nossos serviços – ou sua falta – e eu estava me sentindo bem desesperado. Eu tinha que fazer alguma coisa! Então eu fiz, mas foi a abordagem errada. E como nada funcionava, eu odiava ser gerente.

Isso foi há 20 anos.

Como gerente, você deve fazer escolhas. Você não pode deixar a desmotivação entre os membros da sua equipe seguir o seu curso. Você precisa fazer algo! Este livro vai ajudá-lo nisso. Ele contém várias práticas e exercícios excelentes para equipes e gerentes do século XXI. A maioria foi emprestada de outras pessoas que, com frequência, faziam um trabalho muito melhor em motivar seus colegas do que eu jamais pude fazer, e eles se tornaram ótimos gerentes de equipes. Felizmente, eu ousei rodar alguns experimentos por conta própria e obtive um par de pequenos sucessos também. Portanto, algumas dessas ideias apresentadas aqui são minhas próprias e simples invenções.

Eu comecei a amar gestão quando eu decidi parar de impor más práticas de gestão sobre meus colegas de trabalho. Eu gerencio uma rede de negócios de âmbito mundial chamada Happy Melly, o programa global de licenciamento Management 3.0, minhas palestras e todo mundo que está de alguma forma envolvido com meus artigos, livros e workshops. Eu não pago a nenhuma dessas pessoas um bônus anual para que as coisas sejam feitas; não tenho políticas de férias, horas de trabalho flexíveis, ou políticas de portas abertas; e nenhum de meus contatos precisa ter medo de que eu peça uma avaliação de desempenho. De maneira interessante, os facilitadores Management 3.0, membros da Happy Melly e muitos outros com os quais eu trabalho são altamente engajados, amam melhorar seu trabalho e estão ansiosos para aprender como encantar seus clientes. Como isso é possível sem organizar reuniões regulares com cada um deles em meu escritório particular?

Ano passado, um dos membros da minha equipe me disse: "você é o primeiro gerente que eu tive que não é ruim". Ela quis fazer um elogio. Isso foi 20 anos depois que eu fiz uma bagunça completa na motivação de uma equipe. Agora eu tenho orgulho em dizer que meus atuais membros de equipe são felizes, motivados e bastante produtivos. E eu, como seu gerente, não sou ruim. Isso é um alívio.

Este é um livro de gestão para todos: desenvolvedores, artistas, escritores, líderes de equipe, gerentes de nível médio, designers, gerentes de projetos, gerentes de produtos, gerentes de recursos humanos, profissionais de marketing, testadores, coaches, mentores, consultores, treinadores, facilitadores, empreendedores e freelancers. Todos são responsáveis por atividades de gestão em algum nível. Este livro explica a você como implementar uma gestão melhor, possivelmente com menos gerentes, ao olhar para o que outras empresas no mundo têm feito. Elas pavimentaram o caminho para o resto de nós!

Leia este livro e transforme 20 anos do que foi uma luta para mim em alguns dias de aprendizado para você. Eu vou mostrar como você pode ter uma organização mais feliz graças a ótimas práticas e muitas atividades de gestão que, em muitos casos, nem necessitam de gerentes.

E talvez eu leve outros 20 anos rodando experimentos de gestão para que de fato eu me torne muito, muito bom. Espero que você se junte a mim nessa jornada.

Jurgen Appelo, Dezembro 2015
jurgen@noop.nl

Nenhum gerente foi ferido durante a escrita deste livro.

Prefácio da edição brasileira

> A gestão é importante demais para ficar apenas nas mãos dos gestores.
>
> **Jurgen Appelo**

Foi essa frase aí do lado que me fez refletir, por volta de 2015, sobre qual era de fato o papel da gestão e, consequentemente, meu papel como gestor. A partir daquele momento, um novo mindset surgia em minha vida, trazendo novas perspectivas, um novo olhar para a gestão e liderança, e, é claro, novos questionamentos. Será que ser gerente é como eu imaginava mesmo? Resumia-se a cronogramas e dizer aos outros o que fazer e como fazer? A se achar a pessoa mais inteligente da sala?

Comecei a questionar meus antigos padrões de gerenciar projetos, sobre o quanto (e como) eu permitia que as pessoas que eu liderava fossem de fato empoderadas e até mesmo motivadas a realizar um bom trabalho. Confesso que essas dúvidas me perseguiram durante um bom período dessa trajetória de aprendizagem sobre management 3.0. Pensava em como eu poderia empoderar as equipes com as quais eu trabalho, como eu poderia motivá-los, como poderia fazê-los se comportar de uma forma diferente. Sempre sobre os outros, nunca sobre mim mesmo. Foi então que, em um dos workshops de management 3.0 ministrados no Brasil, um dos slides me saltou aos olhos com os seguintes dizeres: nós podemos mudar as pessoas? Para a minha surpresa, a resposta foi... NÃO! Nós não podemos mudar as pessoas! Nós podemos mudar a nós mesmos e, com a nossa mudança, influenciar as pessoas com base em nossos comportamentos. Desde então, meu trabalho como gestor, filho, pai, amigo, irmão, companheiro, facilitador de management 3.0 (e tantas outras coisas) tem seguido sempre nessa direção: como eu posso me tornar uma pessoa melhor e, com base em minha mudança, impactar positivamente a vida de outras pessoas ao meu redor.

Em 2018, tive a oportunidade de iniciar minha trajetória como coordenador de materiais de management 3.0 no Brasil. Desde então, tenho direcionado o meu propósito de forma a fazer com que esse mindset (que não é um framework) seja cada vez mais conhecido pelas empresas e seus respectivos líderes. Além de entregar os materiais para os workshops em nossa língua mãe, tendo em vista que a maioria das pessoas não possui acesso ou um bom nível de inglês para leitura em nosso país, queria poder gerar um impacto direto e acessível na vida das pessoas. Algo que, de fato, fizesse com que outras pessoas também pudessem conhecer o propósito que me transforma a cada dia como pessoa gestora: resolvi liderar a tradução do livro Managing for Happiness. Confesso que essa ideia me deixava bem assustado, mas também entusiasmado em ver que esse trabalho poderia ajudar pessoas como você, que podem estar em busca de um novo estilo de liderança, com mais propósito e com foco em pessoas. Foi uma trajetória bem desafiadora. Encontrar uma editora competente e comprometida como a Brasport que pudesse fazer esse trabalho de forma tão profissional não foi uma tarefa das mais fáceis. Como em toda jornada de aprendizado, feedbacks construtivos e baseados no feedback wrap me fizeram entender os reais motivos pelos quais Jurgen Appelo dedicou três anos de sua vida neste livro e, também, a ter empatia por ele. Eu diria que esse foi um fator determinante para que eu tivesse a motivação e o aconselhamento necessários para que essa tradução fosse concluída. Por isso, fica aqui minha eterna gratidão por essa oportunidade de aprendizado.

Gostaria de agradecer a cada um do nosso grupo de tradutores da comunidade brasileira (você terá a oportunidade de conhecer um pouco mais sobre eles no final deste livro), que doaram seu tempo e conhecimento para que essa tradução fosse possível. Muito obrigado, mais uma vez. Trabalhar de forma remota em uma tradução foi algo que nos trouxe um aprendizado ímpar, que certamente levaremos por toda a nossa vida.

Por último, gostaria de desejar a você, leitor deste livro, que tenha uma bela e proveitosa leitura, repleta de aprendizado e reflexões sobre uma nova forma de se fazer gestão, e que o mantra "gerencie o sistema e não as pessoas" faça parte da sua vida não só com palavras, mas principalmente com ações, uma vez que só podemos verificar se realmente aprendemos algo quando colocamos em prática! Só podemos mudar as organizações quando cada um de nós faz a sua parte. Como diria o grande líder Mahatma Gandhi, seja a mudança que você quer ver no mundo.

Mateus Rocha
mateus.rocha@millennialsbr.com

introdução 1
O que é Management 3.0?

1. kudo box e kudo cards 23
Motive as Pessoas com Melhores Recompensas

2. mapas pessoais 39
Melhore a Comunicação e a Compreensão

3. quadros de delegação e pôquer da delegação 59
Empodere os Profissionais com Limites Claros

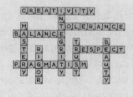

4. histórias sobre valores e livros de cultura 77
Defina a Cultura Compartilhando Histórias

5. dias de exploração e crowdfunding interno 93
Arranje Tempo para Exploração e Autoestudo

6. guildas empresariais e encontros corporativos 109
Compartilhe Conhecimento, Ferramentas e Práticas

7. feedback wraps e férias ilimitadas 123
Aprenda a Oferecer Feedback Construtivo

8. ecossistema de métricas e índice de scoreboard: 147
Avalie o Desempenho da Maneira Certa

9. merit money 171
Pague às Pessoas de Acordo com seus Méritos

10. moving motivators 193
Descubra o Real Engajamento dos Profissionais

11. porta da felicidade 217
Obtenha uma Organização Mais Feliz

12. questões yay! e quadros de celebração 235
Aprenda com os Sucessos e os Fracassos

conclusão 251
Nunca Pare de Experimentar

introdução
O que é Management 3.0?

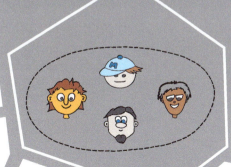

* Tradução: Mateus Rocha e Ricardo Peters

> Ao contrário do que eu acreditava quando eu era uma garotinha, ser a chefe quase nunca envolve marchar por aí, agitando os braços e proclamando "Eu sou a chefe! Eu sou a chefe!"
>
> Tina Fey,
> comediante americana
> (1970–)

Quando a cultura de uma organização é ruim, não culpe apenas os gerentes. Felicidade em uma organização é responsabilidade de todos. Uma gestão melhor significa engajar pessoas, melhorar todo o sistema e aumentar o valor para os clientes. Para a maioria das pessoas, entretanto, esses princípios não são suficientes. Elas necessitam de práticas concretas ou, em outras palavras, exercícios regulares.

Gestão é importante demais para deixá-la apenas para os gerentes. Eu cheguei a essa conclusão depois de 20 anos sendo um gerente, escrevendo dois livros sobre gestão, oferecendo 80 cursos de gestão em 30 países e falando em quase 100 conferências ao redor do mundo, algumas delas sobre gestão. Eu percebi que a maioria dos líderes não sabe como resolver seus problemas de gestão e a maioria dos profissionais do conhecimento, tais como engenheiros, professores, consultores e designers, não percebe que eles também são (até certo ponto) responsáveis por coisas de gestão. Eu acredito firmemente que, assim como manter o nível de ruído baixo, os arquivos organizados, a sala de reunião arrumada e os clientes felizes, gestão é *trabalho de todos*. Em uma ou outra ocasião, todos nos encaixamos na descrição de gerente.[1]

Tenho a satisfação de dizer que, de todos os participantes dos meus workshops abertos ao público, menos de 20% se consideravam gerentes. Os outros 80% eram normalmente desenvolvedores, coaches, consultores, empreendedores, líderes de equipe e outros tipos de **profissionais criativos** (veja ao lado). Essa ampla diversidade de participantes mostra uma de duas coisas: ou gestão é uma atividade relevante para muito mais profissionais do que apenas gerentes, ou eu sou extremamente ruim em buscar a audiência correta para meus cursos. Eu prefiro a primeira interpretação!

O que são
profissionais criativos?

Profissional criativo é uma alternativa para *profissionais do conhecimento*, expressão que está um pouco desatualizada, na minha opinião. Eu prefiro esse novo termo para enfatizar que muitas pessoas nos dias de hoje trabalham em uma economia criativa[2] e elas colaboram em redes, não em hierarquias (eu falarei mais sobre isso ao longo do livro.)

Um profissional criativo é uma pessoa que cria ou desenvolve um valor ímpar em uma rede de pessoas, ou alguém que cria ou desenvolve a rede de forma original para que outros possam compartilhar seu valor. Melhor ainda, pode ser uma pessoa que faça ambos![3] A expressão *profissional do conhecimento*, por outro lado, sugere que as pessoas adicionam valor apenas com seu conhecimento. Não sugere criatividade ou habilidade de trabalhar em rede.

Por dois anos, eu registrei as perguntas que os participantes em todo o mundo me faziam durante esses workshops de gestão. Eu tenho uma caixa com quase 2.000 notas adesivas coloridas expressando um igual número de problemas coloridos e pegajosos. Muitos dos problemas na caixa são os mesmos ou similares e foram relatados a mim em quase todo lugar por onde passei. Estas são as perguntas que eu encontrei com maior frequência:

- Como podemos motivar nossos profissionais?
- Como podemos mudar a cultura da organização?
- Como podemos mudar a mentalidade dos gerentes?
- Como podemos fazer com que as equipes assumam a responsabilidade?
- Como podemos melhorar o trabalho em equipe e a colaboração?
- Como podemos fazer com que os gerentes confiem em suas equipes?
- Como podemos desenvolver as competências das pessoas?
- Como podemos ser ágeis quando a organização não é?

Perceba que *todas* essas questões, exceto a última, estão perguntando: "como podemos mudar as *outras* pessoas?". Essa atitude é um reflexo da abordagem tradicional de gestão: uma pessoa manipulando o comportamento das outras. Mas e se todos esses problemas de gestão fossem simplesmente o resultado de uma interpretação incorreta da gestão? Quando todos estão tentando manipular uns aos outros, deveríamos ficar surpresos que problemas nunca vão embora e que novos problemas continuam aparecendo? Quando as pessoas não focam em melhorar a *si mesmas*, é de se admirar que elas estejam sempre reclamando *umas das outras*?

Eu costumo perguntar ao público se eles ouviram falar de movimentos globais, métodos de melhoria ou práticas de gestão inovadoras, e normalmente apenas alguns levantam as mãos. Mas quando eu pergunto se a cultura da sua organização precisa mudar, quase todo mundo diz sim! Parece que poucas pessoas aprendem, mas muitas encontram falhas em como seus colegas trabalham. Talvez elas pudessem mudar a cultura juntas se apenas começassem a aprender o que já foi tentado com sucesso em outro lugar. Talvez elas pudessem parar de relatar problemas quando elas parassem de manipular umas às outras e melhorassem a si mesmas.

o **foco** deste livro

A melhoria da abordagem de uma pessoa para gestão é meu foco neste livro. Eu quero mostrar a todos os profissionais criativos, incluindo designers, gerentes de nível médio, gerentes de projetos, mentores, treinadores, freelancers e outros, o que eles podem fazer para mudar a forma como o seu trabalho colaborativo é gerenciado. Você não precisa solucionar todos os problemas mencionados antes. Se você escolher ter uma visão diferente de gestão, os problemas podem se resolver sozinhos. E você não precisa aguardar a permissão dos gerentes. Mude você mesmo, inspire outros e aproveite o livro!

© 2013 FaceMePLS, Creative Commons 2.0
https://www.flickr.com/photos/faceme/8345123691

> Se suas melhores experiências são todas nas férias, então talvez você não devesse retornar ao trabalho amanhã.

A miséria dos profissionais ao redor do mundo (incluindo gerentes) é ilustrada pela personagem fictícia Melly Shum, que odeia seu trabalho há quase 25 anos. Melly é retratada em um enorme outdoor em Roterdã, minha cidade natal, nos Países Baixos. Ela está sentada em seu escritório, olhando para a câmera com um sorriso fino, e não para de trabalhar desde 1990 (exceto por um breve período de férias em 2013 devido a uma manutenção no escritório, quando ela voltou para trabalhar em um outro andar). Melly Shum, imaginada e retratada pelo artista e fotógrafo Ken Lum, é para mim o símbolo de todos os profissionais que se sentem pouco engajados e infelizes em relação às suas organizações, mas não se sentem prontos para largar seus empregos. De acordo com vários estudos, a situação é vivida por cerca de dois terços da força de trabalho global.[4,5,6]

A felicidade dos gerentes e demais profissionais é crucial porque pessoas felizes são mais produtivas.[7] Eu acredito firmemente que nós só poderemos melhorar a felicidade quando todos se sentirem responsáveis pela gestão e aprenderem a gerenciar o sistema em vez de gerenciar uns aos outros. A única razão pela qual as pessoas sofrem em organizações ruins é porque elas não se levantam e dizem: "eu não vou mais aguentar isso; vá dar ordens a si mesmo!". Quando eu questiono as pessoas sobre seus momentos favoritos na vida, me preocupa que elas normalmente listem apenas coisas que aconteceram em seu tempo livre. Mas se suas melhores experiências são todas nas férias, então talvez você não devesse retornar ao trabalho amanhã.

Fazendo a Coisa Errada

A razão pela qual eu viajo muito é que eu faço apresentações e workshops em quase todos os continentes sobre gestão moderna no século XXI. Algumas pessoas dizem que os conselhos e práticas que eu compartilho são simplesmente senso comum e eu posso até concordar. Infelizmente, como muitos antes de mim observaram, senso comum não é prática comum. Prática comum para mim é comer pacotes gigantes de M&Ms enquanto assisto a um filme; senso comum seria cuidar da saúde e comer apenas os verdes. Para organizações, prática comum é ter as pessoas gerenciadas como máquinas, com seus profissionais tratados como engrenagens e alavancas. Eu chamo isso de **Management 1.0**. Nesse estilo de gestão, as pessoas assumem que a organização consiste de partes e que a melhoria do todo requer monitoramento, reparos e substituição dessas partes. Nós podemos encontrar Management 1.0 em todo lugar ao nosso redor.

Por exemplo, alguns escritores sugerem que organizações "vencedoras" deveriam ranquear seus profissionais usando medições das realizações individuais e dar mais trabalho para os "profissionais com melhor desempenho" enquanto se livram dos que têm um desempenho ruim.[8] Esses escritores parecem presumir que a comunidade de profissionais está mais bem servida com competição e política do que com colaboração e um propósito compartilhado.

Outros escritores sugerem que os profissionais têm a tendência de "relaxar" quando o chefe está de férias. Afinal, "quando o gato não está em casa, os ratos dançam na mesa!". Assim, o chefe deveria voltar ao escritório regularmente para espionar e verificar quais ratos estão trabalhando e suando na esteira e quais estão festejando com o queijo.[9] Parece que a premissa aqui é que o equilíbrio entre o trabalho e a vida pessoal é ruim e que ninguém precisa verificar o "trabalho" dos gatos.

Ampliando essa ideia, outros escritores sugerem que os chefes deveriam monitorar continuamente se as pessoas estão de fato utilizando as ferramentas do escritório para o trabalho e não para falar com os amigos pelo Skype, postar no Facebook diariamente ou editar fotos de bebês no Photoshop. A parte crucial e ética dessa prática, alega-se, é fazer com que todos saibam que estão sendo vigiados.[10] Nesse caso, a premissa é que os gerentes conseguem manter a confiança de todos somente quando são honestos acerca de não confiar em ninguém.

suspiro

É interessante notar que esses exemplos foram todos distribuídos para o meu leitor de notícias on-line em *um único dia*. Imagine o volume de bobagens que atingem os profissionais ao longo de um ano ou durante toda a vida! Para mim, esses artigos são um sinal claro de que tratar profissionais como seres humanos adultos pode ser senso comum, mas não é prática comum. Por outro lado, é uma grande oportunidade para quem tenta fazer do mundo do trabalho um lugar melhor. Obviamente, há muito a fazer!

> Tratar profissionais como seres humanos adultos pode ser senso comum, mas não é prática comum.

Fazendo a Coisa Certa da Maneira Errada

Felizmente, algumas pessoas aprenderam a fazer melhor. Em uma organização considerada **Management 2.0**, todos reconhecem que "as pessoas são os ativos mais valiosos" e que os gerentes devem se tornar "líderes servidores" enquanto levam a organização de "boa para ótima". Essas ideias são certamente interessantes, mas, infelizmente, gerentes costumam utilizar a abordagem errada. Eles entendem perfeitamente que a melhoria da organização como um todo não é atingida meramente ao melhorar as partes, mas, ao mesmo tempo, eles preferem manter a hierarquia e tendem a esquecer que os seres humanos não respondem bem ao controle top-down* e a "melhorias" obrigatórias.

Uma dessas boas ideias é que os gerentes deveriam ter conversas individuais (**one-on-one**) regularmente com seus profissionais.[11] Essa é uma abordagem que me agrada – isso é reconhecer que a gestão é sobre seres humanos e que os gerentes devem procurar maneiras de ajudar as pessoas a encontrar sua verdadeira vocação e atingir ótimos resultados juntos. Infelizmente, muitos gerentes não enxergam que deveriam gerenciar o sistema ao redor das pessoas, não as pessoas diretamente, e que deveriam deixar o microgerenciamento para as equipes. Em vez disso, usam essas conversas individuais para estabelecer objetivos e depois fazem o acompanhamento pedindo às pessoas atualizações sobre o progresso — os quais apenas reforçam a relação de superior-subordinado que é típica em todas as organizações comando-e-controle.

A sugestão de organizar um **feedback de 360°** também é bastante razoável.[12] A questão é que os gerentes não são observadores independentes. Eles não conseguem avaliar de forma objetiva o desempenho

individual das pessoas e, portanto, as avaliações deveriam ser obtidas de múltiplas perspectivas. Infelizmente, alguns não percebem que o método que utilizam para avaliar o desempenho influenciará o próprio desempenho. Dessa forma, departamentos de RH instalam ferramentas eletrônicas de avaliação de desempenho que exigem que as pessoas deem feedbacks anônimos umas sobre as outras. A confiança é completamente quebrada, porque para os gerentes é permitido saber mais sobre os profissionais do que é permitido aos profissionais saberem uns dos outros, o que enfatiza que os gerentes são mais importantes que os não gerentes.

> Para os gerentes é permitido saber mais sobre os profissionais do que é permitido aos profissionais saberem uns dos outros.

Também não há nada de muito errado por trás da ideia dos **balanced scorecards**.[13] O problema com medições é que uma métrica facilmente leva a subotimização (melhorar uma parte do trabalho enquanto prejudica a outra parte), e, portanto, você precisa de múltiplas perspectivas para ter uma visão mais holística do desempenho da organização.

---

* Nota da Tradução: Top-down – de cima para baixo.

Infelizmente, quando gerentes continuam a ver a organização como uma hierarquia, eles normalmente tentam impor objetivos e métricas a todas as partes do sistema. Mas em sistemas complexos a performance é geralmente encontrada na relação entre as partes, e métricas e objetivos apropriados podem emergir apenas de interação local inteligente, não como parte de um framework para estabelecimento de metas definidas de cima para baixo.

Eu poderia continuar discutindo as ideias positivas por trás da *liderança servidora*, da *gestão da qualidade total*, da *teoria das restrições* e muitos outros modelos de gestão. Todos sem dúvida ajudaram as organizações a se afastarem do Management 1.0, o que é bom. As organizações consideradas Management 2.0 estão pelo menos *tentando* fazer a coisa certa. Mas elas fazem algumas dessas coisas da forma errada por estarem presas a uma visão hierárquica das organizações. Elas adotam boas ideias, mas forçam-nas a se encaixar em uma arquitetura ruim. É primariamente por isso que as ideias boas raramente permanecerem e as modinhas passageiras falham em entregar suas promessas e sempre serão substituídas uma após a outra.[14] O único efeito alcançado consistentemente por todas essas ideias implementadas pelos chefes é que elas *reforçam a posição do chefe*.

> **A falha essencial do TQM [***Total Quality Management* **— gestão da qualidade total] é que, quando implementado, tende a reforçar modelos mecanicistas e hierárquicos consistentes com os mapas mentais da maioria dos gerentes.**
>
> Chris Argyris,
> *Flawed Advice and the Management Trap*, loc:359

© 2012 Jurgen Appelo

Sem Controle

Gerentes precisam ser mais espertos que não gerentes? Recentemente, entrei em uma discussão interessante por e-mail acerca da questão sobre se o trabalho de gestão exige pessoas mais inteligentes. Isso é um tópico que ocorre regularmente. O raciocínio é que normalmente os gerentes têm um papel superior ao de outros profissionais, supervisionando uma parte maior da organização e, portanto, o trabalho deles envolve mais complexidade. A maior responsabilidade sugere a necessidade de serem mais inteligentes que não gerentes.

Soa razoável. É também absurdo.

Cientistas parecem concordar que o cérebro humano é um dos sistemas mais complexos do universo. Somado à complexidade do resto do corpo humano, isso faz de cada ser humano muito, muito complexo. A *lei da variedade requerida*, provavelmente a lei mais famosa entre os pensadores da complexidade (veja quadro ao lado), diz:

> Se um sistema deve ser estável, o número de estados de seu mecanismo de controle deve ser maior ou igual ao número de estados no sistema que se quer controlar.
>
> Wikipédia, "Variety (Cybernetics)"

O que são pensadores da complexidade?

O estudo da *ciência da complexidade* investiga como as relações entre as partes de um sistema complexo (tal como um ecossistema ou uma economia) fazem surgir comportamentos coletivos daquele sistema e como, por sua vez, o sistema como um todo influencia as partes. A expressão *pensamento sistêmico* representa o processo de entender como os sistemas humanos (incluindo pessoas, equipes e organizações) comportam-se, interagem com seus ambientes e influenciam uns aos outros. Um *pensador da complexidade* aplica ambos: insights retirados das pesquisas científicas sobre sistemas complexos e compreensão do funcionamento de sistemas sociais.

Algumas pessoas alegam que a lei da variedade requerida é tão importante para os gerentes quanto as Leis da Relatividade são para os físicos.[15] A Lei da Variedade Requerida exige que qualquer coisa que controle um sistema deve ser *pelo menos tão complexa* quanto o sistema sendo controlado. Quando traduzimos isso para o trabalho da gestão, significa que o gerente de um sistema deve operar a um nível similar ou maior de complexidade que o próprio sistema, para poder *controlá-lo completamente.*

Essa ideia faz sentido, mas existe uma ressalva. Quando sou o gerente de um grupo de pessoas, nunca poderei ter mais complexidade que esse sistema complexo de seres humanos (que inclui todas as suas interações complexas). É simplesmente impossível!

O problema aqui é a palavra *controle*. Não deveríamos utilizá-la em um contexto social. As pessoas não são termostatos! Em vez disso, deveríamos utilizar termos como *liderar, treinar, inspirar, motivar, restringir, governar* e *ajudar.* Ao usar essas palavras, nós contornamos a lei da variedade requerida porque escolhemos ignorar parte da complexidade do sistema.

Por exemplo, um cirurgião tratando um coração humano escolhe ignorar uma parte significativa da complexidade do corpo humano. Seu foco está somente no coração. Não nas mãos, não nos pés, não no cérebro, não nas amídalas e não nas hemorroidas — somente no coração. Esse é o seu trabalho. Na verdade, durante uma cirurgia, o cirurgião pode ignorar tanta complexidade do corpo humano que seu trabalho poderia ser chamado meramente de difícil, mas não de complexo. Porém, as enfermeiras que lidam com o paciente antes e depois da cirurgia se concentram no bem-estar do paciente, o que definitivamente é um assunto complexo. Mas elas ignoram os detalhes do coração. É para isso que existe o cirurgião.

Agora, e a diretora do hospital? Será que ela tem um "papel superior"? Será que o seu trabalho é "mais complexo" porque seu escopo de preocupação é o hospital inteiro, incluindo muitos cirurgiões, médicos, enfermeiros e pacientes? O cargo de direção requer um cérebro mais inteligente?

De forma alguma!

Com centenas de pacientes e profissionais no hospital, a complexidade é espantosa. Ninguém pode afirmar que "controla" o hospital, pois *de fato* a lei da variedade requerida demandaria que existisse pelo menos tanta complexidade no cérebro da diretora quanto a complexidade combinada de todos juntos! Obviamente, não é um requisito razoável. Com um sistema complexo, não existe algo como controle central. A diretora ignora uma quantidade tremenda de complexidade e apenas se concentra nas coisas que considera importantes. O restante é inteiramente delegado para profissionais criativos espertos. De fato, o trabalho do diretor pode ser *menos* complexo que o de uma enfermeira!

> Com um sistema complexo, não existe algo como controle central.

Delegar o controle é o único jeito de gerenciar sistemas complexos. Não existe outra opção. Se não tivéssemos a delegação, o presidente dos Estados Unidos teria que ser a pessoa com a maior habilidade de processamento mental do país! Obviamente, os Estados Unidos têm um desempenho muito bom mesmo sem ter uma pessoa assim no Salão Oval.

A ideia de que a gestão é um trabalho "mais complexo", e que o papel de gerente requer "habilidades mentais superiores", é, francamente, absurda. No entanto, entendo que é um erro fácil de se cometer quando se tem um entendimento limitado sobre teorias de sistemas. Não é surpresa que muitos gerentes amem esse tipo de pensamento! Quem não quer ouvir que é mais inteligente do que os outros? Quem não quer ver a confirmação de que seu trabalho é difícil e requer um alto salário? Quem não quer ser reconhecido como "o chefe"? Qualquer livro que confirme que chefes são "líderes" destinados a liderar suas organizações à grandeza certamente será consumido como bolo em festa de criança. Na realidade, é uma decorrência lógica que a literatura sobre Management 1.0 e Management 2.0 venda tão bem para as camadas superiores de gestão!

> Vejo essa imagem clássica do "chefe" como um anacronismo total. Pode funcionar com certas conotações como "chefe do crime organizado", "chefe do sindicato" ou "pit boss*", mas ser mandão por si só não é um atributo que eu já tenha visto como desejável em um gerente, ou qualquer um que seja.
>
> Richard Branson, *Like a Virgin*, loc:2400

---

* Nota da Tradução: pit boss – funcionário do cassino responsável pelas mesas de jogos.

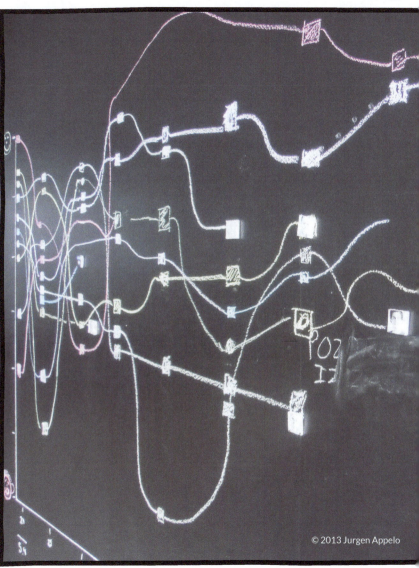

© 2013 Jurgen Appelo

Por que Precisamos de Gestão?

Nas duas últimas décadas, testemunhamos o surgimento de um bom número de grandes ideias, incluindo Agile, Lean, Scrum, Kanban, Beyond Budgeting, Startup Enxuta, Satisfação Garantida (Zappos), Design Thinking, planejamento de cenários, capitalismo consciente e muitos outros. O que todos esses manifestos, métodos e movimentos têm em comum é que eles promovem maneiras melhores de se trabalhar pegando uma coisa ou outra da ciência. 🦋 Costumo dizer que são como uma família. Compartilham o mesmo DNA que receberam dos seus pais: o **pensamento sistêmico** e a **teoria da complexidade**. E algumas vezes os integrantes da família discutem e brigam, como qualquer outra família normal.

Infelizmente, muitos profissionais criativos acham difícil implementar essas grandes ideias em suas organizações porque eles sempre encontram obstáculos. As barreiras mais comuns mencionadas são cultura organizacional, estrutura organizacional, gestão de mudanças, gestão de pessoas, hierarquias comando-e-controle e outros tópicos normalmente associados diretamente com a gerência.[16] Na verdade, ao redor do mundo, as culturas e práticas tratadas como Management 1.0 e Management 2.0 são os principais obstáculos. Elas impedem as pessoas de evoluir seus processos de trabalho para abordagens mais modernas e sensatas.

Isso não deve ser surpresa para quem já leu o trabalho do especialista em gestão Peter F. Drucker, uma vez que ele, de forma convincente, argumentou décadas atrás que "a gestão é sobre seres humanos, e a gestão é o fator crítico e determinante."[17] Você pode otimizar tudo o que desejar em desenvolvimento, design, testes, finanças, marketing, recursos humanos ou em qualquer outro lugar. Em última análise, a gestão também precisa sempre mudar ou seus esforços de melhoria vão bater em um muro.

A gestão também precisa sempre mudar.

Curiosamente, Drucker se referiu ao trabalho de *gestão* como sendo crítico, não ao trabalho dos *gerentes*. Eu geralmente comparo isso com o trabalho de *testar* versus o trabalho dos *testadores*. Obviamente, é crucial que você teste seus produtos, mas pode não ser crucial trabalhar com testadores em tempo integral. A disponibilidade de testadores dedicados depende do tamanho da organização, da necessidade de especialização e de vários outros fatores. Mas não importa se você tem testadores ou não, *todos* devem se sentir responsáveis por testar os produtos com os quais estão trabalhando. E quando o produto estiver ruim, espero que ninguém culpe somente os testadores.

Da mesma forma, a *gestão* do trabalho é uma atividade crucial, mas isso pode ser feito com ou sem gerentes em período integral. Novamente, ter gerentes dedicados depende do tamanho da organização, da disponibilidade de mesas de mogno e de muitas outras coisas. Entretanto, não importa se existem gerentes ou não, *todos* deveriam se sentir responsáveis pelo trabalho de gestão. Quando uma organização é ruim, não culpe apenas os gerentes!

Como eu disse no início, acredito firmemente que a gestão é importante demais para deixá-la apenas para os gerentes. A gestão é responsabilidade de todos.

> Não importa se existem gerentes ou não, todos deveriam se sentir responsáveis pelo trabalho de gestão.

Nós _realmente_ precisamos de gerentes?

A mesma discussão emerge de novo e de novo. "Podemos fazer negócios sem gerentes?" "Podemos nos livrar de todas as camadas de gestão?"[18, 19, 20]

Quando se traduz isso para testes ou marketing, você verá como se trata de uma discussão tola. "Podemos fazer produtos sem testadores?" "Podemos nos livrar de todos os profissionais de marketing?" Como se somente design e desenvolvimento tornassem um negócio viável. Vai sonhando!

Obviamente seu negócio necessitará de trabalho que tipicamente categorizamos como atividades de teste, marketing ou gestão. Se você tem ou não pessoas _especializadas_ nessas atividades não vem ao caso. O trabalho é crucial e precisa ser feito, de um jeito ou de outro. Claro, demita todos os gerentes. Mas alguém precisa definir o propósito do negócio, quais pessoas serão contratadas, como todos serão pagos e o quanto gastar com café. Este livro é para aqueles que se preocupam com suas organizações, não com os títulos em seus cartões de visita.

© 2010 Ms. Phoenix, Creative Commons
http://www.flickr.com/photos/32020964@N08/4858484

Princípios do Management 3.0

Eu afirmei que o Management 1.0 está fazendo a coisa errada e que o Management 2.0 está fazendo a coisa certa de forma errada. Agora, você provavelmente espera que eu diga que o Management 3.0 está fazendo a coisa certa (ou talvez fazendo a coisa errada de modo certo). Mas o que é "fazer a coisa certa" quando se trata de gestão? Para responder a essa pergunta, preciso responder a uma outra antes.

A grande vantagem de viajar para muitos países e encontrar pessoas em muitas empresas e conferências é que eu ouço muitas perguntas interessantes, como a que eu ouvi recentemente em Gotemburgo, Suécia:

> **E se fizéssemos tudo o que os especialistas do <insira o método aqui> nos dizem para fazer, incluindo todas as práticas, mas os produtos que fazemos ainda são ruins, e a organização continua uma porcaria? O que podemos fazer quando o <insira o método aqui> não for suficiente?**

Bem, acho que essa é fácil. Os princípios raramente mudam, mas as práticas sempre dependem do contexto. Portanto, depende de como você interpreta o <insira o método aqui>. Se você associar o método a um conjunto de princípios, você pode sempre inventar novas práticas, desde que elas estejam aderentes aos princípios. Mas se você associar o <insira o método aqui> como um conjunto específico de práticas, você está fadado ao fracasso. Você precisará de um novo método da moda muito em breve.

Alguns dos meus amigos preferem alimentos orgânicos a alimentos industrializados. Eu respeito a opinião deles de que o consumo de alimentos orgânicos, para eles, é a coisa certa a fazer. Escolher uma alimentação melhor no lugar de alimentos processados não é um método. Não é um framework. Não é uma religião. É um modo de vida. É o que os meus amigos acreditam ser o certo. Fazer "a coisa certa" significa agir de forma consistente com uma crença central.

Minha crença central para a gestão é que as organizações são sistemas adaptativos complexos e que uma boa gestão significa cuidar do sistema em vez de manipular as pessoas. Eu acredito que melhorar o ambiente para manter os profissionais engajados e felizes é uma das principais responsabilidades da gestão; caso contrário, a organização falha em gerar valor. Acredito que a gestão deve otimizar continuamente todo o sistema, ou então, em algum momento, a atrofia da organização certamente acontecerá. E acredito que a gestão deva tomar cuidado para maximizar o valor para todos os clientes (veja quadro "Clientes e partes interessadas (ou envolvidos)"); caso contrário, a organização torna-se disfuncional. Em outras palavras, uma prática de gestão é boa quando:

1. engaja as pessoas e as suas interações;

2. possibilita que melhorem o sistema;

3. ajuda a encantar a todos os clientes.

Por exemplo, considere a *gestão estilo walking around* (veja Capítulo 2, "Mapas Pessoais") uma boa prática, pois exige que a gestão interaja com as equipes que estão fazendo de fato o trabalho de produção. O objetivo é descobrir como ajudar a melhorar o sistema em que as pessoas estão fazendo o trabalho delas. E isso é feito a fim de compreender como o valor é entregue aos clientes e às outras partes interessadas.

Clientes e partes interessadas
(ou envolvidos)

Neste livro, utilizo os termos *clientes* e *partes interessadas* de forma intercalada. Uma parte interessada é qualquer pessoa que possui um interesse em algo que a organização esteja fazendo. Um cliente é qualquer um que é atendido por qualquer valor que a organização forneça. De modo geral, trata-se da mesma coisa e inclui clientes, acionistas, funcionários, fornecedores, comunidades e muitos mais.

Infelizmente, partes interessadas são frequentemente confundidas com acionistas, e clientes são geralmente confundidos com consumidores. Por falta de uma palavra melhor, decidi misturar as palavras *clientes* e *partes interessadas* ao longo deste livro. Apenas lembre-se de que não me refiro apenas a consumidores ou apenas a acionistas. Refiro-me a *todos* que estão de alguma forma envolvidos e se preocupam com o negócio.

Todo mundo pode criar novas práticas úteis que satisfaçam os três princípios. Management 3.0 não é definido por atividades concretas, tais como delegation board, kudo box, moving motivator ou o feedback wrap, (veja capítulos posteriores). Essas práticas e exercícios são apenas alguns *exemplos* de coisas que a gestão pode fazer para melhorar a saúde da organização. Apenas o consumo de café ecológico não torna alguém uma pessoa de "pensamento orgânico", e nem podemos esperar que todos os amantes de alimentos orgânicos sejam consumidores de café. Café ecológico não é parte de um framework ou de um método, mas uma simples prática que certamente se encaixa bem com a mentalidade de quem consome alimentos orgânicos.

Da mesma forma, o Management 3.0 não é nem um framework nem um método. É uma maneira de olhar para os sistemas de trabalho, com alguns princípios atemporais. Ter um sistema de moeda de mérito (merit money), dias de exploração (exploration days), fórmula salarial (salary formula) ou parede de felicidade (happiness door) se encaixa muito bem no Management 3.0. Nenhuma dessas práticas são *obrigatórias*, mas você definitivamente poderia *considerá-las*. Ou, melhor ainda, talvez você possa inventar as suas próprias práticas de Management 3.0.

E, sim, acredito que o Management 3.0 é "a coisa certa" a se fazer.

Práticas de Management 3.0

Quando especialistas discutem abordagens de trabalho para certos grupos de pessoas, eles acabam criando coleções de "melhores práticas". Eu concordo com aqueles que dizem que não existem *melhores* práticas, apenas *boas* práticas, mas também acho que não oferecer *nenhuma* prática é pior. A princípio, é uma boa prática oferecer princípios *e* práticas. Gerentes de projetos, desenvolvedores de software e profissionais criativos de outras áreas têm acesso a muitas práticas que podem ser usadas em seus trabalhos diários. Mas quais são as boas práticas para gestão?

> A princípio, é uma boa prática oferecer princípios e práticas

Estranhamente, quando pergunto a profissionais sobre exemplos de boas práticas de gestão, eles apenas mencionam princípios, como, por exemplo, "encante o cliente", "tenha um propósito comum" e "confie na equipe". Creio que essas sugestões são sólidas e bem intencionadas, mas não são *concretas*. E quando digo concreto, quero dizer práticas específicas que podem ser explicadas para um novato de forma que ele saiba exatamente o que fazer em uma manhã de segunda-feira. "Ser um líder servidor" é abstrato. "Trazer café para a equipe" é concreto. "Ser dispensável" é abstrato. "Tire férias de seis meses" é concreto.

Quando se trata de gestão, a maioria das pessoas é novata. Elas precisam de conselhos concretos e orientações básicas passo a passo, em resposta às suas perguntas "Como".

- *Como* medimos o desempenho?
- *Como* substituímos avaliações de desempenho?
- *Como* decidimos sobre salários e bônus?
- *Como* oferecemos planos de carreira e promoções?
- *Como* motivamos nossos profissionais?

Quando alguém está aprendendo a dirigir um carro, não basta dizer: "o princípio geral é chegar a um determinado lugar sem ferir ou matar ninguém. Boa sorte!". Motoristas novatos precisam de um pouco mais de orientação do que isso (eu certamente precisei!). Eles precisam de dicas concretas sobre como se sentar no banco, como segurar o volante, como olhar para a rua, como usar os faróis e como piscar as setas. Na Europa novos motoristas aprendem a usar o câmbio e nos Estados Unidos eles aprendem a usar os porta-copos. Motoristas novatos logo entenderão os princípios, mas só se sobreviverem praticando as regras. É o trabalho do instrutor explicar que todas as regras são apenas sugestões de boas práticas que ajudam a manter a segurança de todos.

Infelizmente, assim que você oferece às pessoas práticas concretas, você corre o perigo de algumas delas seguirem o conselho ao pé da letra em vez de tentar compreender os princípios. Por exemplo, uma equipe precisa entender que o propósito de uma reunião em pé é manter uma comunicação breve e eficaz. No entanto, fiquei sabendo de uma equipe que interrompia os membros da equipe depois de 15 minutos, porque a prática era chamada de "reunião diária de 15 minutos". Em outro caso, relatou-se que uma equipe teve dificuldade em aceitar uma pessoa em cadeira de rodas em suas reuniões em pé porque a pessoa não podia se levantar! A adesão insensata a regras, combinada com uma perda constante de princípios, é sempre um prelúdio para a burocracia.

Quando ofereço boas práticas de Management 3.0, eu crio o perigo das mesmas tendências dogmáticas e burocráticas. Por exemplo, quando sugiro que as pessoas troquem cartões de kudo como símbolo de apreciação, às vezes recebo perguntas como: "isso deve ser anônimo ou em público?", "devo dar-lhes pessoalmente ou devo colocar as cartas em uma caixa?" e "isso deve ser em papel ou podemos fazer eletronicamente?". É a mesma coisa que dizer para levarem o café para a equipe na parte da manhã e eles me perguntarem se a equipe precisa de leite e açúcar, se é OK adicionar um biscoito, se deve ser um biscoito de chocolate ou um mais saudável; e o que dizer daquela pessoa que só bebe chá? Eu me recuso a ser muito específico, porque o perigo é que as pessoas façam exatamente o que digo como se fosse uma lista! O *princípio* por trás de levar o café para a equipe é que você está tentando ser um líder servidor, então comporte-se como um.

Excelência na Gestão

Esta introdução começou com uma série de histórias deprimentes sobre gestão ruim. Não quero concluí-la sem lhe oferecer alguns exemplos mais animadores. Felizmente, tenho várias boas histórias que posso escolher. Por exemplo, aqui estão algumas que lidam com a utilização do espaço de trabalho pelos profissionais:

Na VI Company, uma empresa de software em Roterdã, Países Baixos, a gerência transformou algumas das paredes do escritório em grandes lousas e disponibilizou marcadores coloridos para que os profissionais pudessem criar a própria decoração útil do escritório. Uma vez, uma equipe decidiu exibir publicamente seu índice de felicidade e diferentes membros da equipe desenharam linhas coloridas por toda a parede. As paredes-lousas não só fizeram o ambiente parecer mais colorido, como também apoiaram a necessidade de experimentação, de aprendizado e de melhoria da equipe.

Na Cisco Systems Noruega, em Oslo, os profissionais gostam de brincar com uma mesa de pebolim que fica na área do refeitório. Entretanto, não é uma mesa *qualquer*, ela é *especial*! O pessoal técnico melhorou a mesa com algumas modificações técnicas próprias. Por exemplo, os dois gols têm sensores laser e a mesa possui um contador digital para contar os gols marcados. A mesa também possui, ligada a ela, um leitor de cartão de segurança para que os jogadores possam se identificar. Os funcionários fizeram essas modificações porque a experimentação com tecnologia os ajuda a ser inovadores, e a gestão permite que gastem quanto tempo quiserem na mesa de pebolim.

© 2012 Jurgen Appelo

A Future Processing, em Gliwice, Polônia, tem paredes cheias de fotografias e nomes de todos os seus profissionais. É uma tradição nessa empresa tirar fotos de todos os novos funcionários e pregá-las no refeitório. Eles também exibem o crescimento rápido da empresa ao longo dos anos com um gráfico feito com os nomes das pessoas. É dessa forma que a empresa reconhece que deve tudo às pessoas que estão trabalhando ali e introduz um senso de orgulho entre os profissionais.

Na InfoJobs, uma empresa em Barcelona, Espanha, que foi reconhecida como um dos "melhores lugares para se trabalhar", os profissionais decidiram nomear as salas de reuniões com os valores da empresa e utilizar e decorar essas salas apropriadamente. Por exemplo, a sala "Alegría" tem almofadas boas, cobertores, flores, livros e tapetes para ioga. Trata-se da sala onde as pessoas podem se expressar e vivenciar um pouco de felicidade. Ah, e o departamento de recursos humanos passou a se chamar Apoio ao Desenvolvimento de Pessoas, pois seus profissionais entenderam que o novo nome refletia melhor o que faziam.

A CCP Games, uma empresa de jogos on-line em Reykjavík, Islândia, cria vastos mundos e universos virtuais cheios de naves de guerra e alienígenas. O que achei interessante foi que duas equipes descobriram uma forma útil de ter dois estilos de quadros de tarefas convivendo lado a lado. Um quadro "Scrum" (um quadro visual representando requisitos e tarefas) é utilizado para gerenciar o fluxo iterativo de seus lançamentos de produtos (releases) e um quadro "Kanban" (um outro estilo de visualização do fluxo de trabalho) é utilizado para o desenvolvimento contínuo de espaçonaves. As equipes me mostraram orgulhosamente as fotos de suas espaçonaves voando de um quadro para o outro!

Na Spotify, a empresa de música on-line em Estocolmo, Suécia, a gerência delegou o projeto dos novos escritórios a seus profissionais.

Uma solução em particular que surgiu dos profissionais e coaches foi separar os espaços abertos de trabalho dos corredores utilizando uma malha de fios, em vez de vidros ou paredes. Essa solução dá às pessoas tanto a sensação de transparência quanto de privacidade ao mesmo tempo.

Outra empresa com um escritório muito moderno é a Wooga, um negócio de jogos on-line em Berlim, Alemanha. Os profissionais dessa empresa fazem disputas internas para escolher o escritório mais bem decorado. Admito que este foi de longe um dos escritórios mais coloridos que já visitei.

Sim, eu mesmo visitei pessoalmente essas empresas (eu já contei que viajo muito?). Tudo bem, ajustes na utilização do escritório podem às vezes ser puramente cosméticos. Eu acredito, contudo, que os exemplos testemunhados eram indicadores de boa gestão, o que frequentemente não exige muito dinheiro nem esforço. Na realidade, as coisas que mencionei aqui são simples, baratas e não muito espetaculares. Mas elas funcionam! Eu testemunhei a felicidade e o orgulho dos profissionais. Também vi gente que não espera pelos gerentes para melhorar seus trabalhos e toma, em suas mãos, a responsabilidade pela gestão. Profissionais criativos escolhem mandar em si mesmos.

> **Profissionais criativos escolhem mandar em si mesmos.**

É bom ver que algumas pessoas sabem como motivar os profissionais, melhorar o sistema e aumentar o valor para as partes interessadas ao mesmo tempo. E é bom ver que profissionais do conhecimento inteligentes e profissionais criativos não esperam por permissão para começar a mudar as coisas. Tenho esperança de que haverá muitas outras histórias como essas no futuro.

Eu entendo a necessidade das pessoas de ter práticas de gestão mais concretas, mas eu sou contra definir "O Método de Gestão". O resultado inevitável seria uma série de conferências sobre O Método de Gestão, certificação de instrutores sobre O Método de Gestão, ferramentas oficiais do Método de Gestão, avaliações dos níveis de maturidade do Método de Gestão e um teste on-line validando se as pessoas entendem e aplicam O Método de Gestão corretamente. O aprendizado chegaria a um impasse. Isso estaria em contradição com a ciência da complexidade e seria incompatível com o pensamento sistêmico. Oferecer um método ou framework inspirado pela ciência é uma contradição em termos.

Às vezes eu gosto de usar a metáfora dos exercícios regulares. Todo mundo entende que ioga e pilates são só nomes para coleções intermináveis de práticas ~~doloridas~~ úteis baseadas em princípios orientadores. Não são métodos nem frameworks. Todos nós sabemos que fazer vinte flexões por dia é saudável, mas não é obrigatório. É perfeitamente aceitável trocar essa boa prática por outra coisa. Na verdade, como seu personal trainer sabe, de vez em quando você deveria mesmo! Da mesma maneira, você poderia jogar moving motivators (veja o Capítulo 10) até cansar. Você pode perguntar às pessoas questões 'yay' (veja nos

© 2013 Jurgen Appelo

próximos capítulos) até que elas fiquem entediadas. Você poderia tentar a prática dos mapas pessoais até ela perder seu valor. E você não tem como errar ao organizar delegation boards até não precisar mais deles.

Você é um artista, desenvolvedor, testador, médico, gerente, líder, coach, facilitador, servidor público ou empreendedor? Você gostaria de ajudar sua organização a ficar em forma e feliz?

Neste livro, eu ofereço uma coleção de práticas concretas de gestão, pois todos deveriam aprender como gerenciar o sistema, não as pessoas. São práticas para *todos* os profissionais, para que possam introduzir uma gestão melhor, com menos gerentes. Esses jogos sérios e ferramentas modernas irão ajudá-lo a mudar a cultura de sua organização, passo a passo, começando amanhã.

Comece a praticar regularmente, torne o sistema saudável e divirta-se!

> Introduza uma gestão melhor, com menos gerentes.

1
kudo box e kudo cards

Motive as Pessoas com Melhores Recompensas*

* Tradução: Mateus Rocha e Tadeu Marinho

> Qualquer coisa que tenha valor real e duradouro é sempre um presente vindo de dentro.
>
> Franz Kafka,
> autor austro-húngaro
> (1883–1924)

Existem muitas maneiras erradas de recompensar profissionais. Uma abordagem simples mas eficaz é instalar uma caixa de kudos (kudo box), que permite às pessoas darem umas às outras um pequeno reconhecimento. A caixa de kudos cumpre as seis regras para recompensas e funciona muito melhor do que bônus e outras formas de motivação financeira.

> **Pode ser um choque para muitos descobrir que um grande e crescente conjunto de evidências sugere que, em muitas circunstâncias, pagar por resultados pode na verdade fazer com que o desempenho das pessoas piore, e que, quanto mais você pagar, pior é o desempenho.**
>
> Nic Fleming, "The Bonus Myth"[3]

Em 2001, a Enron, uma empresa norte-americana de energia e serviços, entrou em falência porque seus gerentes gostavam mais dos seus bônus do que da verdade. Eles se incentivaram a maximizar seus próprios salários, e não o sucesso da organização. Práticas financeiras "criativas" similares ocorreram com Parmalat, WorldCom, Bernard L. Madoff, AIG, Barings e muitas outras empresas. A história corporativa está repleta de restos mortais de organizações que permitiram que a ganância e o ego individual superassem a solvência da empresa. E sistemas de bonificação ainda são implementados em todo o mundo para "incentivar o desempenho", apesar de especialistas saberem há décadas que não há correlação comprovada entre bônus e desempenho.[1]

De fato, a ganância excessiva pode ser o maior problema em mercados livres. Banqueiros nos Estados Unidos e na Europa têm se concentrado tanto em seus resultados pessoais que mergulharam coletivamente o mundo em uma das recessões mais profundas que já vimos.[2]

A ganância excessiva pode ser o maior problema em mercados livres.

Motivação Extrínseca

Motivação extrínseca é definida como um comportamento impulsionado por reconhecimentos externos (fornecido por outros), como dinheiro, notas e elogios. Recompensas estão entre as ferramentas mais difíceis e menos compreendidas em gestão. Quando aplicadas da maneira correta, elas podem gerar resultados significativos. Infelizmente, uma suposição comum entre os gerentes é que nada funciona tão bem como dinheiro quando você quer fazer as pessoas trabalharem duro, por mais tempo ou mais efetivamente. Além disso, presume-se frequentemente que a motivação extrínseca funciona muito bem quando implementada como um bônus financeiro. Ambas as suposições estão erradas.

> Dinheiro é tão importante para profissionais do conhecimento quanto para qualquer outra pessoa, mas eles não o aceitam como o parâmetro final nem o consideram um substituto para o desempenho e a conquista profissional. Em nítido contraste com os profissionais de ontem, para quem um emprego era antes de tudo subsistência, a maioria dos profissionais do conhecimento vê seu trabalho como uma vida.
>
> Peter F. Drucker, *Management*.[4]

Pesquisas científicas revelaram que incentivos para o desempenho funcionam de maneira inversa.[5] A antecipação de uma recompensa (seja dinheiro ou outra coisa) funciona de forma contraproducente, pois mata a motivação intrínseca das pessoas. Os incentivos asseguram que as pessoas parem de fazer as coisas apenas pelo prazer do trabalho. É chamado de **efeito de superjustificação**.[6] Em vez de esperar e sentir prazer, as pessoas esperam uma recompensa.

> Os incentivos asseguram que as pessoas parem de fazer as coisas apenas pelo prazer do trabalho.

Outro problema é que recompensas baseadas em resultados aumentam o risco de trapaça, já que o foco das pessoas está em receber um prêmio em vez de fazer um bom trabalho. Quando você recompensa os profissionais com base no resultado, eles irão tomar o caminho mais curto para conquistar esse resultado.[7] Comportamentos ruins com efeitos colaterais disfuncionais prejudicam o desempenho da organização, enquanto os profissionais vão embora com um bônus ou com o fundo de pensão dos seus colegas.

Motivação extrínseca, com grandes incentivos baseados em resultados, é como um balão de ar quente com uma cesta de ouro. É caro e difícil de fazê-lo voar.

Motivação Intrínseca

Felizmente, também há algumas boas notícias. Recompensas que desencadeiam *motivação intrínseca* são mais eficazes, mais sustentáveis e geralmente custam menos dinheiro. Motivação intrínseca é definida como comportamento que é desencadeado de dentro de uma pessoa. Em outras palavras, as pessoas recompensam a si próprias.

> Os mestres de influência primeiro asseguram que comportamentos vitais se conectem à satisfação intrínseca. Em seguida, eles alinham apoio social. Eles checam duplamente ambas as áreas antes de finalmente escolherem recompensas extrínsecas para motivar o comportamento.
>
> **Kerry Patterson**[8]

Recompensas podem funcionar *a favor* da sua organização, e não *contra* ela, quando você leva em consideração as seis regras a seguir:

Não prometa recompensas antecipadamente.

Recompense em momentos inesperados para que as pessoas não mudem suas intenções e foquem na recompensa. Pesquisas mostram que quando o reconhecimento pelo bom trabalho chega de surpresa a motivação intrínseca não será prejudicada.[9]

Recompensas antecipadas devem ser pequenas.

Às vezes, você não consegue impedir as pessoas de antecipar uma recompensa em potencial. Nesses casos, de acordo com pesquisas, grandes recompensas provavelmente *diminuirão* o desempenho. Mas com pequenas recompensas, o risco de prejudicar o desempenho é insignificante.[10]

Reconheça continuamente, não apenas uma vez.

Não procure algo para comemorar apenas uma vez por mês ou uma vez por ano. Todo dia pode ser um dia para comemorar algo. Todo dia é uma oportunidade para uma recompensa.[11]

Essas seis regras para recompensas oferecem a melhor chance de aumentar o desempenho das pessoas e o seu prazer pelo trabalho, enquanto *incentivam* a motivação intrínseca em vez de *destruí-la*. Perceba que um simples elogio dirigido a um colega em uma reunião por um trabalho benfeito atende a quase todos os seis critérios. Um beijo bem direcionado, soprado com cuidado por cima de uma mesa de conferência, também pode fazer maravilhas, já notei (brincadeira!). Não é tão difícil implementar bem recompensas.

Reconheça publicamente, não em particular.

Todos deveriam entender o que está sendo recompensado e por quê. O objetivo de recompensar é reconhecer boas práticas e fazer com que as pessoas também desfrutem do trabalho. Para conseguir isso, um lembrete público habitual funciona melhor que um privado.[12]

Reconheça o comportamento, não o resultado.

Resultados podem ser alcançados geralmente por meio de atalhos, enquanto comportamento envolve trabalho duro e esforço. Quando você foca no bom comportamento, as pessoas aprendem como se comportar. Quando você foca nos resultados desejados, as pessoas podem aprender a trapacear.[13]

Reconheça os pares, não os subordinados.

Recompensas não devem vir apenas do gerente. Crie um ambiente no qual as pessoas se recompensem porque os pares geralmente sabem melhor do que os gerentes quais de seus colegas merecem um elogio.

Kudos

O dinheiro só é recomendado como recompensa quando você precisa motivar as pessoas a fazer um trabalho desinteressante ou repetitivo.[14] E mesmo no caso de trabalho criativo, não há problema em reconhecer com um pouco de dinheiro, desde que você não exagere.

Em um de meus workshops, Paul Klipp, ex-presidente da Lunar Logic Polska, na Polônia, me contou como ele criou um sistema de recompensas.[15] Ele explicou que seus profissionais poderiam dar um presente de até 20 euros a qualquer um. Eles chamavam isso de **kudos** e poderia ser efetuado como um e-mail para uma caixa de correio central ou escrevendo uma nota em um cartão depositado em uma caixa de papelão. O time de gestão nunca questionava por que alguém era recompensado. Quando qualquer pessoa na empresa sentia que alguém merecia uma recompensa, a pessoa a recebia. Paul trazia pessoalmente um kudo escrito à mão e uma bandeja de presentes da qual o receptor poderia escolher um item. E todo mundo ouviria sobre isso no Facebook e no sistema de bate-papo interno. Paul me disse que esses presentes funcionavam muito bem e que ele amava o fato de todos os profissionais estarem envolvidos no reconhecimento de pessoas que fazem coisas boas. Era um sistema de recompensa de baixo custo, e a confiança nunca foi quebrada.

mas kudo
não é uma palavra!

Alguns leitores sugeriram que *kudos* é uma palavra singular e que, portanto, o uso da palavra *kudo* é errado. Mas kudo é simplesmente derivado do grego *kydos*, que significa "glória" ou "fama", sendo mal interpretado como plural. As palavras *kudo* e *kudos* foram introduzidas no idioma inglês no século anterior. De fato, as formas singular e plural começaram como um mal-entendido, mas o mesmo se aplica a muitas outras palavras que agora achamos normais.

Um sistema semelhante foi implementado por Philip Rosedale, ex-CEO da Linden Lab, que criou a plataforma de realidade virtual Second Life. Rosedale chamou isso de *LoveMachine*.[16] Era uma ferramenta que permitia aos profissionais enviarem notas de agradecimento a seus colegas de trabalho. Segundo Rosedale, reconhecer o trabalho árduo de cada um faz com que todos se sintam ótimos. E como tudo é transparente, os gerentes obtiveram informações úteis sobre quais pessoas eram apreciadas com frequência e quais nunca recebiam elogios.

Existem muitos outros nomes em uso para o mesmo sistema. Por exemplo, na Zappos eles chamam de prêmios HERO.[17] Mas não importa como você o chame, um sistema público que permita às pessoas darem pequenos e inesperados sinais de agradecimento por um bom trabalho feito atende aos seis princípios básicos de boas recompensas. Um presente anexado ao elogio é obviamente opcional. É a intenção que conta. No entanto, a experiência sugere que um presente tangível ajuda um elogio a ter um impacto maior no receptor. O presente permite que a pessoa toque, segure e aprecie o elogio. E isso também tem valor.

Os kudos deveriam ser anônimos? Eles deveriam ser privados?

Lembro-me de uma ocasião em que recebi uma mensagem simpática de alguém anonimamente. Mesmo agora, depois de 20 anos, ainda me incomoda não saber quem me deu esse elogio.

Talvez você seja diferente. Talvez você adore o mistério de dar ou receber uma recompensa anônima. Meu conselho aqui é simplesmente deixar essa decisão para quem recebe e dá o reconhecimento na empresa. Eles podem decidir melhor, dados o contexto do elogio e a cultura da organização, se eles desejam que a identidade do doador seja conhecida ou não.

Se elogios devem ser dados publicamente ou em particular também é motivo de discussão. A regra genérica diz que recompensas públicas geralmente funcionam melhor para potencializar a cultura de uma organização. Algumas pessoas, no entanto, sentem-se envergonhadas com elogios em público. Novamente, é melhor investigar a cultura da sua organização e as preferências das pessoas para ver o que funciona melhor para você e para elas.

Mas E Se...?

Percebi que sempre há alguém que pergunta: "e se?".

"E se nossos profissionais não jogarem limpo?"

"E se duas pessoas abusarem do sistema de kudo box para conseguir ingressos de cinema grátis?"

"E se alguém quiser apenas ganhar a atenção do chefe com um kudo card?"

Para essas perguntas eu tenho só uma resposta: "E se você vê esses riscos porque possui um baixo nível de confiança em seus colegas de trabalho? E se esse baixo nível de confiança for o resultado da cultura da sua organização? E se o kudo box for exatamente o tipo de prática necessária para *mudar* essa cultura de desconfiança de forma relativamente inofensiva?" Sim, sempre haverá um risco de que comportamentos inesperados aconteçam. Quando distribuo livros de graça em uma conferência, algumas pessoas podem utilizá-los como pesos de papel ou de porta. Isso deveria me impedir de fazer algo de bom?

Quando trapaças *de fato* ocorrerem, provavelmente é melhor deixar esse comportamento emergir e evoluir naturalmente, de forma transparente, para que os outros possam reagir. Deixe a comunidade decidir o que fazer com trapaças. Tente não delegar esse tipo de coisa para a alta gestão, porque gestão é como o governo. Quando você espera que os membros da equipe reconheçam *bons* comportamentos e prefere que gestores lidem com comportamentos *ruins*, você aumenta a lacuna entre gerentes e não gerentes. Essa lacuna faz a cultura da organização piorar, não melhorar! No final, todos estarão jogando

Deixe a comunidade decidir o que fazer com trapaças.

com o sistema e a gestão trabalhará integralmente criando regras para recompensas "adequadas", fazendo formulários elaborados e exaurindo o orçamento para benefício próprio. Todos nós sabemos como governos funcionam. :-)

Outra pergunta que recebo às vezes é: "e se as pessoas estiverem *esperando* ser reconhecidas? Quando uma pessoa recebe elogio por fazer X, seus colegas podem também esperar ser reconhecidos por fazer X. Finalmente, todos se sentirão no direito a uma recompensa por fazer a mesma coisa.

Entendo o problema. A maioria dos profissionais tem um bom senso de justiça. Quando eles fornecem uma recompensa a um colega, eles podem se sentir mal por não reconhecer o outro que fez a mesma coisa. E antes que você perceba, você tem uma situação em que todos automaticamente recebem recompensas por fazer X. Obviamente, isso deve ser evitado.

A primeira regra para recompensas diz que elas deveriam vir de surpresa. Quando as pessoas esperam ser reconhecidas, o sistema de recompensas perde seu significado. É por isso que sugiro que você frequentemente reforce que o elogio não funciona quando é obrigatório ou exigido. Você pode também querer expressar seus kudo cards de maneira que evidencie o fato de que essa é a primeira vez que alguém fez algo, ou que a natureza de sua contribuição foi única, ou ainda que o esforço que ela colocou no trabalho foi acima das expectativas. Isto tornaria menos provável que a pessoa seguinte venha a esperar elogios pela mesma coisa. Afinal, não seria a primeira vez, não seria algo único e não seria além das expectativas.

Por fim, alguns leitores já me perguntaram: "não deveríamos reconhecer equipes em vez de indivíduos? Não queremos que as pessoas trabalhem de forma colaborativa em vez de sozinhas?"

Bem, sim, é claro. Mas trabalho em equipe só emerge como resultado das contribuições individuais das pessoas para com essa equipe. Você pode recompensar uma pessoa *porque* ela fez algo para a equipe como um todo. Obviamente, às vezes pode valer a pena elogiar a equipe inteira, todo um departamento, ou mesmo toda a organização. Muitas vezes, no entanto, as contribuições individuais das pessoas para o todo devem ser reconhecidas primeiro, *antes* que a área como um todo desempenhe de forma que mereça elogios também.

A kudo box não adere apenas às seis regras de reconhecimento; ela também satisfaz os três princípios das práticas de Management 3.0: as recompensas são distribuídas por melhorar o trabalho e encantar os clientes, e elas engajam as pessoas por meio da motivação intrínseca. E, como bônus, a prática o ajuda a se livrar das bonificações!

> Trabalho em equipe só emerge como resultado das contribuições individuais das pessoas para com essa equipe.

Sobre nossa "caixa de sapatos de elogios"

"Desde o lançamento de nossa "caixa de sapatos de elogios" no Brightside Group, tivemos 19 cartões colocados na caixa, incluindo um obrigado de uma equipe para a outra. A equipe toda assinou o cartão, que foi exibido com muito orgulho na área da equipe que o recebeu. Outro cartão importante foi para uma iniciante que estava conosco há apenas algumas semanas, mas que impressionou sua equipe com sua habilidade de acompanhar rápido o ritmo de trabalho. Ela ficou muito emocionada com o gesto. O gerente, que foi cético de início, foi surpreendido pela reação positiva ao sistema. Ele agora quer saber se a prática poderia ser aplicada em suas próprias equipes. Na verdade, alguém já deixou um cartão para uma de suas equipes, então a fronteira foi cruzada."

Gary Shepherd, *Reino Unido*

© 2014 Gary Shepherd

Sobre nossas Rippas

"Aqui na Virgin Mobile temos um negócio que chamamos de Rippa (gíria australiana para bom trabalho) que é dado às pessoas como agradecimento por um trabalho bem feito, um sinal de apreciação, ou apenas por diversão. Todo mundo na empresa recebe um livro de Rippas para distribuir, que é em papel carbono triplo: uma Rippa vai para a pessoa, outra para o gerente e a terceira para a caixa Rippa.

A cada três meses há um sorteio e dez pessoas ganham vale-compras. Parecido com o kudos, nosso sistema tem como objetivo dar feedback imediato para alguém que nos ajudou de alguma forma."

Paul Bowler, *Austrália*

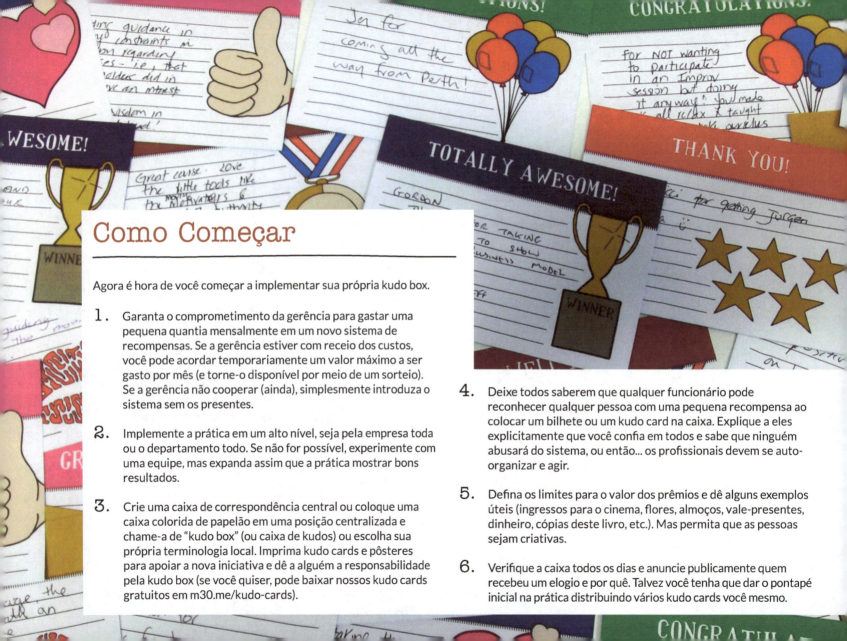

Como Começar

Agora é hora de você começar a implementar sua própria kudo box.

1. Garanta o comprometimento da gerência para gastar uma pequena quantia mensalmente em um novo sistema de recompensas. Se a gerência estiver com receio dos custos, você pode acordar temporariamente um valor máximo a ser gasto por mês (e torne-o disponível por meio de um sorteio). Se a gerência não cooperar (ainda), simplesmente introduza o sistema sem os presentes.

2. Implemente a prática em um alto nível, seja pela empresa toda ou o departamento todo. Se não for possível, experimente com uma equipe, mas expanda assim que a prática mostrar bons resultados.

3. Crie uma caixa de correspondência central ou coloque uma caixa colorida de papelão em uma posição centralizada e chame-a de "kudo box" (ou caixa de kudos) ou escolha sua própria terminologia local. Imprima kudo cards e pôsteres para apoiar a nova iniciativa e dê a alguém a responsabilidade pela kudo box (se você quiser, pode baixar nossos kudo cards gratuitos em m30.me/kudo-cards).

4. Deixe todos saberem que qualquer funcionário pode reconhecer qualquer pessoa com uma pequena recompensa ao colocar um bilhete ou um kudo card na caixa. Explique a eles explicitamente que você confia em todos e sabe que ninguém abusará do sistema, ou então... os profissionais devem se auto-organizar e agir.

5. Defina os limites para o valor dos prêmios e dê alguns exemplos úteis (ingressos para o cinema, flores, almoços, vale-presentes, dinheiro, cópias deste livro, etc.). Mas permita que as pessoas sejam criativas.

6. Verifique a caixa todos os dias e anuncie publicamente quem recebeu um elogio e por quê. Talvez você tenha que dar o pontapé inicial na prática distribuindo vários kudo cards você mesmo.

Dicas e Variações

Eu uso o kudobox.co para mandar kudos bonitinhos aos profissionais que trabalham remotamente. Nós imprimimos nossos valores corporativos nos kudo cards para conectar recompensas à cultura da nossa organização.

Novos kudo cards devem ser facilmente acessíveis. Coloque-os perto da máquina de café ou do bebedouro.

Remova todas as barreiras para encontrar os cartões. Até mesmo se abaixar para abrir uma gaveta pode ser muito trabalhoso para algumas pessoas!

Nós experimentamos a prática de forma segura em uma equipe e, após o sucesso, nós ampliamos o escopo.

Comecei com uma equipe que tinha os piores padrões de comunicação, apenas para mostrar que a prática funciona para todos.

Imprima o propósito da empresa nos cartões. Isso lembra as pessoas por que elas estão elogiando umas às outras.

Nós entregamos os cartões pessoalmente. Faz muita diferença quando você olha nos olhos de uma pessoa e diz: "obrigado".

Permita que as pessoas coloquem os cartões em uma parede dedicada a isso ('kudo wall'), de preferência em uma área de grande circulação.

Nós organizamos uma cerimônia semanal para os novos kudo cards; nós os lemos em voz alta e comemoramos.

O design dos kudos pode fazer muita diferença. Assegure que os próprios cartões pareçam agradáveis!

Faça o download de modelos de kudo cards e encontre mais ideias em <https://management30.com/practice/kudo-cards/>

2
mapas pessoais
Melhore a Comunicação e a Compreensão*

* Tradução: Luisa Escobar e Mateus Rocha

> Nosso negócio principal não é ver o que está vagamente à distância, mas fazer o que está claramente à mão.
>
> **Thomas Carlyle,**
> escritor escocês
> (1795–1881)

As pessoas devem se aproximar do trabalho dos outros para entender melhor o que está acontecendo. Elas podem fazer isso movendo os pés, movendo a mesa ou movendo o microfone. Diminuir a distância entre você e os outros ajuda a aumentar a comunicação e a criatividade. Um ótimo exercício para uma melhor compreensão das pessoas é colocar o que você sabe sobre elas em mapas pessoais.

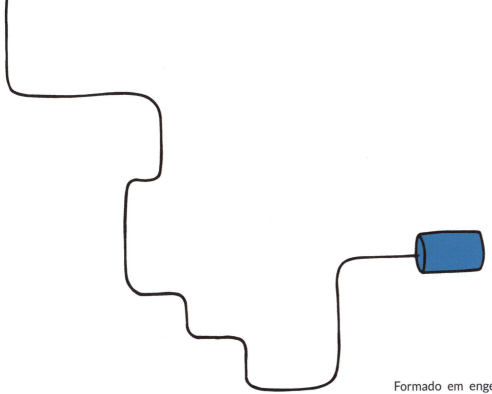

Quando eu comecei como gerente, há 16 anos, eu tinha meu próprio escritório com uma mesa brilhante, um computador novo e rápido e um telefone de mesa com mais botões do que um traje cerimonial de um ditador. Havia também um pequeno grupo de trabalho, composto por uma dúzia ou mais de desenvolvedores de software, para controlar como eu quisesse. Havia apenas uma coisa que me faltava: eu não tinha ideia do que estava acontecendo em suas mentes.

Formado em engenharia de software, eu via os desenvolvedores como computadores não confiáveis com pernas e muito cabelo. Minhas tentativas desesperadas de programá-los falharam porque eles raramente seguiam minhas instruções. E minhas tentativas de depuração produziram alguns efeitos colaterais desagradáveis. Depois de um tempo, eu comecei a ver a diferença entre programação de computadores e gestão de pessoas. Eu comecei a aprender. Agora minha estimativa é que a gestão é 5% de instrução (o que eu quero que seja feito) e 95% de comunicação (o que eles precisam).

Gestão é 5% instrução e 95% comunicação.

Melhorando a Colaboração

Quando investiguei sobre o meu problema de comunicação, percebi que a solução deriva naturalmente da pesquisa científica e do senso comum. É crucial entender a forma como a comunicação flui em uma organização.

Intencionalmente ou não, as pessoas dispersam continuamente informações sobre seu humor, seu trabalho, seus sentimentos, suas preferências e muitos outros atributos e atividades pessoais. Outras pessoas são capazes de captar algumas dessas informações. Por exemplo, quando você se sente estressado, inevitavelmente emite sinais indicando isso, e alguém ao seu redor acaba captando esses sinais e pode perguntar o que está errado. Ou quando um colega está trabalhando em um desafio difícil, você pode transmitir, sem perceber, algumas informações que ajudam a resolver o problema. A foto na sua mesa comunica que você tem dois filhos. O plano de fundo na sua tela do computador diz claramente que você gosta de gatos. E a sacola de compras ao lado da sua cadeira mostra que você provavelmente convidou amigos para o jantar.

O especialista em desenvolvimento de software Alistair Cockburn explica que o fluxo de informações em uma equipe ou organização pode ser comparado à dispersão de calor ou gás.[1] Não é uma surpresa que, para a disseminação de informações, sentar-se lado a lado na mesma sala seja mais eficaz do que ter duas pessoas sentadas em escritórios particulares próximos um do outro. Isso, por sua vez, é mais eficaz do que ter duas pessoas separadas por meio edifício e várias máquinas de café. Para um fluxo ideal de comunicação, compartilhar a mesma sala com outras pessoas funciona melhor porque isso permite que uma pessoa pegue informações emitidas por outras pessoas (intencionalmente ou não) que de outra forma não aconteceria. É o mesmo com o calor e o gás.

A conclusão óbvia é que a eficácia da colaboração entre as pessoas está fortemente relacionada positivamente com sua proximidade.

> Em um estudo realizado no Bell Labs, pesquisadores testaram quais são os fatores que determinam se dois cientistas iriam colaborar entre si. O melhor resutado foi, você adivinhou, a distância entre seus escritórios.... A probabilidade de colaboração diminui acentuadamente em questão de alguns metros.

Kerry Patterson, *Influencer* [2]

Infelizmente, falha de comunicação é a norma em todas as organizações.[3] Quando você entende que a distância reduz a comunicação, pode tentar melhorá-la otimizando sua proximidade com os outros. A parte de "como" reduzir a distância entre gerentes e outras pessoas foi descrita em muitos livros e artigos. As sugestões diferem em detalhes, mas a maioria se resume à mesma coisa: as pessoas devem ficar mais próximas do trabalho que é importante para elas. Obviamente, isso não se aplica apenas aos gerentes. Isso se aplica a qualquer profissional criativo que esteja trabalhando com outras pessoas e tentando fazer um bom trabalho.

As pessoas devem ficar mais próximas do trabalho que é importante para elas.

© 2011 Moyan Brenn, Creative Commons 2.0
www.flickr.com/photos/aigle_dore/8274730440

Gestão Estilo Walking Around*

O conselho de caminhar pela organização geralmente é apresentado sob o termo japonês *gemba* (que significa: "o lugar real"). A prática de gemba afirma que uma pessoa deve estar onde as demais pessoas estão trabalhando para entender quão bem elas conseguem fazer seu trabalho e o que elas precisam de você.[4] Mas ver as coisas com seus próprios olhos também ajuda a resolver quaisquer problemas que as pessoas possam ter. A melhoria é mais eficiente quando você usa fatos e não suposições.[5] Outros termos que você pode encontrar na literatura são *genchi genbutsu*, "vá e veja",[6] facetime,[7] e gestão estilo caminhando ao redor – Management by Walking Around (MBWA). E, no caso de equipes distribuídas, isso poderia facilmente se tornar gestão estilo voando por aí – Management By Flying Around (MBFA).[8] A prática tem mais nomes do que Sua Majestade o Rei Willem-Alexander Claus George Ferdinand, Rei dos Países Baixos, Príncipe de Orange-Nassau, etc., etc.. Portanto, você pode presumir que se trata de algo bem importante.

---

* Nota da Tradução: Walking Around – caminhando ao redor.

Alguns especialistas sugerem que, ao caminhar pelas pessoas que são importantes para você, você não deve seguir um cronograma rígido, mas sim tentar fazer isso aleatoriamente. Você os ouve, conversa com eles, os consulta e os aconselha. Aleatoriamente, você pode decidir participar de uma reunião de planejamento de uma equipe, uma reunião de pé, uma reunião de demonstração ou pode encontrá-las perto do bebedouro (isso é muito mais desafiador com equipes remotas, mas abordaremos esse tópico em breve). É importante que você não dê à sua equipe a impressão de estar *vigiando*, porque seu objetivo é uma melhor *comunicação* e *compreensão*, e não melhor *instrução*. Trata-se de gestão, não programação. E encontros cara a cara não precisam se concentrar apenas no trabalho. Tempo social (durante intervalos para o almoço, perto da máquina de café e após o horário de trabalho) também conta.

> **O tempo de socializar acaba sendo profundamente crítico para o desempenho do time, geralmente representando mais de 50% das mudanças positivas nos padrões de comunicação.**
>
> Alex Pentland, "The New Science of Building Great Teams"[9]

Apesar de caminhar pela empresa ser uma ótima prática, tenho um pequeno problema com essa abordagem. O problema é que você ainda precisa se levantar e começar a andar por aí. Isso é ótimo quando, como eu, você precisa de exercícios diários (e, afinal, este livro *é* sobre ótimos exercícios!). Mas a colaboração com outras pessoas, por mais sincera que seja, ainda pode parecer artificial ou forçada se você precisar se levantar da mesa e sair do escritório para poder falar com sua equipe.

Gestão Estilo Sitting Around*

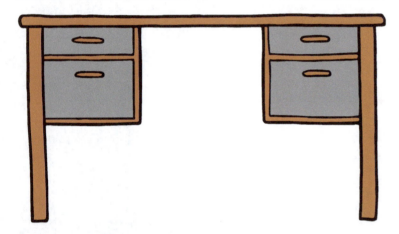

> Os melhores sistemas de computacionais do mundo não conseguem substituir a presença, estar lá, falando sobre o que está acontecendo e respondendo imediatamente a dicas situacionais sutis.
>
> **Tim Harford,** *Adapt* [10]

Quanto mais eu pensava na ideia de caminhar pela empresa, mais eu sentia que a prática era aquém do ideal. Anos atrás, percebi que o conceito de "estar onde o trabalho acontece" pode ser levado um passo adiante. Resolvi isso pegando minhas coisas e me mudando para uma mesa comum junto com a minha equipe. Essa pode ter sido a melhor decisão de gestão que já tomei. A quantidade de tempo social que eu conseguia aproveitar com os meus colegas de time aumentou consideravelmente.

Depois de mudar minha mesa, não importa o que acontecesse, eu estava sempre por perto. Isso me permitiu obter mais informações sobre o que estava acontecendo e entender muito melhor com o que as outras pessoas se importavam. Membros da equipe regularmente pediam minha opinião, algo que costumava ocorrer apenas quando eu passeava por ali. E peguei sinais de alegria e frustração, que eu não teria notado se não estivesse lá. Isso me convenceu de que o MBSA (Management by Sitting Around – gestão estilo sentando junto) às vezes podia superar o MBWA e o MBFA.

Curiosamente, nem todos são da mesma opinião. Richard Branson, o famoso fundador e presidente do Virgin Group, sempre praticou a abordagem oposta. Ele prefere não se sentar com nenhuma de suas equipes de gestão porque, ao seu ver, isso pode inibir sua criatividade e autoconfiança.[11] Em vez disso, ele prefere deixar todos por conta própria, na maioria das vezes, mas garante um tempo cara a cara com todo mundo voando o tempo todo (naturalmente, isso é fácil de fazer quando você tem sua própria companhia aérea).

---

* Nota da Tradução: Sitting Around – sentando junto.

MBSA

"Uma vez trabalhei no papel de gerente de projetos e pareceu plausível ter um pequeno escritório com outro sênior para que eu pudesse discutir assuntos importantes e fazer chamadas confidenciais.

A certa altura, comecei a realocar as pessoas que estavam trabalhando no meu projeto porque a comunicação entre elas era ruim. Não me lembro da razão exata, mas também me mudei do meu aconchegante escritório para onde o projeto estava acontecendo. Eu acho que foi para mostrar que eu não estava apenas movendo os outros, eu estava me mexendo também.

O efeito para mim foi dramático. De repente, senti o pulso do projeto e conheci diretamente os problemas das pessoas. Eu conseguia moderar as discussões entre os profissionais, e agora eles achavam muito mais fácil me fazer perguntas. Outro efeito foi que sentarmos juntos demonstrou que todos estávamos no mesmo barco nesse projeto que tinha uma alta probabilidade de fracassar. Para mim, como um novo gerente, foi tremendamente útil para construir confiança. Mudanças posteriores, como a introdução de abordagens ágeis, foram muito mais fáceis porque eu tinha um melhor entendimento de como a equipe se sentia."

Peter Rubarth, *Alemanha*

Gestão Estilo Skyping Around*

Em fevereiro de 2013, Marissa Mayer, CEO do Yahoo!, enviou um memorando para seus profissionais dizendo que trabalhar de casa não seria mais aceito a partir daquele momento e que todos os profissionais remotos do Yahoo! ou deveriam ser realocados para seus escritórios, ou, se não quisessem, poderiam mudar de emprego.[12] Ela disse que o principal motivo dessa decisão foi que a colaboração e a comunicação são aprimoradas quando as pessoas trabalham juntas no escritório e podem se ver cara a cara. Marissa Mayer estava certa.

Ela também estava errada. Muitas pesquisas e estudos de caso confirmam que pessoas *criativas* que trabalham remotamente são, na média, *mais* produtivas do que seus colegas que trabalham no escritório.[13] A afirmação de Marissa Mayer de que "velocidade e qualidade são frequentemente sacrificadas quando trabalhamos de casa" pode ter sido verdade para ela ou alguns dos colaboradores da Yahoo!, mas, em geral, essa afirmação não resiste a um exame científico minucioso. A reação de Richard Branson à decisão de Marissa Mayer foi "este que vos fala nunca trabalhou fora de um escritório e nunca trabalhará."[14]

A resposta para a pergunta: "as pessoas devem trabalhar de casa ou do escritório?" será sempre "depende". As pessoas *podem* ser mais criativas por conta própria quando trabalham remotamente, mas a criatividade é infrutífera sem uma reunião frequente de mentes e mistura de ideias. Por outro lado, a comunicação *pode* ser melhorada quando as pessoas são colocadas juntas na maior parte do tempo, mas comunicação é inútil sem produtividade, algo que muitos alcançam melhor *sozinhos*. De alguma forma você deve otimizar ambos. Qualquer um que otimize um em vez do outro não entendeu o ponto.

A melhor abordagem para sua organização é encontrar o seu próprio ponto de equilíbrio. Isso significa pedir às pessoas que otimizem a criatividade e a comunicação da maneira que elas acharem melhor. Também significa dar a elas os melhores meios para comunicação a distância, na forma de chamadas via Skype, hangouts do Google e outras ferramentas que você pode pensar que incluam áudio e vídeo.

---

* Nota da Tradução: Skyping Around – através do uso de Skype.

© 2013 ryaninc, Creative Commons 2.0
www.flickr.com/photos/ryaninc/8435462515

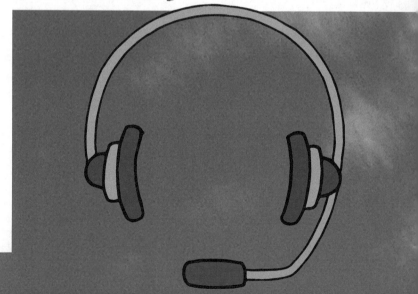

A tendência do trabalho remoto é boa ou ruim?

Em muitos setores, empresas preferem manter as pessoas juntas em um prédio e depois tentam compensar dando aos profissionais escritórios individuais ou cubículos (bancos, desenvolvimento de software e governo vêm à mente. Talvez a Yahoo! também?). Em outros setores, muitas empresas preferem deixar as pessoas trabalharem de maneira distribuída, mas compensam trazendo frequentemente os profissionais criativos para trabalhar juntos em sessões colaborativas e produtivas (poderíamos pensar em entretenimento, mídia e moda. E a Virgin). De fato, há uma tendência de empresas que funcionam em escritórios permitirem que pessoas trabalhem remotamente. Ao mesmo tempo, há uma tendência oposta nas empresas criativas, para que se mudem para espaços compartilhados e áreas da cidade onde diferentes organizações possam trabalhar mais próximas. Nenhuma direção é boa ou ruim. O que é bom é que as pessoas tentem encontrar o equilíbrio entre dois extremos.

O Efeito do Observador

A comunicação com colegas de trabalho é um hábito crucial para todos em um negócio. Não importa se você é um gerente, um membro de equipe ou um profissional independente. Você deve se mover e ajudar os outros a fazer o mesmo.

Mas não importa se você movimenta os pés, a mesa ou o microfone, lembre-se de que não existem observadores objetivos. Quando você se aproxima de outras pessoas que estão trabalhando, você as está influenciando. Isso é chamado de **efeito do observador** ou **paradoxo do observador**. Isso não precisa ser um problema, desde que você esteja ciente do fato. Você pode até usá-lo a seu favor!

Sua proximidade com outras pessoas pode ajudar a gerar confiança. Também pode ajudar a conscientizar os membros da sua equipe de que você se importa com o que eles estão fazendo. A própria proximidade em si é um radiador de informações e tem um impacto no trabalho das pessoas. A consequência de se mover e prestar atenção no que os outros estão fazendo não é apenas melhora de comunicação; também pode significar melhora de comportamento e de desempenho.

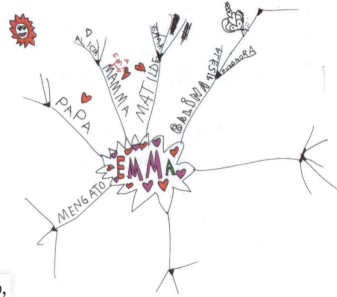

Quando você observa outras pessoas trabalhando, você as está influenciando.

© 2010 Luigi Mengato, Creative Commons 2.0
http://www.flickr.com/photos/luigimengato/5131580987

Proximidade

Eu sei o que você está pensando. Mover-se parece uma ótima ideia, mas o que fazer se você estiver envolvido em muitas equipes? E se as equipes trabalharem em edifícios diferentes ou países diferentes? E se você for o fundador de 400 empresas? Minha resposta é: primeiro, certifique-se de que pelo menos uma de suas 400 empresas é uma companhia aérea; segundo, descubra uma boa maneira de combinar as três abordagens mencionadas anteriormente, aplicando o seguintes princípios de proximidade:

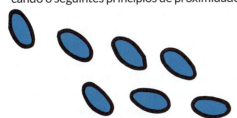

Administrar uma organização produtiva significa encontrar o melhor entre criatividade e comunicação. Pessoas criativas precisam de tempo para si mesmas. Se você as deixar em paz, não as perturbar com ligações telefônicas triviais e permitir que trabalhem onde quiserem, a maioria será *mais* produtiva, não menos. Por outro lado, alguns tendem a se concentrar demais em seu trabalho criativo, sem perceber que a organização precisa de colaboração tanto quanto de criatividade. Cabe a você cuidar para que ambos estejam equilibrados.

O **primeiro princípio da proximidade:**

- Combine sua proximidade com as pessoas conforme a importância do trabalho.

Existe um projeto ou prazo importante? Sente-se com essa equipe por um tempo. Uma equipe está ficando significativamente atrás das outras? Mova sua mesa para a área de trabalho dela. Você está trabalhando com duas equipes que precisam de atenção especial? Sente-se com as duas alternando o local de trabalho diariamente ou semana a semana. Mostre às pessoas que você se importa com elas e com o que elas estão fazendo e que você entende o que está acontecendo por *estar lá*.

O **segundo princípio da proximidade:**

- Mantenha sua proximidade diversa, flexível e imprevisível.

Você não deve permitir que uma equipe importante reivindique toda a sua atenção enquanto deixa outras pessoas sem assistência. Otimize sua comunicação com outras pessoas caminhando até elas, realizando viagens, voos e videochamadas. Deve haver diversidade na sua distância das pessoas, o que dependerá da diversidade de suas localizações e de seu trabalho. Mas faça o que fizer, não espere que os problemas o encontrem.[15] A chamada política de portas abertas raramente funciona. Você não deve esperar que as pessoas venham até você. Você deve ir até *elas*.[16]

Ótimos Tópicos de Conversa

Acho difícil ficar interessado quando as pessoas discutem o clima, esportes, negócios ou fofocas sobre celebridades. Uma das discussões mais profundas e agradáveis que tive foi quando compartilhei uma sauna na Finlândia com outros palestrantes após uma conferência. Debatemos política, filosofia e o sentido da vida em 20 minutos.

Quando conheci meus colegas da equipe de gestão da Happy Melly pela primeira vez, sugeri que não discutíssemos apenas ideias, projetos e tarefas, mas também algumas coisas pessoais. Eu sugeri que cada um de nós fizesse aos outros uma pergunta pessoal interessante, e que nós mesmo deveríamos responder no final de cada rodada. A primeira pergunta, oferecida por este que vos escreve, foi: "que parte da sua cultura você reconhece em si mesmo?". Os outros membros da equipe seguiram o exemplo: "qual é o seu filme favorito e o que isso diz sobre você?", "como você se exercita fisicamente?", "o que é que você não entende sobre outras pessoas?", "qual livro mudou sua visão do mundo?" e "o que aconteceu no seu passado que fez você se juntar a esse time?".

Com um pouco de esforço, você conseguirá formular dezenas de perguntas igualmente interessantes e desafiadoras. Pode ser útil memorizar algumas delas para que você possa perguntar a qualquer pessoa a qualquer momento. Você pode realmente impressionar seus colegas na próxima vez que compartilhar uma sauna.

Além de fazer perguntas profundas, há muitas outras coisas que você pode fazer para se envolver em conversas interessantes com colegas de equipe. Você pode organizar conversas individuais, discutir as famosas 12 perguntas da Gallup,[17] jogar delegation poker (consulte o Capítulo 3) ou moving motivators (consulte o Capítulo 10). Você pode investigar pessoas em redes sociais, como Facebook, LinkedIn e Twitter, ou em eventos sociais, como jantares ou reuniões comunitárias. No lado menos sério do espectro da comunicação, encontramos testes de personalidade, como MBTI ou 16PF,[18] e até horóscopos e numerologia, que podem ser úteis para discutir traços de personalidade "típicos" (você pode achar difícil de acreditar, mas recentemente descobri que, de acordo com a numerologia, sou um "típico 5", que é meu número favorito desde os 10 anos de idade).

Não importa o que você faz para melhorar a comunicação, lembre-se de que a melhor abordagem para entender uma pessoa depende muito das preferências dela. O que funciona com um pode não funcionar com o outro. Por exemplo, metade do mundo sabe que não bebo cerveja e que preciso de um tempo privado todos os dias porque sou introvertido. Ao me oferecer uma cerveja após um dia cheio de atividades sociais, você me comunica que não somos socialmente próximos. Meus amigos nunca me fariam esse convite. Isso pode na verdade *reduzir* minha vontade de me abrir e compartilhar meus pensamentos.

Você pode fazer as pazes me comprando um café com leite na manhã seguinte.

Bate papo

"Um ponto que você não explorou e que precisa expandir é abrir espaço para conversar um pouco durante as atividades do dia a dia. É uma daquelas coisas tão óbvias que nós acabamos nos esquecendo. Sempre que estou conversando no trabalho, tenho o hábito de iniciar ou fechar uma conversa com coisas triviais, apenas para confirmar as relações informais que temos. Ao fazer isso, eu não apenas abro espaço para uma conexão pessoal; eu também evito dar às pessoas a impressão de que estou interessado apenas em verificar trabalho delas."

Riccardo Bua, *Bélgica*

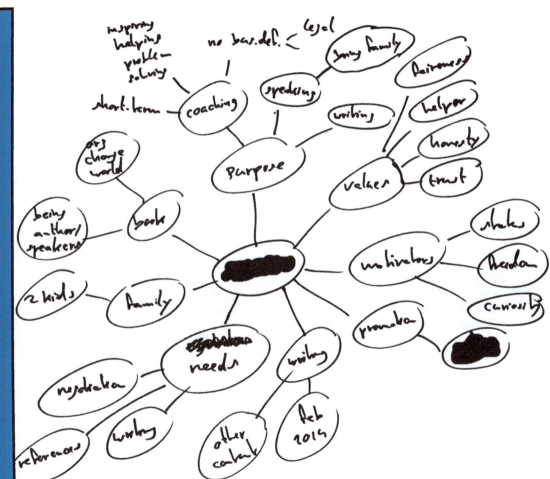

Você Está Sempre em Meu Mapa Mental

Em uma versão anterior deste capítulo, eu sugeria que você pudesse desenhar um mapa de proximidade, indicando onde está, onde estão as pessoas mais importantes e como planeja vê-las regularmente. Mas nunca estava satisfeito com minha própria sugestão. Eu não entendia o ponto de elogiar os méritos de planos de voo e de mapas do Google e percebi que estava no caminho errado.

> **Não se trata de distância geográfica, e sim de distância mental.**
>
> **Jim McCarthy,**
> **palestra no Agile Lean Europe**
> **2012 em Barcelona**

Percebi muitas vezes que a relevância da distância *geográfica* vem diminuindo constantemente há anos, graças à globalização e ao progresso tecnológico. Ao contrário de uma década atrás, as conexões com as pessoas mais próximas de mim estão quase literalmente na ponta dos meus dedos. Ao mesmo tempo, parece que a distância *mental* entre as pessoas tem aumentado constantemente. Essas mesmas tecnologias me permitiram ser "amigo" de milhares de pessoas que eu mal conheço, enquanto o tempo com meus amigos e parentes mais próximos sofre com o barulho de atualizações de status, fotos, vídeos, curtidas, retweets, seguidores e mensagens pessoais através de uma dúzia de canais de comunicação sociais.

Tive uma ideia durante uma viagem de carro de Amsterdã para Bruxelas. Eu estava olhando para o horizonte enquanto dirigia, tentando resolver um problema que estava me incomodando há meses. Eu estava desconectado do mundo inteiro, exceto por Raoul, que estava sentado ao meu lado, mas que, graciosamente, mantinha a boca fechada por um tempo. Nem preciso dizer que era o momento perfeito para eu ter um pensamento criativo. E eu tive um. De repente, eu percebi que não precisamos de mais mapas *geográficos*. Precisamos de melhores mapas *mentais*.

O mapeamento mental é uma técnica simples, porém poderosa, que permite que qualquer pessoa que consiga segurar uma caneta veja as relações entre os conceitos. Ao criar um **mapa pessoal** de um colega, você faz um esforço para entender melhor essa pessoa. Você começa pegando uma folha de papel, uma página vazia em um caderno ou uma tela em branco no seu tablet e escreve o nome da pessoa no meio. Em seguida, você escreve categorias de interesse em torno do nome do seu colega, como *casa, formação, trabalho, hobbies, família, amigos, objetivos* e *valores*, e expande o mapa mental adicionando as coisas relevantes que sabe sobre essa pessoa. A maior paixão dessa pessoa é seu cachorro? Anote. Você frequentou a mesma universidade que seu colega? Anote. Seu colega deseja se mudar para outro país? Anote.

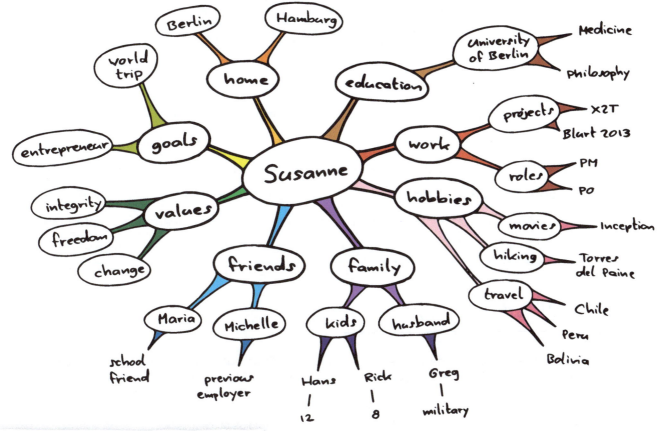

Ao criar um mapa mental de um colega, você faz um esforço para entender melhor essa pessoa.

Quando você começa a criar mapas pessoais para os membros da sua equipe, pode se surpreender com o pouco que sabe sobre eles. As páginas vazias olham para você como uma geleira observa um alpinista da Patagônia. Se isso acontecer, provavelmente é um sinal de que você precisa organizar um momento cara a cara e fazer algumas perguntas interessantes. Você pode se surpreender com o quanto as pessoas apreciam um interesse genuíno em suas origens, necessidades e desejos.

Isso é assustador!

Em um mundo onde as pessoas ainda se lembram das investigações imorais de antigas agências de serviços secretos, como a KGB ou a Stasi, e onde muitos hoje em dia detestam as atividades da NSA americana e suas correlatas em todo o mundo, não é de se admirar que as pessoas me perguntem: "não é errado coletar informações sobre pessoas?".

Bem, isso depende de quão reservado você é, e do que você faz com os resultados.

É errado minha mãe ter um calendário onde ela anota as datas de nascimento de outras pessoas para que ela possa lhes enviar um cartão de aniversário? É errado copiar endereços de e-mail de cartões de visita para que eu possa convidar meus contatos para o lançamento do meu livro? É errado escrever algumas notas pessoais sobre colegas de trabalho para que você possa ajudá-los a se sentir engajados, melhorar seu trabalho e encantar seus clientes?

Como Começar

1. Pegue uma folha de papel e escreva o nome de um dos membros da sua equipe (se você não tiver nenhum, tente escrever o meu nome).

2. Escreva as palavras: *casa*, *formação*, *trabalho*, *hobbies*, *família*, *amigos*, *objetivos* e *valores* em torno do nome e conecte essas palavras com o nome no meio.

3. Agora, siga em direção à borda externa do papel, escrevendo palavras, nomes e conceitos que você possa recordar sobre essa pessoa e conecte-os às palavras que você já havia escrito (se você escreveu meu nome, tente encontrar as dicas que dei ao longo deste texto).

4. Avalie o mapa mental que você acabou de criar e reconheça onde você tem áreas vazias. Decida qual seria a melhor abordagem para melhorar a comunicação com essa pessoa e preencher os espaços em branco no seu mapa (siga o primeiro princípio de proximidade).

5. Faça o mesmo com outras pessoas. Pense em como você pode usar abordagens diferentes com pessoas diferentes para aproveitar melhor o tempo com todas elas (siga o segundo princípio de proximidade).

6. Pegue uma cadeira de escritório com rodinhas e conecte-a ao Google Navigator (brincadeira).

Dicas e Variações

O exercício de mapas pessoais é um excelente quebra-gelo em workshops. Enquanto as pessoas chegam, faça-as desenhar o próprio mapa.

Tenha canetas, marcadores ou lápis coloridos disponíveis. Algumas pessoas podem se expressar melhor com cores.

Em vez do meu nome, prefiro começar com outra coisa no meio. Por exemplo, meu objetivo de vida.

Descobrimos que ter exemplos disponíveis ajuda. As pessoas ficam mais criativas quando conseguem ver o que os outros estão fazendo.

Disponibilizamos papéis com algumas bolhas vazias. Fica mais fácil as pessoas começarem assim.

Coloque todos os mapas pessoais em uma parede e tente encontrar semelhanças e diferenças.

Peça às pessoas que apresentem os mapas pessoais umas das outras e façam perguntas sobre os itens que constam neles.

NÃO deixe as pessoas apresentarem seus próprios mapas pessoais. Algumas pessoas falam demais sobre si mesmas!

Eu mantenho anotações úteis sobre meus colegas: datas de nascimento, nomes de filhos e parceiros e como eles gostam de tomar chá ou café.

Eu organizei um exercício de mapas pessoais como parte de uma retrospectiva da equipe.

Tire fotos dos mapas mentais (com permissão) e compartilhe na intranet da empresa.

Pendure-os perto de um bebedouro ou máquina de café, para que as pessoas tenham algo sobre o que conversar.

Encontre mais ideias em <https://management30.com/practice/personal-maps/>.

3 quadros de delegação e pôquer da delegação

Empodere os Profissionais com Limites Claros*

---

* Tradução: Diogo Riker e Tadeu Marinho.

> Dizem que o poder corrompe, mas na realidade é mais verdade que o poder atrai os corruptíveis.
> Os sensatos geralmente são atraídos por outras coisas que não o poder.
>
> David Brin,
> cientista norte-americano (1950–)

Delegação não é fácil. Os gerentes costumam temer a perda de controle ao permitir que as equipes se auto-organizem, e profissionais criativos às vezes não sabem como se auto-organizar. Um quadro de delegação (delegation board) permite que a gerência esclareça a delegação e promova o empoderamento para ambos, gerentes e profissionais.

Certa vez, fui cavalgar em uma montanha no Chile. A viagem durou quatro horas e um guia conduziu quatro turistas, incluindo eu, por uma floresta andina. Durante a nossa subida por uma montanha coberta de árvores, eu me perguntava por que meu cavalo parava ocasionalmente e olhava para trás, até a guia oferecer uma explicação. Ela sugeriu que eu mantivesse meu cavalo longe dos outros e, preferencialmente, recuá-lo para o fim da fila, pois ele era conhecido por ter um temperamento ruim. O meu cavalo era o único de cor branca entre quatro cavalos pretos e nosso guia explicou que esses animais podem ser tão xenofóbicos quanto os humanos. Meu pobre cavalo branco ficou traumatizado por ter sido maltratado pelos de cor preta e não hesitaria caso tivesse a chance de dar um coice em suas cabeças. Claro que, em um momento inesperado, quando estávamos relaxando e apreciando a paisagem, meu feroz cavalo branco disparou em direção ao cavalo preto discriminador do meu parceiro. O cavalo preto provavelmente deu uma olhada hostil para o meu cavalo ou relinchou algo ofensivo, e eu mal conseguiria impedir que meu animal mordesse o olho do outro. Se eu não soubesse como dominar as rédeas de maneira magistral e heroica, talvez nunca nos casássemos. Quero dizer um casamento com meu parceiro, é claro, não com o cavalo.

Gerenciar uma organização é como liderar um cavalo. Algumas organizações são como os cavalos esbeltos e poderosos que vemos nas pistas de corrida. Outros são como os cavalos robustos que puxam carroças cheias de mantimentos. Algumas organizações são como os cavalos no Chile carregando turistas entediados e escritores heroicos. Outras organizações podem ser mais bem comparadas a unicórnios fofos e rosados. Independentemente do tipo de cavalo que sua organização é, eu tenho certeza que ela precisa de cuidados, comida, amor, higiene, escovação e ocasionalmente um puxão firme nas rédeas.

Gerenciar uma organização é como liderar um cavalo.

© 2005 Jurgen Appelo
http://www.flickr.com/photos/jurgenappelo/2187607918

Controle Descentralizado

Vamos desmontar dos cavalos e subir nas organizações. Alguém próximo a mim tem uma chefe muito inquisitiva. Ela está sempre ocupada verificando o trabalho de todos e realizando comentários, críticas e correções para tudo. Não é de surpreender que os profissionais tenham um pouco de medo dela, especialmente porque ela pode responder como um cão raivoso sempre que encontra algo questionável. Cavalos dóceis e cachorros perversos não combinam bem.

Em sua defesa, como gestora de uma agência governamental ela tem muita responsabilidade. Ela é responsabilizada por tudo que é produzido em seu escritório. Portanto, é crucial que ela fique de olho nas coisas, certo? Isso soa razoável. Porém, as pessoas se comportam de acordo com o jeito como são tratadas. Quando o chefe sempre corrige tudo o que você entrega, por que se preocupar em produzir um resultado com qualidade? Tudo será alterado de qualquer maneira! Assim, a qualidade do trabalho diminui e o chefe precisa reforçar ainda mais o controle. Um estilo de gestão intrusivo gera confirmação contínua de que a visão de mundo do chefe está correta. Os funcionários *são* desleixados, eles *de fato* merecem resmungos e broncas! Se o cavalo está acostumado a ser mordido, ele apenas avançará quando for mordido. Aqui temos um exemplo perfeito de profecia autorrealizável.[1]

Nós só conseguimos escapar dessa armadilha típica de gestão e aumentar a qualidade do trabalho quando distribuímos o controle em nossas organizações. Ao nosso redor (e dentro de nós) sistemas complexos se auto-organizam com sucesso porque o controle raramente é centralizado. 🧠 Não existe uma célula T mestra que controle o seu sistema imunológico, nenhuma célula marcapasso primária que regule o seu batimento cardíaco e nenhum neurônio central em seu cérebro que crie consciência. Em sistemas complexos, o controle é tipicamente distribuído entre as partes. E isso é uma coisa boa! Se o seu sistema imunológico tivesse um centro de controle, seria muito fácil para os vírus derrubá-lo. E se o seu batimento cardíaco fosse gerenciado por apenas algumas células, você não sobreviveria tempo suficiente para ler o restante deste livro.

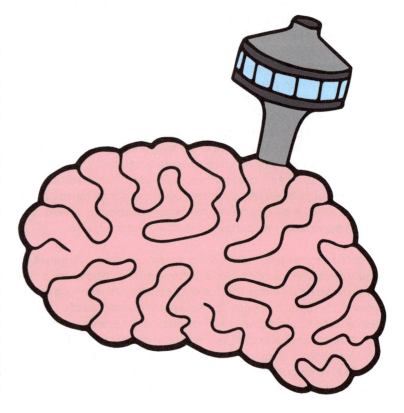

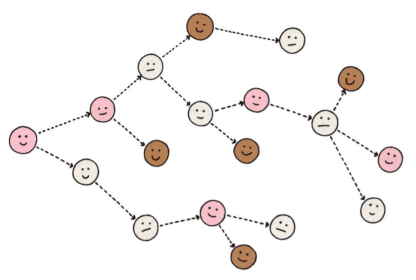

Outra razão para o controle distribuído pode ser encontrada no **darkness principle**. Esse princípio diz que cada parte de um sistema não está ciente de todos os comportamentos que ocorrem em outras partes do sistema. Se uma parte "conhecesse" todo o sistema, a complexidade de todo o sistema teria que residir nessa única parte. O darkness principle explica que cada profissional tem apenas um modelo mental incompleto de todo o trabalho. E o mesmo também vale para o gestor! Apenas toda a organização entende todo o trabalho. É por isso que é melhor distribuir o controle entre todos.[2]

Sistemas complexos sobrevivem e prosperam *porque* o controle é distribuído. É por isso que a Internet não pode ser destruída. É por isso que grupos terroristas formam unidades independentes e auto-organizadas. E é por isso que as organizações exigem que os profissionais possuam um alto nível de controle sobre seu próprio trabalho. Um estilo de gestão top-down* é indesejável porque sufoca a habilidade de uma organização de lidar com a complexidade.[3]

_____
* Top-Down – quando a gestão é imposta de cima para baixo.

Então, por que não se livrar completamente da hierarquia?

Empresas diferem de sistemas naturais por causa da *autoridade legal*. As pessoas em uma organização não têm permissão para violar nenhuma lei. Os gestores são *autorizados* pelos proprietários do negócio a contratar e demitir pessoas, a empenhar todo o negócio a serviços e pagamentos assinando contratos com clientes e fornecedores, a cuidar do dinheiro que entra e sai da organização e a delegar trabalho para outras pessoas. Tudo isso passa pela organização de maneira hierárquica para permitir a *rastreabilidade da autorização*. No que me diz respeito, essa é uma das poucas coisas para as quais uma hierarquia pode ser útil.

Empoderamento dos Profissionais

O que cientistas chamam de controle distribuído é geralmente chamado de **empoderamento** por consultores de gestão. No entanto, alguns especialistas não gostam do termo.[4,5] A palavra parece sugerir que as pessoas são "desempoderadas" por padrão e precisam ser "empoderadas" por seus gestores.[6] Talvez esse fosse de fato o seu significado original, e eu concordo que isso pode ser visto como desrespeitoso.

Por outro lado, acredito que os sistemas em rede são mais poderosos que os sistemas hierárquicos porque é muito mais difícil destruí-los. Ao distribuir o controle em uma organização, nós não apenas empoderamos os profissionais, nós também empoderamos os gerentes. Talvez devêssemos ver isso como empoderamento do *sistema*, não das *pessoas*. Você lembra da última vez que esteve doente? Aposto que você se sentiu impotente como indivíduo contra esse pequeno vírus distribuído. Estou feliz que seu sistema imunológico distribuído tenha sido ainda mais poderoso, ou então eu teria um leitor a menos!

> Deveríamos ver isso como empoderamento do sistema, não das pessoas.

A literatura relacionada à gestão cita muitos argumentos a favor do empoderamento, como melhoria da satisfação do profissional, aumento da lucratividade e fortalecimento da competitividade.[7] Tudo isso é verdade. Mas nunca se esqueça de que a verdadeira razão para o empoderamento é melhorar a eficácia e a sobrevivência do sistema. Nós permitimos que a organização tenha mais resiliência e agilidade delegando a tomada de decisões e distribuindo o controle.

Infelizmente, o empoderamento parece mais fácil do que é. Para algumas organizações, isso requer uma mudança total de cultura, o que não acontece da noite para o dia. Essa é uma das razões pelas quais muitos programas de empoderamento, apesar das melhores intenções dos envolvidos, geralmente não fornecem resultados imediatos.[8] Mas não há alternativa. A organização *deve* ser empoderada para que as pessoas possam tomar suas próprias decisões. Em todo o mundo, pessoas que eu chamo de creative networkers estão se tornando mais capacitadas e aptas a resolver o assunto por conta própria. E quanto mais instruídas forem as pessoas, menos eficaz o poder autoritário é.[9] Em muitas organizações, as equipes entendem melhor seu trabalho do que seus gerentes. A maioria dos cavalos sabe muito bem como comer, correr e não cair de um penhasco sem instruções detalhadas de seus cavaleiros. Portanto, a principal preocupação da gerência deve ser o empoderamento, não a supervisão.[10] Nosso objetivo é um sistema mais poderoso, não pessoas mais bem controladas. Nós só precisamos aprender como implementar melhor esse sistema. Chegou a hora dos gerentes descerem de seus cavalos mecânicos e aprenderem a lidar com um vivo.

Definindo Limites

Tudo o que conheço sobre cavalos é o que aprendi na literatura de fantasia. Eu sei que eles geralmente têm selas, rédeas, esporas, sapatos (não italianos) e crinas longas e bonitas que sempre se posicionam da maneira certa quando os guerreiros precisam apunhalar um inimigo até a morte. Aqueles que apenas se sentam em um cavalo selvagem e gritam "yee-haw!" geralmente morrem antes da página 50.

Eu comparo equipes e organizações — não pessoas! — com cavalos, e acredito em relações de respeito mútuo entre os cavalos e seus cuidadores. O cuidado com cavalos inclui dar direções e estabelecer limites. Frequentemente, quando os gerentes delegam trabalho para equipes, eles não lhes dão limites claros de autoridade.[11] Por tentativa e erro, as equipes precisam descobrir o que podem ou não fazer, geralmente expondo-se a algum dano emocional ao longo do caminho. Isso foi descrito por Donald Reinertsen como a "descoberta de cercas elétricas invisíveis".[12] Correr repetidamente em direção a uma cerca elétrica não é apenas perda de tempo e recursos, mas também mata a motivação e arruína a pelagem do cavalo. Sem ter ideia de que os limites invisíveis estão ao seu redor, o cavalo vai preferir ficar parado ou dar um coice na cabeça de outro.

Reinertsen sugere criar uma lista das **áreas-chave de decisão** para endereçar o problema de não estabelecer limites. A lista pode incluir itens como horário de trabalho, principais tecnologias, design de produto e participação na equipe. Um gerente deve deixar perfeitamente claro qual é o nível de autoridade da equipe para cada área de decisão nessa lista. Quando o cavalo puder de fato *ver* a cerca, haverá menos medo e dor. E quanto mais longe da cerca, mais o cavalo desfrutará de seu território.

Também funciona ao contrário. Uma equipe geralmente delega trabalho para a gerência, como recompensas e remuneração, parcerias comerciais, estratégia de mercado e vaga no estacionamento. O cavalo não é obrigado a simplesmente aceitar qualquer tipo de limites, restrições e abuso. A natureza deu-lhes dentes e patas traseiras fortes por essa mesma razão. Meu feroz cavalo no Chile os usou bem.

Os 7 Níveis de Delegação

Controle distribuído em um sistema complexo é alcançado quando a autoridade é empurrada para todos os cantos da rede. Entretanto, pessoas preferem não "perder o controle". Portanto, para fazê-las se sentirem seguras, nós precisamos agir com a suposição de que elas têm, pelo menos, *algum* controle sobre a situação. É por isso que a pessoa que deseja delegar pode se beneficiar do uso dos *sete níveis de delegação*.[13]

© 2014 Koen van Wijk

1. **Dizer**
   Você toma uma decisão para os outros e deve explicar sua motivação. Uma discussão sobre isso não é desejada nem presumida.

2. **Vender**
   Você toma uma decisão para os outros, mas tenta convencê-los de que fez a escolha certa e os ajuda a se sentirem envolvidos.

3. **Consultar**
   Você solicita informações primeiro, as quais leva em consideração antes de tomar uma decisão que respeite as opiniões das pessoas.

4. **Concordar**
   Você entra em uma discussão com todos os envolvidos e, como um grupo, vocês chegam a um consenso sobre a decisão.

5. **Aconselhar**
   Você oferecerá a sua opinião aos outros, a fim de que eles ouçam suas sábias palavras, mas a decisão será deles, não sua.

6. **Perguntar**
   Você primeiro deixa os outros decidirem e depois pede para eles convencerem você da sabedoria da decisão.

7. **Delegar**
   Você deixa a decisão para eles e nem mesmo quer saber sobre os detalhes que apenas confundiriam o seu cérebro.

Os sete níveis de delegação são um modelo simétrico. Funciona em ambas as direções. O nível 2 é semelhante ao nível 6, quando visto da perspectiva oposta. E o nível 3, solicitar informações, é o inverso do nível 5, que consiste em oferecer informações.

Os sete níveis de delegação *não* devem ser aplicados a tarefas e entregas individuais. Em vez disso, eles devem ser aplicados às principais áreas-chave de decisão. Definir áreas-chave de decisão é análogo a erguer uma cerca ao redor do cavalo. Aumentar e diminuir o nível de delegação (por área-chave de decisão) é semelhante a apertar ou afrouxar as rédeas ao montar o cavalo.

Os sete níveis de delegação podem ser usados para definir como a tomada de decisão é delegada de um gerente para um indivíduo ou uma equipe, de uma equipe ou indivíduo para um gerente, e entre indivíduos ou equipes em um nível de pessoa a pessoa.

Alguns exemplos:

- Um CEO definiu fusões e aquisições no nível de delegação 1 e, portanto, simplesmente diz a todos os profissionais via e-mail sobre a aquisição de outra empresa.

- Um gerente de projetos definiu o método de gestão no nível 2 de delegação e, portanto, ele **vende** a ideia de introduzir um framework ágil de gestão de projetos na equipe.

- Os membros da equipe definiram a escolha dos dias de férias no nível 3 e, portanto, **consultam** seus colegas de equipe primeiro sempre que um deles deseja sair de férias.

- A facilitadora de um workshop definiu tópicos e exercícios no nível 4 e, portanto, discute as opções disponíveis com a sua classe; juntos, eles **concordam** com os detalhes do programa.

- Um consultor sabe que as tecnologias-chave para seu cliente estão definidas no nível 5 e, portanto, **aconselha** seu cliente sobre quais tecnologias usar, mas deixa a decisão para o cliente.

- Uma mãe sabe que namorados não podem ser nada além do nível 6 e, portanto, ela gentilmente **pergunta** sobre o nome e o histórico do último pretendente da sua filha.

- Um escritor **delega** a impressão e encadernação no nível 7 à sua editora porque, como escritor, ele não tem absolutamente nenhuma ideia de como colocar suas palavras grudadas nas finas lascas de uma falecida árvore.

O nível de delegação correto é um ato de equilíbrio. Depende do nível de maturidade de uma equipe e do impacto de suas decisões. O controle distribuído em uma organização é alcançado quando a delegação de autoridade é empurrada o mais longe possível para dentro do sistema. No entanto, as circunstâncias podem exigir que você comece dizendo ou vendendo, aumentando gradualmente o nível de delegação dos membros da equipe e ampliando seus territórios.

O Quadro de Delegação

Existe uma ferramenta fácil que as pessoas podem usar para comunicar o tipo de delegação entre um gerente e uma equipe, ou entre duas partes. Essa ferramenta também pode ajudar ambas as partes a ser abertas e transparentes sobre o que elas esperam uma da outra. Eu chamo de **quadro de delegação**.

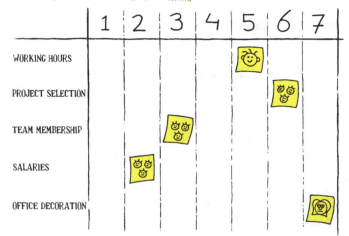

É um quadro físico (ou uma planilha ou a janela que dá para a cozinha do seu vizinho) que lista verticalmente várias áreas-chave de decisão que alguém delega a outras pessoas. Na dimensão horizontal, o quadro mostra os sete níveis de delegação. Para cada área-chave de decisão, o quadro possui uma nota em uma das sete colunas, comunicando claramente a todos até que ponto a autoridade é delegada nessa área. As pessoas estão de alguma forma envolvidas no processo de decisão (nível 3: consultar)? É necessário possuir concordância sobre certos tópicos (nível 4: concordar)? É esperado que se informe a gerente sobre suas decisões (nível 6: perguntar)? O quadro de delegação pode contar para todos.

Quadros de empoderamento

Originalmente, eu me referia a esses quadros como quadros de autoridade, mas eu acho que quadro de delegação soa melhor. Agora, tenho pessoas sugerindo que talvez eles devam ser chamados de quadros de empoderamento, porque empoderamento é o que almejamos e é o que a ferramenta alcança! Eu já me acostumei com "quadro de delegação", mas por favor sinta-se à vontade para chamá-lo de quadro de empoderamento se você preferir.

© 2015 Mateusz Gajdzik

Reuniões em pé, retrospectivas e conversas individuais podem revelar confusão sobre autoridade (quem decide o quê), que pode ser resolvida com o quadro de delegação (ou quadro de empoderamento). Por exemplo, novas áreas-chave de decisão com autorização pouco clara podem ser listadas ou pessoas/equipes específicas podem ser identificadas e listadas por nome (ou uma aproximação grosseira de sua aparência física) usando as anotações no quadro. Além disso, como no caso dos quadros de tarefas normais, os pontos podem se mover da esquerda para a direita, indicando que cada vez mais controle está sendo delegado de uma parte para a outra. De fato, ao visualizar delegações dessa forma, pode haver um *impulso* de querer fazer as coisas fluírem da esquerda para a direita!

As equipes não precisam esperar pelos gerentes para criar um quadro de delegação. Quando uma equipe precisa de mais clareza sobre o controle de seu território, os membros da equipe podem simplesmente visualizar suas suposições com um quadro e pedir que seu gerente venha e dê uma olhada. Obviamente, quem delega o controle é quem decide onde colocar as anotações, mas quem faz o trabalho delegado é responsável por concordar com sua responsabilidade! E lembre-se, equipes também delegam trabalho. Não há nada que os impeça de definir *outro* quadro com outras áreas-chave de decisão.

As equipes não precisam esperar pelos gerentes para criar um quadro de delegação.

O quadro de delegação é útil de várias maneiras. Ele modela a criação de limites e balanceia o ato da autorização, ambos necessários para obter o melhor da auto-organização. Segundo, ao mostrar áreas-chave de decisão e níveis de delegação, o quadro pode atuar como um radiador de informações, influenciando e direcionando qualquer um que olhe mais de perto a delegação. Por último, mas não menos importante, um quadro de delegação oferece aos gerentes algo para controlar. Quando eles sentem que estão perdendo o controle, prefiro vê-los empurrando algumas anotações em um quadro do que pessoas em sua organização. Eu não tenho problemas em dizer aos gerentes que eles podem "controlar a auto-organização" com um quadro de delegação quando isso dá às pessoas clareza de limites e oportunidade para expandir seu território.

Auto-organização que
foi longe demais

Mesmo com meus próprios workshops, luto regularmente com a delegação. Vi recentemente no Twitter o anúncio de que eu estaria realizando um evento na Alemanha. Isso foi uma surpresa para mim. Eu não sabia! Aparentemente, os organizadores locais haviam aplicado o nível 7 de delegação e esqueceram de me envolver em sua decisão. Quem foi o culpado aqui? *Eu*, é claro! Eu não havia comunicado adequadamente as áreas-chaves de decisão e os níveis de delegação para meus workshops. Eu adicionei o quadro de delegação ao meu site em questão de dias. Foi um ótimo lembrete para que eu aplicasse o exercício ao meu próprio trabalho!

Pôquer da Delegação

O pôquer da delegação foi jogado pela primeira vez em um encontro sobre Scrum em Amsterdã em 2010. Desde então, tenho jogado com pessoas em centenas de eventos em todo o mundo, e sempre com grande sucesso.

O objetivo do jogo é ensinar às pessoas que a delegação não é uma coisa binária. Existem muitos tons de cinza — ou cores — entre ser um ditador e ser um anarquista. Delegação também é um processo passo a passo. Você entrega responsabilidades a outras pessoas de maneira controlada e gradual. E delegação é dependente do contexto. Você deseja delegar o máximo possível, mas se você for longe demais o caos pode se manifestar.

Esse pôquer é jogado com um pequeno grupo de pessoas (geralmente de três a sete). Cada participante recebe um conjunto de cartas numeradas de 1 a 7, que correspondem aos sete níveis de delegação. Eles podem usar as cartas "oficiais" do Management 3.0 (consulte m30.me/delegation-poker), mas também é fácil permitir que as pessoas se auto-organizem e criem cartas de jogo com notas adesivas, papel para impressora a laser ou cartões de visita do CEO.

No início do jogo, você pergunta ao grupo que tipo de áreas-chave de decisão eles gostariam de discutir. Costumo dar o simples exemplo de dias de férias. O gerente comunica a todos em que dias eles devem tirar suas férias (nível 1 da delegação)? Provavelmente não. O gerente aceita como uma surpresa diária quem está trabalhando e quem não está (nível 7 da delegação)? Mais uma vez, provavelmente não. Provavelmente, a principal área-chave de decisão de "tirar férias" é delegada para um nível em algum lugar entre 1 e 7. Deixe o grupo decidir quais outras áreas eles querem explorar. Escolha de ferramentas? Layout do escritório? Prazos do projeto? Trabalho remoto? Compensação financeira? Para alguns grupos, é útil ter um conjunto de casos predefinidos para as pessoas discutirem. Por exemplo, em meus workshops, muitas vezes eu ofereço às pessoas 10 histórias de gestão, como esta:

Você deseja envolver os membros existentes da equipe no recrutamento de novos profissionais. Qual nível de delegação você atribuirá para eles tomarem decisões de contratação relativas aos candidatos para as vagas de emprego?

Por fim, é importante que os participantes possam consultar os sete níveis de delegação enquanto estão jogando. Eu costumo mostrar os sete níveis projetados ou colados na parede. Um folheto também é bastante útil.

Regras do jogo

Os participantes realizarão (repetidamente) as seguintes etapas:

1. O grupo escolhe uma área-chave de decisão e assegura que todos entendam o que ela significa.
2. Todo jogador escolhe, *em particular*, uma das sete cartas que reflete até que ponto ele delegaria a tomada de decisão se fosse o gerente.
3. Quando todos os jogadores tiverem decidido, contam até três e revelam as cartas escolhidas simultaneamente.
4. As escolhas das pessoas provavelmente serão diferentes. Deixe as pessoas com a maior e a menor carta explicarem suas escolhas.
5. Peça ao grupo para obter consenso sobre o nível de delegação (ou talvez um pequeno intervalo).

Você pode sugerir que o grupo jogue novamente para a mesma história quando a diferença entre a carta maior e menor for alta. Peça para eles criarem um quadro de delegação onde eles visualizem quais decisões eles tomaram juntos por consenso.

É óbvio, mas talvez ainda necessário, notar que times auto-organizados não decidem por si próprios qual é o nível de delegação "correto" para as áreas-chave de decisão delegadas a eles. Afinal de contas, o cavalo não constrói a própria cerca. Mas o jogo pode ser muito útil para revelar equívocos e pressuposições escondidas. O propósito do jogo não é desenhar as linhas, e sim chegar em um entendimento comum sobre onde as linhas já estão.

A delegação geralmente se resume a "eu faço" ou "você faz". Mas isso é simples demais. Use o pôquer da delegação para deixar claro quem é o responsável pelo quê e em qual medida. O jogo encoraja o envolvimento do profissional por meio da auto-organização controlada e da tomada de decisão esclarecida.

Sobre aprender a se
auto-organizar

"Eu treinei um time que foi formado com a 'instrução' de ser auto-organizado. Mas isso era uma novidade para a equipe, que havia tido mais experiência com a mentalidade de comando-e-controle. Eles foram deixados por conta própria sem nenhum conselho sobre como se 'auto-organizar'. O resultado foi conflito no time, baixa eficácia e paralisia na decisão, e o gerente ficava cada vez mais irritado com o time pedindo a sua ajuda o tempo todo. Microgerenciamento tradicional foi o resultado inevitável.

Eu ajudei o time a listar suas próprias áreas-chaves de decisão, e nós usamos o jogo do pôquer da delegação para facilitar discussões e entrar em acordo sobre os níveis de delegação. O resultado foi o seu primeiro quadro de delegação. Isso ajudou o time a fazer um progresso muito melhor, e o gerente também estava mais feliz, porque ele poderia finalmente dar alguns passos para trás e se afastar."

Inga-Lill Holmqvist, *Suécia*

© 2011 John Liu, Creative Commons 2.0
https://www.flickr.com/photos/8047705@N02/5402518309

Sobre combinar com os
níveis de competência

Na VI Company, nós usamos a delegação em combinação com o desenvolvimento de competências. Nós definimos diferentes papéis e níveis de competência e comunicamos claramente qual o nível de autoridade que as pessoas têm, o que depende dos seus acordos em relação ao nível do trabalho.

Por exemplo, um desenvolvedor júnior está no nível 3 na área de documentação técnica, o que significa que seu gestor se compromete em pedir sua opinião. Um desenvolvedor pleno está no nível 4, o que significa que ele e o seu gestor são juntamente responsáveis pela documentação.

Para desenvolvedores sêniores, nós definimos nível 7, significando que eles ganharam nossa total confiança para fazer o que eles acharem que for necessário nessa área-chave de decisão.

Ivo van Halen, *Países Baixos*

Como Começar

Agora é o momento de definir o território do cavalo e manuseá-lo com confiança e cuidado.

1. Determine onde, na organização, as pessoas parecem ter alguns problemas com delegação e autorização.

2. Decida em conjunto quais são as principais áreas-chaves de decisão para esses profissionais. Tente não definir as áreas em um nível muito baixo ("pegar o telefone") mas também não em um nível muito alto ("fazer seu trabalho").

3. Decida quais são os níveis de delegação presumidos por área de decisão. Você pode querer jogar pôquer da delegação para descobrir.

4. Crie um quadro de delegação (ou quadro de empoderamento) para visualizar a delegação para todos os envolvidos.

5. Peça ao gerente para verificar se você estabeleceu as premissas corretas para todas as áreas-chave de decisão e níveis de delegação. Isso pode levar a uma ou duas discussões extra para afinar todas as opiniões.

© 2011 Ethan Sherbondy, Creative Commons 2.0 https://www.flickr.com/photos/esherbondy/4019840232

Dicas e Variações

Deixe claro qual o limite que o quadro de delegação supostamente deve esclarecer. Entre o gerente e o time todo? Entre o líder técnico e um membro específico do time?

Nós adicionamos dois níveis (0 – Não contar e 8 – Ignore), que fizeram sentido para o nosso time. Sinta-se livre para experimentar com suas próprias adaptações.

Eu usei os níveis de delegação para definir ou esclarecer a descrição do trabalho.

Você também pode discutir o quadro de delegação e jogar o pôquer da delegação com outras partes interessadas, tais como donos do produto ou gerentes de projetos.

Eu uso os níveis de delegação para decidir qual a diferença entre um profissional júnior e um sênior.

Os membros do meu time ficaram surpresos com o nível de confiança que eu comuniquei com o quadro de delegação. Eles nunca tinham percebido isso.

É bom pendurar o quadro de delegação em uma parede, para que você possa consultá-lo sempre que necessário.

Reveja regularmente as áreas-chaves de decisão e os níveis de delegação e mova os níveis ainda mais quando você perceber crescimento e maturidade na tomada de decisão.

Nós preferimos chamar isso de matriz de delegação. De alguma maneira, nosso pessoal achou mais fácil de entender.

Visualmente, pode ser mais interessante escrever os níveis de delegação verticalmente (e as áreas-chaves de decisão horizontalmente) e então marcar ou mover post-its para cima ou para baixo.

Nós tivemos duas sessões: um quadro de delegação criado pelos gestores e outro criado pelos times. Depois, nós todos comparamos em conjunto os resultados e tivemos uma ótima discussão e um bom progresso.

Jogue o pôquer da delegação no início de um workshop para deixar as pessoas conversarem sobre hora do almoço, tópicos para discutir, uso de telefone e computadores, e assim por diante.

Encontre mais ideias em <https://management30.com/practice/delegation-poker/>.

4

histórias sobre valores e livros de cultura

Defina a Cultura Compartilhando Histórias*

* Tradução: Gino Terentim, Isabel Coutinho e Mateus Rocha.

> Mudança duradoura é uma série de acordos. E acordos são corretos, desde que seus valores não mudem.
>
> Jane Goodall,
> primatologista inglesa
> (1934–)

Existem vários tipos de valores que grupos e indivíduos reconhecem. Alguns desses valores vêm naturalmente para você. Sem eles, você não seria você mesmo. Outros valores são aqueles que você aspira ter. Será necessário esforço para adotá-los. Para conseguir um efeito melhor, você deve transformar seus valores em uma história pessoal.

> O interesse próprio só funciona enquanto houver um recipiente de contenção — um conjunto de princípios éticos que assegure que o interesse próprio esclarecido não se funda em egoísmo desenfreado.
>
> Gary Hamel, *What Matters Now*[1]

Quando eu assinei o contrato do meu primeiro livro, *Management 3.0*, meu editor e eu concordamos com um prazo de até 1º de agosto de 2010 para a entrega completa do manuscrito. O editor acrescentou que esse prazo era apenas uma formalidade. "Conhecemos vocês, autores", ele disse. "Vocês quase nunca cumprem seus prazos, e tudo bem. Basta entregar quando você tiver terminado". Mas eu respondi: "não, eu não sou um desses autores. Pretendo entregar meu livro na data combinada". E assim fiz. Enviei por e-mail o manuscrito completo para o editor em 1º de agosto de 2010, quatro minutos antes da meia-noite. Tive até tempo de tomar uma bebida.

Aparentemente, cumprir a data era importante para mim. Era uma questão de *disciplina* e de *honra*. Eu queria provar algo para mim mesmo. Como um autor iniciante, achei que seria do meu próprio interesse poder cumprir uma promessa.

Honra e *autodisciplina* são dois exemplos de **valores**, ou virtudes, dos seres humanos. Eles são importantes. Sem respeito por valores existentes, a criação de novos valores se funde facilmente em egoísmo.

Posso contar-lhe histórias similares sobre como pago meus fornecedores em até duas semanas após o recebimento das faturas (*justiça*), como nunca exijo contratos para meus compromissos como palestrante (*integridade*), como eu utilizo lembretes diários para dizer "obrigado" a alguém (*gratidão*) e como gasto semanas tentando resolver para qual instituição de caridade doar (*generosidade*). Eu faço essas coisas porque as considero importantes. Elas são importantes para *mim*. Elas não só me ajudam a ser mais feliz comigo mesmo, como ter um propósito inspirador e valores claros também me ajuda a manter o foco em meu trabalho e a tomar decisões mais facilmente. Propósito e valores permitem que as pessoas digam "sim" ou "não" a pedidos e oportunidades com mais convicção. Pesquisas confirmam que clareza de valores e de direção faz uma diferença significativa no comportamento no trabalho e é uma força por trás da motivação, do comprometimento e da produtividade[2]. Muitos profissionais no mundo precisam estabelecer melhor essas fronteiras porque a maioria deles sofre de excesso cognitivo: escolhas demais e pouca direção.[3]

Gerando Valor

Quando você vê uma organização como uma rede de pessoas gerando valor (como eu vejo), então inevitavelmente você chega à conclusão de que todos os clientes e partes interessadas participam dessa rede para obter valor dela. Clientes, acionistas, funcionários, fornecedores, bancos, comunidades, parceiros de negócio, governantes — em resumo, todos que estão economicamente envolvidos com a organização — tentam obter algum valor disso. Caso contrário, eles não contribuiriam com esse projeto colaborativo que chamamos de negócio.

Você só consegue gerar um novo valor quando protege o que já é valioso. Quando você encanta os clientes, mas enrola os fornecedores, você não está *gerando* valor; está apenas *movendo-o* de uma parte interessada à outra. Quando você aumenta a produtividade de curto prazo, mas prejudica a qualidade, você não está gerando valor; está somente *roubando-o* do futuro. E quando você pensa que gera valor para os acionistas esgotando recursos naturais, você não está gerando valor; está apenas *transformando* parte do ecossistema em uma economia.

> **Você só consegue gerar um novo valor quando protege o que já é valioso.**

A verdadeira geração de valor acontece quando você respeita as coisas que já são valiosas para alguns clientes. Isso significa levar em conta os valores das pessoas de todos os níveis da organização e em todos os cantos da rede.

> **Em vez de ver os processos organizacionais como meios de extrair mais valor econômico, ótimas empresas criam estruturas que utilizam valores sociais e humanos como critérios na tomada de decisão.**
>
> Moss Kanter,
> "How Great Companies Think Differently"[4]

"Mas", ouço você pensar, "o que é valioso para os clientes e as partes interessadas? Quais valores deveríamos respeitar e defender? Quero gerar valor de verdade, mas como faço isso?". Bem, parece que você está mostrando sinais de *curiosidade*, *entusiasmo* e *determinação*. Ótimo! Isso significa que você já está a caminho de saber a resposta.

Lista de Valores

Como resultado de um pouco de pesquisa e algum tempo livre em um voo de Xangai para Dubai, criei a seguinte lista de 244 valores, de uma coleção de várias fontes. Ignorei palavras como *religiosidade* e *sensualidade*, ou qualquer outra palavra que não parecesse profissional (a não ser que seu negócio seja uma igreja ou um bordel, ou ambos). Você pode utilizar essa lista para encontrar e escolher seus valores favoritos (uma versão mais curta dessa lista foi oferecida em meu primeiro livro[5]). Você pode embaralhar as palavras e escolher suas favoritas de uma pilha, ou você pode aplicar votação por pontos onde várias pessoas fazem uma marca em seus valores prediletos para diminuir a lista para três ou cinco palavras. Seja lá qual for a abordagem que você utilize, discutir valores fundamentais e desejados é um ótimo exercício de gestão.

Abertura	Audácia	Compaixão	Crescimento	Entusiasmo	Gerenciamento
Aceitação	Autoconfiança	Competência	Criatividade	Equidade	Ginástica
Acessibilidade	Autocontrole	Compreensão	Critério	Equilíbrio	Gratidão
Acurácia	Autodisciplina	Comprometimento	Cuidado	Esperança	Habilidade
Adaptabilidade	Autonomia	Concentração	Curiosidade	Espiritualidade	Harmonia
Agilidade	Aventura	Confiabilidade	Decisão	Espontaneidade	Heroísmo
Agradecimento	Beleza	Confiança	Dedicação	Estabilidade	Honestidade
Alegria	Benevolência	Confidência	Descoberta	Estética	Honra
Amabilidade	Bondade	Conformidade	Desenvoltura	Excelência	Hospitalidade
Amizade	Bravura	Conhecimento	Destemor	Excitação	Humildade
Ambição	Brilho	Consciência	Destreza	Experiência	Humor
Amor	Brincadeira	Consideração	Determinação	Expertise	Igualdade
Anseio	Calma	Consistência	Dever	Exploração	Imaginação
Apreciação	Calor	Contentamento	Devoção	Expressividade	Imparcialidade
Aprendizado	Camaradagem	Cooperação	Dignidade	Extravagância	Independência
Asseio	Capacidade	Coragem	Diligência	Extroversão	Indignação
Assertividade	Caridade	Cordialidade	Dinamismo	Exuberância	Ingenuidade
Astúcia	Cautela	Cortesia	Direção	Família	Iniciativa
Atenção	Clareza	Credibilidade	Disciplina	Fé	Inocência
Atividade	Colaboração	Crença	Disponibilidade	Felicidade	Inovação
			Diversão	Ferocidade	Inspiração
			Diversidade	Fiabilidade	Integridade
			Economia	Fidelidade	Inteligência
			Educação	Filantropia	Intensidade
			Eficácia	Flexibilidade	Interesse
			Eficiência	Fluência	Introversão
			Elegância	Foco	Intuição
			Empatia	Força	Inventividade
			Encorajamento	Franqueza	Justiça
			Energia	Furtividade	Lealdade
			Engenhosidade	Generosidade	Liberdade
			Entretenimento	Gentileza	Liderança

© 2011 Jordan Wade, Creative Commons 2.0
https://www.flickr.com/photos/greyshine/5853298005

Contextos culturais têm um impacto nas escolhas que as pessoas fazem ao selecionar seus valores.

Virtudes e valores humanos são tópicos interessantes sobretudo porque são fortemente influenciados por cultura. Isso é ilustrado de forma brilhante pelo psicólogo social Geert Hofstede em sua teoria das dimensões culturais[6]. Por exemplo, o *indicador de distância de poder* de Hofstede mostra que, em países latinos, asiáticos e africanos, há uma tendência de submissão a pessoas com certa autoridade, enquanto para países germânicos e anglo-saxões essa distância é muito menor. Seu *indicador de individualismo* mostra uma clara lacuna entre a atitude de melhorar a si mesmo nos países ocidentais e a mentalidade de pertencer a um grupo nos países do leste. Igualmente interessantes são as taxas de intolerância a incertezas, que são altas no sul e no leste da Europa e baixas no noroeste do continente.

As pessoas também já me relataram que diferenças significativas nos fatores culturais podem existir entre gerações dentro da mesma região. Por exemplo, em países do leste europeu, as gerações mais velhas, que possuem experiência com socialismo e comunismo, tendem a esperar que o estado e o governo estejam lá para ajudar a todos, enquanto as gerações mais jovens aprendem que, basicamente, é de sua própria responsabilidade cuidar do seu futuro. Obviamente, esses contextos culturais têm um impacto nas escolhas que as pessoas fazem ao selecionar seus valores.

Limpeza	Perseverança	Realismo	Sinergia
Lógica	Persistência	Realização	Singularidade
Maestria	Perspicácia	Reflexão	Solidariedade
Maravilha	Persuasão	Regularidade	Status
Maturidade	Poder	Resiliência	Sucesso
Mente aberta	Pontualidade	Resistência	Suporte
Meticulosidade	Positividade	Resolução	Tolerância
Modéstia	Pragmatismo	Respeito	Trabalho em equipe
Motivação	Prazer	Responsabilidade	Tranquilidade
Mudança	Precisão	Responsividade	Transcendência
Objetividade	Preparação	Restrição	Unidade
Oportunidade	Prestação de contas	Rigor	Valor
Ordem	Privacidade	Sabedoria	Variedade
Ordenação	Proatividade	Sacrifício	Verdade
Organização	Profissionalismo	Sagacidade	Vigor
Originalidade	Profundidade	Satisfação	Visão
Otimismo	Prontidão	Saúde	Vitalidade
Ousadia	Propósito	Segurança	Vontade
Paciência	Prudência	Sensibilidade	Zelo
Paixão	Pureza	Serenidade	
Partilha	Racionalidade	Serviço	
Paz	Rapidez	Simpatia	
Perceptividade	Razão	Simplicidade	
Perfeição		Sinceridade	

Valores da Equipe

Até agora, eu discuti os valores a partir tanto das perspectivas pessoais quanto das organizacionais. Mas, tal como a formação da identidade e do propósito, a seleção de valores também poderia ser considerada e realizada em todos os níveis organizacionais. E os valores de uma equipe? E os valores do departamento ou da unidade de negócio? Esclarecer seus próprios valores é importante, mas igualmente importante é entender os valores dos outros.[7]

O comportamento de uma equipe depende da personalidade dos seus membros, de seus relacionamentos e do ambiente. Uma mudança importante em seus relacionamentos ou no ambiente pode levar a um conjunto diferente de comportamentos desejados para a equipe e pode, portanto, ser uma razão para reconsiderar os valores da equipe.

Utilizando a lista de valores, uma equipe pode discutir os valores mais importantes para eles. Um exercício útil, oferecido em meu primeiro livro, é sugerir que a gerência faça o mesmo exercício e, em seguida, compare e discuta os resultados.[8] A mesma abordagem foi aplicada na Atlassian, uma empresa desenvolvedora de software, o que resultou em valores fascinantes como "Empresa aberta, sem bobagem" e "Não f. o cliente ".[9]

Com os valores selecionados, as pessoas podem imprimi-los e colocá-los em paredes, quadros de tarefa, camisetas, protetores de tela, canecas de café e em qualquer coisa que você puder imaginar.

E sobre
valores em outros níveis?

A seleção de valores pode acontecer em qualquer nível organizacional. Se isso acontecer (e eu certamente sugiro que você tente), você pode acabar com várias listas de valores. Isso não é confuso?

Talvez.

Mas, não é mais confuso que saber que os diferentes níveis organizacionais têm diferentes chefes, políticas conflitantes, múltiplas identidades e muitos rostos. Seres humanos são mestres em conciliar essas diferenças. E se algumas listas de valores multicamadas forem realmente confusas, não vejo nenhuma razão que impeça as pessoas de simplesmente se sentarem juntas para simplificar os resultados. Na maioria das organizações, o problema é a pouca orientação no que diz respeito aos valores, nunca o excesso. Lembre-se que o objetivo é que as pessoas criem e respeitem os valores e alcancem a felicidade. O objetivo não é brigar sobre 250 palavras simples.

© 2007 Wonderlane, Creative Commons 2.0
https://www.flickr.com/photos/wonderlane/3241345399

Manuais dos Funcionários

Em uma terra muito, muito distante, e em um passado bem longínquo, eu era um estudante sênior da Universidade Técnica de Delft, Países Baixos, contratado pela Faculdade de Ciência da Computação como monitor. Eu era uma das pessoas pagas para avaliar os trabalhos de programação dos alunos do primeiro ano, o que significava que eu poderia dizer a eles que a palavra *end* tinha que ser devidamente alinhada abaixo de *begin* e que o propósito da indentação era tornar o código mais legível, e não equilibrar o espaço em branco igualmente em ambas as margens.

Uma das coisas que fiz, do fundo do meu grande coração compassivo, foi criar um Guia para Calouros. Era um livrinho simples, explicando onde encontrar provas e notas, onde achar o diretório acadêmico, aonde ir quando tiver problemas de estudo e onde encontrar as melhores festas. Eu acrescentei muitas ilustrações feitas à mão e piadas tolas porque eu queria que os alunos achassem a leitura interessante. Fico feliz em dizer que meu guia não só foi apoiado pelo diretório acadêmico e pago pela faculdade, como a ideia também foi copiada por algumas das empresas mais famosas do mundo, muitos anos depois (brincadeira!).

A IDEO é sem dúvida a empresa de design mais famosa dos Estados Unidos, e por boas razões. O seu *Little Book of IDEO* (Pequeno Livro da IDEO) explicita os valores importantes da organização, tais como "seja otimista", "adote a ambiguidade" e "aprenda com os fracassos". Uma frase que eu particularmente gosto é "torne os outros bem-sucedidos", o que significa que os profissionais devem sempre se esforçar para ajudar uns aos outros. Diferentemente do meu guia para calouros, o livrinho da IDEO pode ser baixado da web.[10,11]

A Valve, uma empresa de jogos de grande sucesso, possui um manual para os novos funcionários, que foi criado por uma pequena equipe de desenvolvedores e designers. O manual, que contém ótimas ilustrações — sim, melhores que as minhas — e boas piadas e histórias divertidas, foi publicado primeiro como uma edição impressa e posteriormente disponibilizado em formato PDF para download. O documento não só inspirou muitas empresas em todo o mundo como um exemplo brilhante de uma estrutura organizacional horizontal, como também mostrou que manuais não precisam ser chatos e podem ser criados pelos próprios funcionários.[12]

Outro exemplo é oferecido pela loja de varejo on-line Zappos, uma empresa com um oficial *Culture Book* (Livro da Cultura), que também é escrito por seus funcionários e atualizado anualmente. O livro conta histórias de como as pessoas se sentem em relação à empresa e os profissionais cuidam para que a cultura da empresa seja desenvolvida e reforçada o tempo todo. Assim como o Manual da Valve, o Culture Book da Zappos está disponível gratuitamente para download.[13,14]

Obviamente, tais manuais e livros só funcionam quando os profissionais realmente os utilizam e sabem o que estes dizem. Muitas vezes, os manuais para profissionais são criados pelos departamentos de

> Em uma organização, perguntamos a três gerentes qual era a missão e qual era o mais importante objetivo organizacional.... Fomos informados de que os valores estavam "no manual do funcionário", mas esses valores estavam desconectados de como as pessoas agiam ou de como as pessoas eram incentivadas.
>
> Robin and Burchell, *No Excuses*[15]

recursos humanos e não pelos próprios profissionais, e são desprovidos de qualquer emoção. Valores são oferecidos como listas e acompanhados de regras, políticas e avisos legais. Não é de se admirar que, com tais manuais enterrados lá no fundo dos arquivos, os profissionais geralmente não tenham qualquer afinidade com algum valor central ou desejado da empresa. A verdadeira cultura comunicada em casos como esses é "a cultura é definida pelos gestores" e "não é para nos divertirmos".

Talvez o exemplo mais famoso de um grande livro de cultura que realmente funcionou é o documento Netflix Culture (Cultura Netflix), que diz que tudo começa com liberdade e responsabilidade nessa empresa. Na Netflix, eles realmente praticam o que pregam porque a empresa oferece total liberdade no que diz respeito a férias, horário flexível e despesas de viagem (ver Capítulo 6).[16,17] Alguns dizem que, por ser exemplo de como uma empresa pode criar e reforçar uma cultura com valores, é o documento mais importante que já saiu do Vale do Silício.[18]

Nossa parede de valores

"Criar valores para equipe foi mais difícil do que parece, pois precisávamos reunir o apoio da equipe e da empresa e demonstrar que isso geraria valor (veja a ironia). Depois de criarmos um caso de negócios atraente, completo com citações de Gandhi, conseguimos decidir por um conjunto de valores de equipe. Quando isso aconteceu, pudemos criar uma Parede de Valores. Uma imagem brilhante de filme, mostrando cada valor, juntamente com uma breve descrição impressa em A3, enfeitava nossa Parede de Valores.

Depois de ter lido sobre motivadores intrínsecos, eu estava interessado em tornar isso algo acessível a todos, sem nenhuma agenda além de dar às pessoas aquele 'apoio moral'. Começamos com uma abordagem simples, colocando post-its brilhantes com histórias em cima dos valores, com o nome da pessoa e uma observação. No entanto, como era uma sala cheia de caras, nós não tocávamos nenhum sino para anunciar novas inclusões. Na verdade, não realizávamos nenhuma manifestação. O que acontecia era mais sutil. As pessoas passavam casualmente pela Parede de Valores e se interessavam genuinamente. Depois de um mês, ficou claro que o envolvimento e a satisfação das pessoas com essas histórias eram um sucesso. Você poderia dizer que essa foi uma abordagem lo-fi (de "baixa fidelidade") para histórias de valores."

Paul Holden, *Reino Unido*

Vivendo Seus Valores

A Enron, que faliu por causa de fraude cometida pela alta gestão, tinha os valores *integridade*, *comunicação*, *respeito* e *excelência* exibidos em seu lobby corporativo. Aparentemente, apenas exibir palavras para todo mundo não é suficiente. Depois de determinar quais são os seus valores como equipe ou organização, é hora de fazer acontecer. Transforme seus valores em ação! Crie sua própria história!

Você está buscando *honestidade*, *excelência* e *serviço*? Coloque a equipe em um carro, dirija-se a um cliente onde algo deu errado com o seu produto e cante uma música sobre o quanto você está arrependido enquanto entrega um grande buquê de flores. O seu trabalho deve se concentrar em *criatividade*, *disciplina* e *ordem*? Faça com que sua equipe crie uma obra de arte perfeitamente executada com notas adesivas, cuidadosamente medidas e modeladas no computador. A chave não é apenas *prometer* manter esses valores em mente, mas realmente *fazer algo* para provar que esses valores são importantes e guiam os comportamentos e as decisões das pessoas.

> No final do dia, apenas pergunte-se: "como nossa visão e nossos valores influenciaram as decisões que tomei hoje?"
>
> Se eles não tiveram importância alguma, são inúteis.
>
> Senge, *The Fifth Discipline*[19]

A cultura deve direcionar os negócios da sua organização, não o contrário.[20] Valores adequados, visualizados e comunicados com histórias, ajudam a definir e reforçar essa cultura.

Vídeos e livros

"Depois de formular nossa visão para a Future Processing, decidimos apresentá-la às nossas equipes em um vídeo animado de três minutos. O vídeo apresentou nossos objetivos em forma de uma história. Nós até contratamos um dos apresentadores de TV poloneses mais populares para fazer a narração. O efeito foi que as pessoas assistiram e compartilharam o vídeo com muito mais disposição do que fariam com o documento corporativo mais bem escrito do mundo.

O que também fizemos foi construir um presente de Natal das equipes para o nosso CEO. Nós reunimos algumas das melhores histórias da empresa e as publicamos como um livro. Nossos esforços não resultaram apenas em um belo presente; agora também temos uma fonte incrível de histórias engraçadas e inspiradoras sobre nossa empresa, que explicam nossa cultura e espírito. Compartilhamos isso com novos funcionários e também planejamos imprimi-los para exibição em nosso novo prédio."

Agnieszka Zimończyk, *Polônia*

© 2015 GotCredit, Creative Commons 2.0
https://www.flickr.com/photos/jakerust/16205025164

Como Começar

Sua equipe tem seus próprios valores? Vocês possuem um livro de cultura? Caso não tenha, talvez você possa fazer isso:

1. Junte histórias de comportamentos passados que você sente que exemplificam e ilustram a cultura de sua equipe ou organização.

2. Imprima a grande lista de valores da equipe, uma cópia por pessoa, e deixe que cada membro da equipe escolha os valores fundamentais e os desejados, com base nas histórias que você coletou (você pode baixar uma lista de valores – em inglês – em m30.me/value-stories).

3. Peça à gerência que faça o mesmo e compare os resultados. Escolha um conjunto final com o qual todos possam concordar, tanto profissionais quanto gerentes.

4. Faça com que os valores sejam fáceis de consultar, mantendo-os visíveis ao redor do escritório. Mas também encontre uma forma de recontar as histórias em torno deles.

5. Considere transformar seus valores e histórias em livros de cultura que sejam (de preferência) mantidos pelos funcionários, não pelo departamento de RH.

© 2007 Maria Moreno, Creative Commons
https://www.flickr.com/photos/ganessas/49025

Dicas e Variações

Tente não selecionar muitos valores. O teste final pode ser: você consegue se lembrar deles?

Nós usamos um canal na ferramenta de comunicação da nossa organização (Slack) para postar e discutir histórias de valor.

Adicione valores aos seus kudo cards ou use práticas de merit money (consulte os capítulos 1 e 8) para conectar o comportamento das pessoas aos valores da equipe.

Use fotos ou vídeos para capturar grandes momentos e compartilhá-los em um livro ou filme.

Se você não sabe quais valores escolher, comece com histórias de coisas que fizeram as pessoas felizes. Aí então você encontrará os valores.

Organize um Dia dos Valores em toda a empresa, onde todos são convidados a refletir sobre os valores da organização e como as pessoas estão correspondendo às expectativas.[21]

Certifique-se de comunicar seus valores de maneira divertida, colorida e inspiradora.

De vez em quando, teste se as pessoas conhecem os valores da empresa. Pergunte a elas. Se não souberem, os valores não estão funcionando.

Temos o hábito de iniciar nossas reuniões semanais compartilhando uma ou duas histórias de valor. Isso mantém todos alinhados e de bom humor.

Não esqueça que também vale a pena conversar sobre as coisas ruins que aconteceram.

Escreva uma constituição que estabeleça o modo como a empresa opera, o valor que gera para todos e o que devemos proteger.

Sempre recompense as pessoas e culpe o sistema, nunca o contrário.

Encontre mais ideias em <https://management30.com/practice/culture-books/>.

5 dias de exploração e crowdfunding interno

Arranje Tempo para Exploração e Autoestudo*

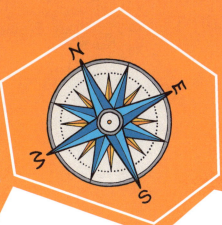

* Tradução: Gino Terentim e Isabel Coutinho.

> Eu estou sempre fazendo aquilo que não sou capaz, numa tentativa de aprender como fazê-lo.
>
> **Pablo Picasso,**
> **pintor espanhol**
> **(1881–1973)**

Muitas organizações lutam com o autoestudo dos funcionários. Uma forma muito eficaz de tornar o aprendizado agradável é com as pessoas organizando dias de exploração. Às vezes chamado de hackathons ou ShipIt days, esses dias servem para convidar os profissionais a aprender e se desenvolver enquanto executam experimentos e exploram novas ideias.

Minhas férias favoritas sempre foram aquelas em que voamos para um país distante, alugamos um carro, compramos um mapa e começamos a explorar. 🌍 Eu gosto de pensar que isso é semelhante ao que eles fizeram séculos atrás: navegar pelo oceano e descobrir novos continentes, novas culturas e novas doenças.

A exploração também é a abordagem mais eficaz para o aprendizado – um tópico que parece ser um desafio em muitas organizações. Uma ênfase no aprendizado é crucial para todas as empresas, não importa quão bem-sucedidas elas já sejam. Afinal, você não terá a "vantagem do pioneiro" por muito tempo se alguém tiver a "vantagem de quem aprende mais rápido".

> Você não terá a "vantagem do pioneiro" por muito tempo se alguém tiver a "vantagem de quem aprende mais rápido".

Em organizações modernas, espera-se que mais e mais pessoas se auto-organizem. Infelizmente, já notei que as equipes auto-*organizadas* nem sempre são equipes que se auto*desenvolvem* e auto*educam*. Trabalhei com equipes de software onde os desenvolvedores eram muito competentes em jogar Halo ou Quake. Mas práticas importantes de desenvolvimento de software, como desenvolvimento orientado a testes e implantação contínua, lamentavelmente não estavam entre suas principais competências.

O problema dos membros da equipe que precisam de mais formação pode ser um desafio significativo porque, nas palavras do escritor de ficção científica Isaac Asimov, a única forma real de formação é o *autoestudo*. Opiniões semelhantes já foram oferecidas por muitos especialistas em gestão. Não conseguimos educar profissionais. Só eles podem se educar.

> As pessoas não exploram se apenas seguirem o líder ou a multidão.

> Desenvolvimento é sempre autodesenvolvimento. A empresa assumir a responsabilidade pelo desenvolvimento de uma pessoa é mera bravata. A responsabilidade recai sobre o indivíduo, suas habilidades, seus esforços.
>
> Peter F. Drucker, *Management*[1]

Eu concordo com os especialistas; a formação dos funcionários não é a principal responsabilidade da organização. Por outro lado, esperar que as pessoas comecem a se desenvolver nem sempre é uma abordagem bem-sucedida. As pessoas não exploram se apenas seguirem o líder ou a multidão. Então o que nós podemos fazer? Como podemos criar um ambiente que promova o aprendizado e incentive os profissionais a iniciar sua própria exploração?

Dias de Formação

Uma vez, introduzi o conceito de **dias de formação** na empresa onde trabalhava. Todo profissional tinha direito a um número de dias por ano (começamos com 12) que ele era incentivado a usar para autoestudo. Não importava se eles passavam esse tempo lendo um livro, participando de uma conferência, experimentando novas tecnologias ou construindo um protótipo de alguma ideia maluca. Valia de tudo, desde que eles *aprendessem* alguma coisa. Era quase o mesmo que dias de férias, só que em vez de passar esses dias explorando bares e praias, esperávamos que as pessoas explorassem técnicas e tecnologias. Isso tocava em motivadores intrínsecos como *maestria*, *curiosidade* e *liberdade*. Eu achei que era uma boa ideia.

Bem, era. Mas não deu certo.

Valia a pena tentar a ideia porque, aparentemente, ela *funciona* em algumas organizações. O Google tem seu famoso "tempo de 20%", uma política que diz que os profissionais podem gastar 20% de seu tempo trabalhando em qualquer ideia que lhes interesse.[2] Isso não apenas funcionou como um bom motivador; a prática também gerou muitas ideias ótimas para a empresa. Produtos como Gmail e AdSense foram concebidos durante esse tempo de 20%. Curiosamente, foi relatado recentemente que o Google passou a minimizar a importância de sua política de tempo de 20%[3] em prol de uma abordagem de inovação mais de cima para baixo e com maior confiança no desenvolvimentos dos profissionais em seu próprio tempo livre.[4] Aparentemente, o Google percebeu que ter um número fixo de horas para exploração e aprendizado não é a melhor maneira de levar as pessoas a se desenvolverem nem uma abordagem adequada para criar produtos inovadores.

Na Cisco Labs, na Noruega, eles não controlam o tempo para o autodesenvolvimento das pessoas. É permitido aos profissionais gastarem o tempo que quiserem em seus projetos preferidos, e para alguns isso significa aprimorar a mesa de pebolim no refeitório. Durante minha visita à Cisco Systems, me mostraram a mesa de pebolim, que tinha um leitor de cartão instalado para conectar jogadores usando seus crachás de segurança. Os gols eram registrados com um laser embutido e mostrados em uma tela de LED em cima da mesa. Até a velocidade da bola era medida.[5] Os profissionais da Cisco fizeram todas essas modificações eles mesmos porque, para eles, a mesa de pebolim é o seu laboratório de pesquisa técnica. Olve Maudal, que me mostrou a empresa, me disse que outras organizações geralmente tentam incentivar ideias criativas oferecendo áreas descontraídas com puffs macios e papel de parede colorido. Olve afirmou que era mais eficaz dar tempo às pessoas para brincar e experimentar. Eu concordo. Não me surpreenderia se, a essa altura, a mesa de pebolim na Noruega fosse compatível com o Google Glass e houvesse drones voando sobre ela, capturando vídeos ao vivo que seriam transmitidos para o YouTube.

Infelizmente, minha realidade organizacional anos atrás se provou um pouco mais teimosa e menos divertida do que os exemplos que citei do Google e da Cisco. Nossos profissionais argumentavam que não tinham tempo para aprender e sempre tinham coisas mais urgentes para fazer. Eles tinham prazos de projetos para cumprir, demonstrações para preparar para clientes e reuniões para comparecer. Portanto, eles me falaram que não viam oportunidade de aproveitar os seus dias de formação. Eu achei isso estranho porque essas mesmas pessoas não tinham problemas para aproveitar os seus dias de *férias*. Uma explicação mais lógica parecia ser que eles não consideravam sua *formação* tão desejável quanto suas *férias*. A formação, aos olhos deles, era apenas outra tarefa a ser priorizada pela gerência. Importante, talvez, mas não urgente.

Profissionais criativos experientes sabem que coisas importantes e urgentes raramente se sobrepõem. Fazer o que é bom para você e desenvolver hábitos comuns — como usar fio dental, comer legumes e ir à academia — requer motivação e disciplina. As pessoas precisam se acostumar a isso (eu consegui o primeiro, mas ainda estou trabalhando nos outros dois). Como as organizações não conseguem de fato mudar as pessoas e educá-las, uma boa alternativa é ajustar o ambiente para que as pessoas tenham vontade de mudar, aprender e comecem a desenvolver os hábitos desejados.[6]

© 2012 Jurgen Appelo

ShipIt Days

Uma empresa que entende bem isso é a Atlassian, empresa australiana de software.[7] Uma vez a cada três meses, eles selecionam um dia em que todos na empresa trabalham durante todo o dia em uma ideia de sua própria escolha. O requisito é que eles entreguem algum resultado em apenas 24 horas, daí o nome **ShipIt day***. (o nome original era na verdade FedEx day – dia de FedEx –, mas a FedEx Corp. começou a expressar preocupações sobre isso). Diversas organizações, incluindo o Facebook e o Spotify, organizam eventos internos semelhantes chamados **hackathons**[8] ou **hack days**. Tudo praticamente se resume à mesma coisa. As atividades do negócio ficam paradas por um dia – algumas pessoas até mesmo passam a noite inteira no escritório – e todos aprendem.

Em um ShipIt day ou hack day, você pode trabalhar com o que quiser, desde que não seja parte do seu trabalho regular.[9] Você pode optar por fazer isso sozinho, mas é bem mais divertido se juntar a alguns de seus colegas. Tais dias podem ser frenéticos e espontâneos, mas funcionam melhor quando são planejados.[10] Na Atlassian, eles geralmente têm um "organizador de ShipIt" que prepara reuniões para elaborar ideias que possam ser transformadas em projetos.[11] No Facebook, eles têm um grupo chamado Hackathon Ideas (Ideias para o Hackathon) onde as pessoas postam ideias durante a semana anterior a um hackathon, para que os times possam se formar organicamente ao redor dessas ideias.

_____
* Nota da Tradução: ShipIt day – Dia de Entrega.

Quantas vezes
devemos fazer isso?

Na Atlassian, eles organizam um ShipIt day a cada três meses. No Facebook eles organizam seus hackathons aproximadamente a cada seis semanas. Fazer isso com mais frequência gera muito impacto nos projetos regulares das pessoas e em sua vida profissional e fazer com menos frequência deixa as pessoas impacientes, esperando o próximo. Meu palpite é que o melhor para a maioria das organizações ficaria entre um e três meses.

De acordo com o pessoal da Atlassian, os ShipIt days funcionam bem porque estimulam a criatividade, ajudam a resolver problemas reais, aumentam o conhecimento e a experiência, e são muito divertidos[12]. As pessoas do Facebook e Spotify parecem concordar que os hack days levam a mais foco e a ambientes de trabalho mais abertos. E eles não envolvem apenas desenvolvedores, mas também designers, profissionais de marketing e outros especialistas. Por último, mas não menos importante, esses "dias de formação sincronizada" parecem ajudar a aumentar as conexões sociais entre as pessoas, as ajudam a se auto-organizar e aumentam o compromisso entre os funcionários.

O que ShipIt days e hackathons adicionam aos dias de formação é que a pressão dos pares torna mais difícil para os profissionais afirmarem que estão "ocupados demais", um argumento que também é ouvido entre os profissionais do Google.[13] Em segundo lugar, o compromisso de apresentar os resultados em 24 horas nos liberta do formato aberto dos dias de formação. Em terceiro lugar, entregar um prêmio para a melhor ideia, como sinal de reconhecimento entre os pares, parece mirar no senso de *honra* e *maestria* das pessoas. E, finalmente, em quarto lugar, quando as ideias de algumas pessoas evoluem para novos produtos reais, isso claramente vai satisfazer seu desejo por *status* (e eu acho que os profissionais raramente utilizarão esses dias para jogar Quake ou Halo).

Deveríamos estar experimentando ou entregando?

Todo mundo sabe que os resultados de uma pesquisa não podem ser planejados (caso contrário, poderíamos simplesmente planejar nosso caminho até as vacinas contra malária e HIV. 🧪) Portanto, não é necessário entregar uma ideia bem-sucedida no final de um hack day.

O objetivo é aprender, não entregar. É ótimo quando uma equipe desenvolve um produto potencialmente entregável, mas também é ótimo quando os exploradores falham espetacularmente e descobrem o continente errado, um que nunca planejavam encontrar.

Crowdfunding* Interno

Quando eu era CIO, nossa equipe de gestão se sentia responsável por reunir ideias inovadoras dos profissionais. Nós nomeamos um comitê de inovação, com representantes de vários departamentos que tinham a tarefa de escolher em quais ideias investir como empresa.

Isso também não funcionou.

As pessoas enviaram mais ideias do que poderíamos analisar e muitas se sentiam pessoalmente rejeitadas quando suas ideias não eram selecionadas pelo nosso comitê de inovação. O efeito foi o oposto do que tínhamos pretendido: em vez de obter melhores ideias, o fluxo de novas ideias secou!

Algumas empresas descobriram que é melhor deixar a seleção de ideias inovadoras para os profissionais. Eles levam o hackathon um passo adiante, transformando-o em uma **bolsa de ações de inovação**, dando a todos profissionais um orçamento pessoal (virtual) que eles podem usar para investir em ideias. Qualquer profissional pode expor uma nova ideia no mercado de ações, mas terá que convencer os pares a investir na ideia. Com essa abordagem, não é necessário um comitê de inovação porque os profissionais decidem juntos, como um grupo, quais ideias têm a melhor chance de ter sucesso e gerar um retorno sobre o seu investimento. Basicamente, o que você obtém com esse sistema é uma versão interna de **crowdfunding**.[14] Isso pode funcionar lindamente porque o trabalho da gerência não é selecionar as melhores ideias; é criar um ótimo sistema que permita que as melhores ideias apareçam.

> O trabalho da gerência não é selecionar as melhores ideias; é criar um ótimo sistema que permita que as melhores ideias apareçam.

Uma bolsa de ideias dirigida por profissionais, no entanto, provavelmente não é suficiente para sobreviver em um mercado global em constante mudança. Não se pode deixar a estratégia de desenvolvimento de produtos à mercê do puro acaso e da auto-organização entre profissionais. Essa é uma das razões pelas quais o Google substituiu seus experimentos em formato livre do Google Labs por seu programa mais focado e disruptivo, Google X.[15] Mas uma busca, de cima para baixo, de oportunidades estratégicas de longo prazo e o desenvolvimento, de baixo para cima, de ideias de melhorias para o curto prazo não precisam entrar em conflito. Provavelmente, você precisa de ambos. Você não pode apostar o futuro da empresa naquilo que os empregados criam como experimentos lúdicos.[16] Mas você não terá futuro *algum* como empresa sem fornecer um incentivo para que os profissionais se desenvolvam, se motivem e gerem ideias inovadoras.[17]

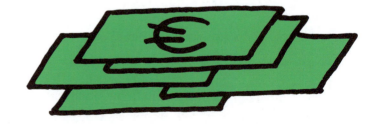

---

* Nota da Tradução: Crowdfunding – financiamento coletivo.

Como em qualquer outra aventura, existem caminhos diferentes para o mesmo objetivo. Quando seus dias de formação regulares e tempo de 20% não funcionam, considere transformá-los em ShipIt days, hack days ou um programa mais exclusivo e secreto, como o Google X. E pode ou não ser interessante adicionar um mercado de ideias, mantido por um crowdfunding interno, como uma abordagem complementar a quaisquer inovações disruptivas nas quais a alta gerência esteja trabalhando. Essas são todas contribuições úteis para o autoestudo das pessoas. Elas visam motivadores intrínsecos como *autonomia*, *maestria* e *propósito*, mas também *conexão social* e *status*. As pessoas trabalham em algo que gostam de fazer por uma causa que acreditam ser importante. Mas as pessoas também veem no que seus colegas estão trabalhando e por que isso é importante para *eles*. E não há nada mais gratificante que entregar algo interessante em apenas 24 horas, exceto talvez vê-lo sendo transformado em um produto real graças a um sistema interno de crowdfunding.

Alguns especialistas dizem que você obtém o melhor dos profissionais quando os trata como empreendedores.[18] Ao disponibilizar um pouco de tempo para eles trabalharem nos projetos de seus sonhos e permitir-lhes obter apoio de seus pares para realmente financiar esses projetos, você ajuda as pessoas a se sentirem mais conectadas aos colegas de trabalho, além de ajudar a organização a se tornar mais inovadora. Nenhum comitê no mundo consegue alcançar isso.

> Você obtém o melhor dos profissionais quando os trata como empreendedores.

Autoestudo

Aprendizado é diferente de treinamento. Treinamento é algo que as organizações podem fazer para ensinar os profissionais a lidar com um conjunto específico de tarefas. Aprendizado é o que os profissionais devem fazer *eles mesmos* para lidar com a complexidade do seu ambiente. E o aprendizado é ideal quando as pessoas realizam experimentos e exploram terrenos desconhecidos.[19] É por isso que prefiro usar a expressão *dias de exploração*. O objetivo é conseguir que os profissionais aprendam o máximo possível ao gerar e explorar novas ideias. Especialistas concordam que o objetivo de hackathons e outras formas de dias de exploração é experimentar ideias, não entregar coisas.[20] E organizações devem aprender a executar tais experimentos regularmente, porque aqueles que aprendem mais rápido são os mais capazes de sobreviver.

> O propósito de um treinamento é reduzir a variedade, para que um grupo de pessoas realize tarefas da mesma forma; então treinamento reduz a variedade. O propósito do aprendizado é o exato oposto. O aprendizado aumenta a capacidade individual de responder a diferentes situações; aumenta a variedade.

Patrick Hoverstadt, *The Fractal Organization*[21]

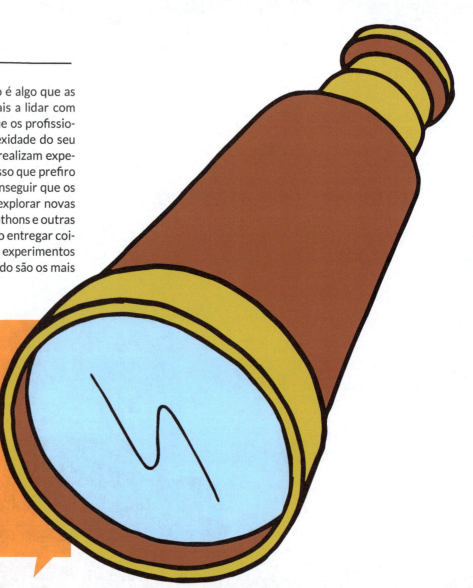

Isso é apenas para desenvolvedores de software?

De jeito nenhum. Qualquer um pode explorar ideias e gerar resultados interessantes.[22] Essa é outra razão pela qual prefiro a expressão **dias de exploração** em vez de **hack days** ou **ShipIt days**, porque as pessoas que não são de departamentos de desenvolvimento podem encontrar dificuldade em descobrir como "hackear" ou "entregar" coisas em sua linha de trabalho. Mas inovação não é apenas sobre melhorar produtos; é também sobre inventar maneiras inteiramente novas fazer marketing, RH, jurídico, operações ou gestão.[23] Todos os funcionários, independentemente da sua linha de trabalho, podem repensar a maneira como fazem seus trabalhos e se enxergar como exploradores!

Exploração também significa descobrir novos terrenos ou ideias em áreas de trabalho de outras pessoas. Na Pixar, a famosa empresa de animação, eles ensinam todos, incluindo os contadores, a desenhar, porque aprender a desenhar significa aprender a se tornar mais atento, o que é útil para todos.[24] Na Semco, no Brasil, eles ensinam a todos os profissionais os conceitos básicos de contabilidade porque entender de finanças também é útil para todos.[25] Observe que o ponto aqui não é que você deve aprender a desenhar ou a fazer balanço contábil (coincidentemente, eu me ensinei ambos), mas sugiro que todos os profissionais de uma empresa aprendam a explorar e a expandir seus horizontes.

Nosso primeiro ShipIt day

"Nós experimentamos um ShipIt day na minha empresa com oito colegas. Nossa experiência foi que a exigência de fazer isso em um dia parecia um grande incentivo. As pessoas estavam entusiasmadas e empolgadas com a participação, talvez porque fosse uma nova experiência. Havia uma ótima energia no grupo. Existe algo de especial em se concentrar em um tópico durante um dia, e houve uma grande sensação de satisfação por ter alcançado algo em apenas um dia.

O formato de 24 horas foi um pouco difícil para algumas pessoas (compreensivelmente, alguns precisam buscar os filhos na escola, etc.) e senti que muita preparação por parte do facilitador (incluindo materiais e ideias) foi necessária para fazer as coisas funcionarem bem. Mas nós gostamos de tentar isso por um dia, e nós nos asseguraremos de repetir isso regularmente!"

Anthony Claverie, *França*

Dias de rodízio

"Gostaria de compartilhar uma variação dos dias de exploração chamada 'dias de rodízio'. Não é nada chique, mas faz maravilhas. Isso foi introduzido recentemente, em um setor chamado "Metodologia, Interoperabilidade e Arquitetura" na Comissão Europeia. O setor conta com cinco equipes, de três a cinco membros cada, e todas as equipes trabalham em diferentes áreas.

Uma vez por mês, um membro de uma equipe trabalha um dia inteiro em outra equipe. A equipe anfitriã precisa preparar uma tarefa, e ao final do dia de rodízio o convidado e os membros da equipe anfitriã escrevem um breve relatório sobre o que aconteceu, o que eles aprenderam, etc."

Ivo Velitchkov, *Bélgica*

Como Começar

Agora é hora de você começar a aprender fazendo.

1. Leia mais sobre os dias de exploração (ShipIt days, hackathons, tempo de 20%) nos artigos referenciados.

2. Organize um dia de exploração apenas com a sua própria equipe, durante a semana ou durante um fim de semana.

3. Use os resultados deste experimento para convencer outras equipes a organizar outro dia juntos.

4. Considere montar uma bolsa de valores de ideias, na qual as pessoas possam investir umas nos experimentos das outras e de alguma forma colher os benefícios de ter apoiado um projeto inovador de sucesso.

Dicas e Variações

Não torne os dias de exploração obrigatórios! Tais dias devem ser divertidos. Não é divertido trabalhar com alguém que prefere estar em outro lugar.

É fácil para as pessoas se empolgarem com uma grande ideia, mas elas têm apenas 24 horas. Certifique-se de que as expectativas de todos sejam realistas.

Muitos hackathons são de realmente 24 horas, o que significa que as pessoas trabalham em suas ideias a noite toda! Faça os arranjos apropriados, se necessário.

Fazemos as pessoas enviarem ideias e experimentos para o comitê do projeto antes do evento, assim elas podem encontrar parceiros com quem colaborar.

Fazemos as pessoas lançarem suas ideias de fato uma semana antes da nosso dia de exploração.

Semanas antes do evento, informe claramente para todos na organização que parte da força de trabalho não estará disponível por 24 horas.

Lembre as pessoas que hackathons não é apenas sobre desenvolver produtos! Por que não hackear o escritório? Hackear a cultura? Hackear seus processos e procedimentos?

Algumas pessoas podem se sentir culpadas por não fazer nenhum trabalho produtivo em um dia de exploração. Remova esse sentimento de culpa fazendo com que os gerentes também participem.

Antes do evento, definimos alguns critérios concretos de sucesso, como nível de participação, número de ideias geradas e nível médio de felicidade.

Não estimule burnouts durante um dia de exploração! Convença as pessoas a fazer pausas, beber bastante água, comer lanches saudáveis e fazer alguns exercícios de alongamento.

Nós promovemos nosso dia de exploração com pôsteres especiais que colocamos ao redor de nossos escritórios várias semanas antes do evento.

A melhor parte do nosso evento foi quando todos compartilharam brevemente o que aprenderam, o que fizemos usando um projetor. Todo mundo que compartilhou seu experimento recebeu uma grande salva de palmas.

Encontre mais ideias em <https://management30.com/practice/internal-crowdfunding/>.

6
guildas empresariais e encontros corporativos
Compartilhe Conhecimento, Ferramentas e Práticas*

* Tradução: Mateus Rocha e Ricardo Peters.

> Uma ideia é um feito de associação.
>
> Robert Frost,
> poeta americano
> (1874–1963)

Muitas organizações precisam harmonizar práticas, processos e ferramentas ao redor de equipes e departamentos. Elas também precisam que as pessoas compartilhem conhecimento e desenvolvam suas habilidades comunicando-as pelas fronteiras organizacionais tradicionais. Essa é a finalidade e o papel das guildas empresariais e dos encontros corporativos.

05 Jessica Spengler, Creative Commons 2.0
://www.flickr.com/photos/wordridden/53998367

As fachadas no *Grand-Place* em Bruxelas, na Bélgica, são maravilhosas. No passado, elas eram literalmente as imagens das **guildas** de Bruxelas, que representavam alguns dos melhores artesanatos do país. Nos dias atuais, os antigos salões das guildas oferecem caríssimos chocolates belgas a turistas ingênuos, que não sabem que os chocolates *realmente* bons estão situados no *Grand Sablon*, em outra parte da cidade.

Guildas Medievais

Na Idade Média, os trabalhadores profissionais eram chamados de artesãos, e eles frequentemente se organizavam em associações chamadas de guildas. Durante vários séculos, essas guildas foram formadas ao redor de disciplinas como tapeçaria, escultura, alvenaria e muitas outras. Algumas vezes, essas associações de artesãos eram muito rígidas. Elas ditavam as regras do negócio para artesãos ao longo de todo um país. Algumas vezes elas eram organizadas de forma mais descontraída, com suas mãos orientadoras chegando somente até os limites da cidade. Não importa como elas eram organizadas, as guildas permitiam que as pessoas aprendessem um ofício através de relações de trabalho entre mestre e aprendiz e definiam procedimentos e comportamentos apropriados para todos que praticavam o ofício.

> Guildas [eram] redes sociais que geravam um capital social benéfico ao manter normas compartilhadas, punir quem violasse essas normas, efetivamente transmitindo informações e empreendendo com sucesso uma ação coletiva.
>
> Ogilvie, "Guilds, Efficiency, and Social Capital"[1]

Infelizmente, quando o senso comum se transformou em política, preservar o poder e fazer dinheiro se tornou mais importante que compartilhar informação e ensinar estudantes. Com a ajuda do governo, as guildas se tornaram até mesmo contraproducentes em termos de inovação. Parece um exemplo clássico de gestão que corrompe uma ideia que é intrinsecamente valiosa, mas suscetível a abusos.

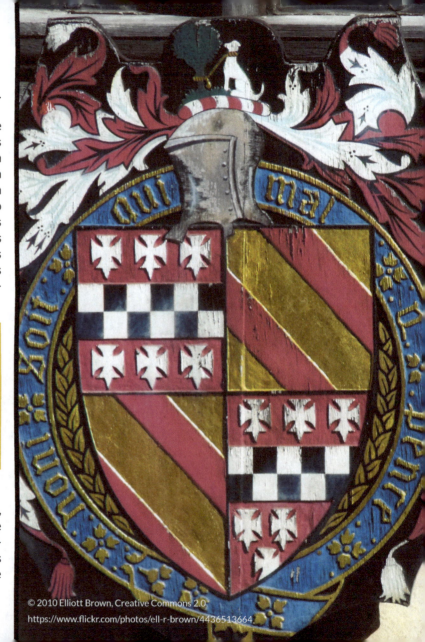

© 2010 Elliott Brown, Creative Commons 2.0
https://www.flickr.com/photos/ell-r-brown/4436513664

Comunidades de Prática

Felizmente, boas ideias raramente morrem. Hoje em dia, os artesãos dentro de uma empresa às vezes se organizam em uma versão moderna de guilda chamada de *comunidades de prática* (COP – sigla derivada do inglês *community of practice*).[2] Uma COP é um grupo de profissionais que compartilham um interesse comum ou área de atuação, uma preocupação comum ou uma paixão sobre um tópico. Elas podem ser organizadas em torno de papéis, tecnologias, interesses ou qualquer outra coisa.[3] Como COPs são geralmente informais e auto-organizadas, e a filiação é voluntária, as pessoas envolvidas geralmente são apaixonadas por seu trabalho.[4] Essa observação está intimamente relacionada a uma das "tacadas" de Gary Hamel para os negócios, que diz que as empresas devem se ver como "comunidades de paixão".[5]

> Comunidades de prática são grupos de pessoas cujas práticas interdependentes os vincula a um coletivo de conhecimento compartilhado e identidade comum... Quando as pessoas trabalham dessa maneira, as barreiras e fronteiras entre as pessoas e o que elas fazem são frequentemente não substanciais ou irrelevantes, uma vez que o empreendimento coletivo mantém as pessoas conectadas.
>
> Seely Brown, "Complexity and Innovation"[6]

O propósito de uma COP é que os participantes possam aprender e compartilhar ideias, documentar lições aprendidas, padronizar maneiras de trabalhar, iniciar novos membros, oferecer conselhos, explorar novas tecnologias e talvez até mesmo aplicar algumas formas de governança. Uma COP pode atravessar equipes, produtos, unidades de negócio e outras fronteiras organizacionais. Ao fazer isso, ela ajuda a fortalecer a rede social. Por vezes, uma COP existe apenas durante um (grande) projeto. Às vezes, as COPs permanecem enquanto seus membros estiverem apaixonados por uma área de trabalho que os une.

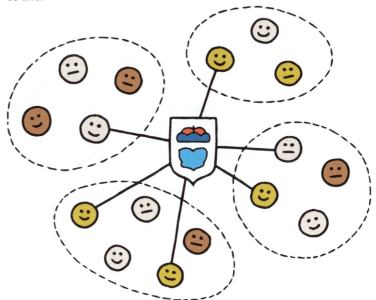

> Uma comunidade de prática é uma combinação única de três elementos fundamentais: um domínio de conhecimento, que define um conjunto de questões; uma comunidade de pessoas que se preocupam com esse domínio; e a prática compartilhada que elas estão desenvolvendo para serem efetivas em seus domínios.

Etienne Wenger, *Communities of Practice*[7]

Em contextos diferentes, as pessoas usam nomes diferentes para (aproximadamente) a mesma ideia, como comunidades de aprendizado, clubes de tecnologia, centros de excelência, comunidades de melhoria, associações profissionais ou simplesmente grupos de usuários. As COPs no Spotify, popular empresa de música online na Suécia, na verdade se chamam guildas.[8] Este é o termo que mais prefiro, porque ele tem uma afinidade com o trabalho que já existe há séculos. Nós poderíamos ser mais precisos e chamá-las de **guildas de negócio**, para distingui-las das grandes associações profissionais e grupos de usuários, que normalmente cobrem áreas geográficas em vez de organizações. Não importa como você as chame, há três coisas que todas as guildas empresariais compartilham. Elas abarcam um domínio de conhecimento, uma comunidade de entusiastas e um conjunto de ferramentas e práticas.

Guildas de negócio abarcam um domínio de conhecimento, uma comunidade de entusiastas e um conjunto de ferramentas e práticas.

Embora o trabalho das guildas se trate basicamente do aprendizado através da colaboração, sua utilidade pode se estender a outras áreas também. Por exemplo, um aspecto interessante das guildas empresariais é que elas podem permitir que os profissionais tenham um maior impacto nos produtos, nos serviços e nas estratégias de negócio da organização, semelhante à influência que as guildas de artesãos tinham sobre as políticas e as leis dos seus conselhos municipais.

> Através de guildas, os profissionais têm um impacto sobre a forma como eles estão trabalhando na empresa e a forma que a empresa presta serviços aos clientes.

Piotr Anioła, "Guilds @ BLStream"[9]

Quando as guildas se institucionalizam (formalmente reconhecidas pela gerência), é importante entender como os conflitos de interesse entre as pessoas, as guildas e a gerência serão resolvidos. Por exemplo, o ginasta holandês Jeffrey Wammes (um profissional) a princípio não foi escolhido pela Federação Holandesa de Ginástica (a guilda) para representar os Países Baixos nas Olimpíadas de Londres de 2012. Wammes não concordou com a decisão e levou o caso ao tribunal (a gerência), onde o juiz decidiu que Wammes tinha um bom argumento e que a federação deveria rever seu processo de seleção.

Nas organizações, conflitos similares podem surgir. Talvez algumas pessoas desejem que um produto seja entregue em uma determinada data, mas uma guilda tenta barrá-lo porque o produto não atende a certos critérios de qualidade. A gerência terá então que deixar claro a todos quais pessoas são autorizadas a tomar decisões e atuar como juiz caso ocorram interpretações distintas das regras.

Cabe sempre ao governo (ou gerência) definir os limites dentro dos quais as guildas podem fazer suas próprias regras, mas também respeitar esses limites. É interessante notar que o juiz não ignorou simplesmente a decisão da Federação Holandesa de Ginástica e deu a Jeffrey Wammes o que ele queria. Em vez disso, o juiz disse que a decisão tinha sido mal tomada e ordenou que as duas partes começassem novamente. Da mesma forma, nas organizações, a gerência pode ser uma força que move as pessoas e as guildas para um modo colaborativo sem tomar a decisão por elas.

© 2008 Arne Hendriks, Creative Commons 2.0
https://www.flickr.com/photos/arnehendriks/3008019287

Encontros Corporativos

Para alguns propósitos, começar uma guilda empresarial pode parecer esforço demais para benefício de menos. Às vezes, você só precisa tomar uma decisão rápida como um grupo, ou você somente deseja uma breve atualização das últimas notícias e fofocas dentro da sua comunidade de profissionais criativos. É aí que os *encontros corporativos* entram em cena.

Lembro-me de almoços de negócio em uma das empresas na qual trabalhei que estavam entre as práticas mais vergonhosas que nossa alta gestão já infligiu sobre seus profissionais. Envolvia, uma vez a cada três meses, reunir todo mundo por uma hora no refeitório, com pizzas ou batatas fritas pagas, e alguns gestores de departamentos ao lado de um computador e projetor, apontando para slides do PowerPoint decorados com marcadores para 200 olhos vidrados. O que eu *não* me lembro é de alguém dizendo depois: "isso foi ótimo! Gostaria que fizéssemos isso toda semana".

Encontros de negócio são reuniões gerais que permitem a rápida tomada de decisão horizontal entre pares. Eles se diferem das tradicionais reuniões gerais no sentido de que são pares informando uns aos outros e tomando decisões uns com os outros, e não gerentes informando não gerentes sobre decisões que já foram tomadas.[10] Basicamente, você tem um encontro de negócio quando você tem a maioria dos membros de um grupo na mesma sala e você convida todo mundo a contribuir para uma discussão central. Essa é a parte fácil. A parte difícil é fazer esse encontro funcionar e as pessoas dizerem: "Isso foi bom! Deveríamos fazer isso com mais frequência".

Você pode aumentar as chances de seus encontros serem bem-sucedidos ao rotacionar o facilitador ou o papel de líder, ao criar um calendário regular com uma cadência esperada, ao injetar um elemento surpresa ou de diversão (por exemplo, com um palestrante externo dos Países Baixos, ou com uma pequena festa), ao manter aqueles que não puderem participar adequadamente informados, ao manter o projetor de PowerPoint trancado e ao *não* organizar a reunião durante um almoço tedioso ou em uma sala de conferência.

Se você organizar bem seus encontros corporativos, há uma grande chance de você nunca mais precisar de uma reunião geral tradicional durante o almoço novamente, porque todos na comunidade já estarão informados sobre as decisões que tomaram juntos. As pessoas relatam que uma melhor comunicação entre funções, menos microgerenciamento e a quebra de barreiras entre equipes e departamentos são os principais benefícios de encontros frequentes.[11] E quando você foca em um tópico ou uma disciplina específica em seus encontros regulares e informais, tais como design de produtos, levantamento de requisitos de usuários, redação de documentação técnica ou apresentações, você tem o começo de algo que logo poderia se tornar uma guilda empresarial plena. Antes que você perceba, você estará compartilhando ideias e conselhos, ajudando uns aos outros a resolver problemas, discutindo aspirações e necessidades e desenvolvendo ferramentas comuns, padrões e documentos.[12]

> **Encontros de negócio são reuniões gerais que permitem a rápida tomada de decisão horizontal entre pares.**

Tribos

Todo mundo pode começar um encontro corporativo ou uma guilda. Existe algo em seu trabalho atual que desperta muito o seu interesse? Existe algum tópico, prática ou tecnologia pela qual você é apaixonado? Um grupo de pares em sua organização poderia se beneficiar de um pouco mais de coordenação? Dê um passo à frente e una as pessoas com ideias semelhantes na organização, reunindo-as em torno de uma paixão compartilhada.

Seu encontro corporativo ou guilda empresarial pode iniciar com um grupo pequeno de entusiastas se reunindo em torno de um determinado tópico, mas isso pode evoluir rapidamente para uma lista de discussão online, uma wiki, almoços informais para discussão em grupo, reuniões fora do escritório e qualquer outra coisa que o ajude a colaborar com várias equipes e por vários departamentos.[13]

Ao iniciar a colaboração entre pares, você estará formando sua própria **tribo**.[14] Isso é uma coisa boa. Sua tribo pode definir práticas apropriadas e regras de boa conduta para os profissionais. Ela permite que as pessoas de equipes e projetos encontrem níveis apropriados de autogovernança sem a necessidade do envolvimento da gerência nos detalhes.

No entanto, a gerência *tem* o papel de facilitação dessa prática. Muitos profissionais criativos lutam com grandes listas de tarefas, calendários cheios e prazos rigorosos. Pode ser difícil para eles ingressar em uma comunidade focada no aprendizado de longo prazo, e não em resultados de curto prazo. A gerência deve tornar mais fácil para os profissionais, disponibilizando tempo suficiente e outros recursos para encontros e guildas.

Um conselho final para aqueles que se sentem motivados a iniciar um encontro ou uma guilda: tente não permitir que politicagem e corrupção entrem no caminho de seu real propósito. Talvez um código de conduta ou mesmo uma constituição possa ajudá-lo a prevenir que comportamentos sociais negativos dos membros da guilda possam destruí-la. Você não quer que sua guilda empresarial acabe como as guildas dos velhos tempos, mostrando apenas uma fachada de sua antiga glória.

> A gerência deve tornar mais fácil para os profissionais, disponibilizando tempo suficiente e outros recursos para os encontros e guildas.

© 2008 Andrew Hyde, Creative Commons 2.0 - https://www.flickr.com/photos/andrewhyde/2627928715

Grupos de interesses especiais

"Eu era membro de uma equipe de gestão que trabalhava para uma organização de P&D, onde frequentemente tínhamos discussões sobre como encorajar uma melhor colaboração através das barreiras organizacionais. Ao mesmo tempo, tínhamos uma gerente de projetos sênior com uma mentalidade ágil que espontaneamente começou a organizar reuniões curtas com outros gerentes de projetos a fim de discutir preocupações comuns, boas práticas e comunicação em geral. A equipe de gestão discutiu essa ideia com ela e nos ocorreu que seus encontros corporativos eram uma ótima maneira de resolver o problema de colaboração que havíamos identificado.

Esse pensamento levou ao que então chamamos de special interest groups* (SIGs). Obviamente, ter pessoas participando de SIGs levou a discussões sobre o impacto em nosso faturamento e utilização, isso sem mencionar os custos adicionais de viagens para nossa organização distribuída. Mas fomos capazes de chegar a um acordo sobre os limites e demos sinal verde para os SIGs. Com o tempo, os SIGs provaram sua força. O feedback que recebemos das pessoas em nossa organização sugeriam claramente que os SIGs eram apreciados e que geravam um interesse genuíno."

Juhani Lind, *Finlândia*

---

* Nota da Tradução: special interest groups – grupos de interesses especiais.

© 2005 Jessica Spengler, Creative Commons 2.0
https://www.flickr.com/photos/wordridden/53998367

Pontapé incial da guilda

"ComSysto é uma empresa de consultoria de rápido crescimento com equipes distribuídas ao redor de Munique. Para aumentar a colaboração, o compartilhamento de conhecimento e o sentimento de estar conectado, decidimos implementar guildas empresariais à nossa maneira.

Começamos com o dia do kickoff* da guilda. Tópicos, objetivos e membros não foram definidos no início desse dia, mas todo mundo estava empoderado para influenciar na formação das guildas. Nós definimos, sim, algumas restrições. Por exemplo, ao final do dia do kickoff, cada guilda precisava ter um contrato, um número mínimo de membros comprometidos e um compromisso de organizar um dia de guilda por trimestre. O dia do kickoff começou com a oportunidade de as pessoas falarem sobre um ou mais tópicos. Em seguida, as pessoas se auto-organizaram em torno dos seus tópicos favoritos, discutiram sobre eles durante variados intervalos de tempo e como resultado final tivemos as guildas formadas, objetivos comuns definidos e contratos assinados entre os novos membros da guilda para estabelecer comprometimento.

Nós agora oferecemos suporte às guildas com o Google+ e outras plataformas de comunicação, para que a comunicação não aconteça somente em reuniões regulares da guilda. Em poucos meses após a formação das guildas, já conseguimos sentir um aumento na colaboração, no compartilhamento de conhecimento, no crescimento da equipe, na inovação e na felicidade!"

Florian Hoffmann, *Alemanha*

---

* Nota da Tradução: Kickoff – pontapé inicial.

Como Começar

Agora que você sabe para que servem as guildas empresariais e os encontros corporativos, é hora de começar a pôr em prática as sugestões.

1. Por qual tópico (tecnologia, disciplina ou papel) você é mais apaixonado? Ou qual tipo de trabalho você acredita que precisa de alguma harmonização na organização?

2. Quais outras pessoas na sua organização se interessam por esse tópico e podem estar ansiosas para se juntar à sua causa?

3. Envie este capítulo para essas pessoas. Organize um primeiro encontro e comece a discutir ferramentas, processos, procedimentos, pessoas e políticas. Talvez você queira se abster de utilizar a expressão guilda empresarial logo de início e simplesmente dar ênfase em discutir algo de valor com os outros. Assim que as pessoas começarem a dizer: "esta reunião foi ótima! Podemos fazer isso de novo em breve?" você tem uma boa razão para sugerir a formação de uma guilda empresarial.

4. Investigue como as ferramentas de redes sociais internas, tipo wikis e outras plataformas colaborativas, podem ajudar na construção da comunidade iniciante e aproveitar o momento.

5. Certifique-se de que a gerência saiba dos encontros e de que fique longe de seus detalhes complicados, desde que as guildas funcionem para o interesse de todos (obviamente, isso não se aplica a encontros corporativos que se estendem por toda a empresa ou um departamento inteiro, os quais normalmente são iniciados pela gerência).

6. Peça à gerência para estabelecer limites claros em torno da autogovernança, de modo que as novas guildas possam provar seus méritos sem canibalizar outros trabalhos ou projetos.

© 2010 Nordiska Museet, Creative Commons 2.0
https://www.flickr.com/photos/34380191@N08/4727639216

Dicas e Variações

Temos um encontro semanal com algumas pessoas de várias equipes durante o almoço. É muito fácil começar se você combiná-lo com comida. ;-)

O Google tem uma reunião semanal chamada TGIF (Thank God It's Friday – graças a Deus é sexta-feira), para a qual toda a empresa é (virtualmente) convidada. Não importa o tamanho da empresa, sempre há espaço para um encontro.

O encontro ou reunião geral também tem muitos outros nomes. Lembre-se apenas de nunca degenerar em uma transmissão de gerentes para profissionais!

Formamos uma guilda com a participação de várias pequenas empresas, o que é ótimo para a troca de ideias e experiências entre fronteiras corporativas.

As guildas podem formar suas próprias hierarquias, semelhantes às associações esportivas locais que se auto-organizam em federações nacionais e globais.

Combine com a gerência quanto tempo você pode gastar por semana em guildas e encontros.

Algumas pessoas organizam meetups* em sua cidade sobre o Management 3.0. (confira em <www.management30.com>). Essas também são guildas!

Se você não gosta da palavra guilda, chame-a como quiser. Só lembre que provavelmente ninguém nunca foi inspirado pelo termo *centro de excelência*.

Nós sempre falamos: "qualquer pessoa de outra empresa deve conseguir participar de nossas reuniões e considerá-las interessantes". Isso assegura que a gente discuta nossa profissão, e não projetos específicos em nossa guilda.

A lealdade primária dos profissionais criativos é geralmente à sua especialização, não à sua organização. Apoiar as guildas profissionais é, portanto, do interesse da empresa.

Peça a cada membro da guilda que organize pelo menos uma sessão. Isso evita que as pessoas esperem que o líder da guilda faça todo o trabalho.

Apoie sua guilda com boas ferramentas de colaboração para conversas contínuas. Às vezes não é suficiente que as pessoas apenas se vejam face a face uma vez por mês.

Encontre mais ideias em <https://management30.com/practice/business-guilds/> e <https://management30.com/practice/corporate-huddles/>.

---

* Nota da Tradução: meetups – encontros regulares.

7
feedback wraps e férias ilimitadas
Aprenda a Oferecer Feedback Construtivo*

* Tradução: Diogo Riker e Tadeu Marinho.

> Idealismo aumenta em proporção direta à distância do problema.
>
> **John Galsworthy, novelista inglês (1867–1933)**

Mais e mais profissionais desfrutam de liberdade na sua escolha de horas de expediente, locais de trabalho e dias de férias, enquanto outros têm até mesmo liberdade completa em um ambiente de trabalho baseado apenas em confiança. Isso significa que o cara a cara entre os colegas de trabalho acontece com menos frequência e devemos aprender a dar feedback construtivo uns aos outros de modo rápido, fácil e... por escrito.

© 2010 Martin Nikolaj Christensen, Creative Commons 2.0
http://www.flickr.com/photos/martin_nikolaj/4809587520

A primeira vez que me tornei gerente em uma empresa pequena, eu me perguntava sobre um monte de coisas além do tamanho do meu salário mensal. Eu me perguntava sobre o tamanho do meu bônus de final de ano, o tamanho do meu cantinho no escritório e quantos dias de férias eu deveria negociar com os donos do negócio. Um deles disse para mim: "por que eu deveria me preocupar com o tempo que você passará distante do escritório? Eu só quero ver o lucro no final do ano". Lembro-me de ficar emocionado com a liberdade, a confiança e a responsabilidade que me foram dadas. Depois dos meus estudos, que eram todos sobre alcançar resultados, independentemente de eu aparecer nas aulas ou não, esse foi meu primeiro ambiente de trabalho *baseado apenas em confiança*.

Compare isso com a experiência que tive vários anos depois em uma outra empresa que tinha um relógio de ponto. Todos os profissionais deveriam registrar sua entrada e sua saída no início e no final de cada dia. A prova de que esse tempo era monitorado de verdade veio quando o controlador financeiro me repreendeu um dia por "trabalhar" apenas 7 horas e 25 minutos no dia anterior. Aparentemente não importava se eu havia trabalhado pelo menos 9 horas em outros dias. Esse é um exemplo claro de um ambiente de trabalho *orientado pelo tempo* ou pela presença.

Você não ficará surpreso quando eu disser que preferia a experiência anterior à última.

Horário Flexível

Eu estive no escritório por apenas 7 horas e 25 minutos naquele dia em particular porque eu tinha uma consulta com o dentista, cujo horário de funcionamento era quase tão estreito quanto a mente do nosso controlador financeiro. Mas em comparação com outros funcionários, eu sofri apenas uma pequena inconveniência.

Muitos profissionais precisam fazer malabarismo com o desafio de levar e buscar seus filhos na escola ou creche, cuidar dos seus pais em uma casa de idosos, visitar algum ente querido no hospital, ir para a aula de ioga, aprender uma língua estrangeira, evitar ou sofrer com o engarrafamento, malhar na academia, passear com seu cachorro, doar sangue ou fazer algum trabalho para caridade.[1] Isso faz você se perguntar: se queremos que metade do mundo trabalhe de 9h às 17h, não deveria a outra metade trabalhar de 17h às 9h?

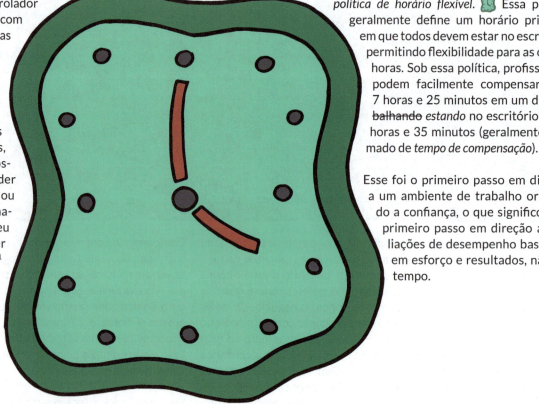

Dividir o mundo em dois grupos de pessoas (aqueles que trabalham no "horário normal" e aqueles que não) é claramente irrealista. É por isso que muitas organizações introduziram uma *política de horário flexível*. Essa política geralmente define um horário principal em que todos devem estar no escritório, permitindo flexibilidade para as outras horas. Sob essa política, profissionais podem facilmente compensar suas 7 horas e 25 minutos em um dia ~~trabalhando~~ *estando* no escritório por 8 horas e 35 minutos (geralmente chamado de *tempo de compensação*).

Esse foi o primeiro passo em direção a um ambiente de trabalho orientado a confiança, o que significou um primeiro passo em direção a avaliações de desempenho baseadas em esforço e resultados, não em tempo.

Trabalho Remoto

Felizmente, a "flexibilização" dos ambientes de trabalho não parou por aí. Em diversas organizações, é permitido que os profissionais façam parte do seu trabalho em casa, em escritórios remotos compartilhados, enquanto viajam para o exterior, na creche ou na Starbucks local. Uma *política de teletrabalho* permite que as pessoas façam seu trabalho onde faz mais sentido para elas, dadas suas circunstâncias pessoais e a natureza do seu trabalho. Diversos relatórios indicaram aumento da moral, melhor foco, produtividade mais alta, redução da rotatividade de pessoal na empresa, menos gastos em ambientes com uma atitude flexível em relação ao local de trabalho.[2,3] Além disso, tais organizações tendem a atrair profissionais mais experientes e de alta qualidade que preferem trabalhar de onde quiserem.

Não inesperadamente, permitir que as pessoas realizem o seu trabalho de onde elas quiserem cria um monte de novos desafios. O que fazer a respeito de privacidade, segurança e confidencialidade? E as despesas com equipamentos, seguros e viagens dessas pessoas?[4] A maioria das organizações sente a necessidade de desenvolver uma política de trabalho remoto que defina claramente os direitos e as responsabilidades das pessoas quando elas estão trabalhando longe do escritório.

Além disso, há outras questões. Quando as pessoas trabalham sozinhas remotamente, existe um risco aumentado de perda de confiança, colaboração e a coesão social.[5,6] Em outras palavras, a organização pode correr o risco de perder uma cultura saudável.[7] Não é por coincidência que mesmo as empresas mais modernas do Vale do Silício costumam gastar grande soma de dinheiro com comida, jogos, massagem e equipamentos de ginástica gratuitos a fim de manter todos juntos no mesmo escritório o máximo de tempo possível.

Ainda assim, a opção de fazer um trabalho útil enquanto está longe do escritório parece como um segundo passo em direção a um ambiente de trabalho mais orientado a confiança. E também é um segundo passo em direção a sistemas de feedback focados em *como* as pessoas fazem seu trabalho, não em *onde* elas trabalham.

Férias Ilimitadas

Nós podemos até dar um passo mais adiante para tornar nossos ambientes de trabalho mais flexíveis. Desde que as pessoas passaram a trabalhar fora do escritório, a linha entre hora de trabalho e tempo livre começou a ficar tênue. Quando um profissional reserva suas férias no escritório, isso deveria ser considerado a primeira hora do período de férias? E quando a mesma pessoa telefona para uma reunião importante do resort durante suas férias, isso conta como duas horas perdidas das férias?[8] E quanto a escrever um relatório enquanto está de babá dos filhos do vizinho? E quanto a passear com o cachorro depois do almoço enquanto discute um projeto com um membro do time?

Organizações inteligentes preferem não especificar em detalhes o que é e o que não é permitido durante horários específicos do dia, desde que as pessoas trabalhem o suficiente *e* tirem folgas o suficiente. Muitos estudos descobriram que o tempo longe do trabalho, com férias regulares, melhora o desempenho das pessoas e diminui seus níveis de estresse, o que aumenta a qualidade do seu rendimento quando elas *de fato* trabalham.[9]

> Tempo longe do trabalho, com férias regulares, melhora o desempenho das pessoas.

Por essa razão, empresas como The Motley Fool, Netflix, HubSpot, Evernote e Zynga pararam de definir quantas horas por dia as pessoas devem trabalhar e quantos dias no ano podem sair de férias.[10] Os benefícios de tal **política de férias ilimitadas** são semelhantes aos que mencionei anteriormente: melhor estado de espírito, aumento de produtividade, retenção mais alta e maior envolvimento.[11] E sem discussões cansativas sobre banco de dias de férias, meios-dias, dias de bônus e outros absurdos.

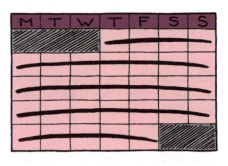

Surpreendentemente, com um número ilimitado de dias de férias e sem nenhuma orientação sobre *quanto* de férias por ano é razoável, parece que algumas pessoas na realidade tiram menos tempo de folga do que deveriam. As razões mencionadas com mais frequência são: não querer ser caracterizada como "preguiçosa", não ter experiência ou coragem para dizer "não" ao trabalho extra e não ser capaz de escolher (também chamado de "sobrecarga de escolhas").[12,13] Levando em consideração esses efeitos colaterais indesejáveis de uma política de férias ilimitadas, algumas empresas estão sugerindo fortemente uma quantidade *mínima* de férias por funcionário, mas não máxima[14] (isso também acontece de ser a lei em muitos países).

Supondo que possamos resolver adequadamente esses efeitos colaterais, a responsabilidade pelo tempo livre de cada um me parece um terceiro passo em direção a um ambiente de trabalho mais voltado para a confiança. Ao mesmo tempo, é um terceiro passo em direção ao feedback sobre o desempenho, que deve ser baseado no *desempenho* real do trabalho, em vez de se basear na *presença* no trabalho.

Desenvolvendo Confiança

"Confie nas pessoas para realizar o trabalho."

Oh. Sério? Você acredita em um ambiente de trabalho baseado apenas em resultados?

Poucos tópicos são tão incompreendidos quanto a confiança. Todo mundo fala sobre isso, mas quando peço esclarecimentos, ninguém consegue defini-la adequadamente. Todos afirmam que os profissionais têm direito a um voto de confiança, mas poucos estão dispostos a confiar em um colega de trabalho para realizar com sucesso uma cirurgia no coração, construir um foguete ou vencer as Olimpíadas.

Confiança é um tópico bastante complexo. O modelo de confiança em que eu mais confio lista 10 fatores que contribuem para a presença (ou falta) de confiança.[15]

Criar confiança envolve um pouco mais do que "apenas confiar que todos realizem o trabalho". Nem todo mundo sabe *como* executar um determinado trabalho (capacidade). Isso deixa as pessoas desconfortáveis com uma quantidade ilimitada de liberdade para si *e* para os outros (tolerância a riscos), que na verdade alimenta sua *desconfiança* acerca de um ambiente de trabalho baseado apenas em resultados, o que piora sua colaboração (comunicação), o que quebra ainda mais a confiança, o que empurra gerentes autoritários a "agir" e chamar todos de volta ao escritório (poder), o que destrói outro pedaço de confiança, o que impede as pessoas de cumprirem compromissos (integridade), o que faz evaporar o último pedaço de confiança que as pessoas ainda tinham. E esse é apenas um resultado possível de uma abordagem laissez-faire para um ambiente de trabalho baseado apenas em resultados.

- **Tolerância a riscos**
  Algumas pessoas se arriscam, outras são cautelosas.

- **Ajuste**
  Algumas pessoas são otimistas, outras são pessimistas.

- **Poder**
  Algumas pessoas têm autoridade, outras sofrem com isso.

- **Segurança**
  Às vezes as apostas são altas, às vezes são baixas.

- **Semelhanças**
  Algumas pessoas se parecem, outras não.

- **Interesses**
  Às vezes os interesses estão alinhados, às vezes não.

- **Preocupação Benevolente**
  Alguns são legais com a gente, outros... nem tanto.

- **Capacidade**
  Alguns sabem o que estão fazendo, outros... na verdade não.

- **Integridade**
  Algumas pessoas cumprem o compromisso, outras... esquecem.

- **Comunicação**
  Alguns sabem se comunicar bem, outros... – hum.

> Não há melhor maneira de criar confiança entre grupos e compensar o ceticismo inicial do que estabelecer um forte histórico de entrega de compromissos.
>
> Robert Hurley, *The Decision to Trust*[16]

Como alternativa, a espiral de confiança pode subir. Ao permitir que aqueles com um *histórico de entregas de compromissos* (integridade) trabalhem em casa, você aumenta a confiança no trabalho remoto. Isso reduz o impulso de um gerente de "agir" (poder), o que gera mais confiança entre todos de que eles podem de fato se auto-organizar, ajudando-os a colaborar melhor (comunicação), o que cria ainda mais confiança e ajuda até as pessoas mais avessas a riscos (tolerância a riscos) a ver os benefícios de um ambiente de trabalho baseado apenas em resultados. A espiral continua até que os profissionais tenham obtido liberdades que nunca tiveram antes e podem realizar o trabalho de maneiras que nunca imaginaram ser possível (capacidade).

Organizações humanas são sistemas complexos. Nós conseguimos imaginar muitos outros ciclos de confiança viciosos e virtuosos, usando qualquer combinação dos 10 fatores de confiança. Contudo, muitos autores acreditam que aumentar a confiança concentrando-se primeiro no comprometimento (integridade) é uma boa aposta.

Desenvolver um histórico de comprometimento e confiança pode levar muito tempo e esforço. Confiança é como dinheiro. Pode levar anos para conquistá-lo e apenas alguns minutos para perdê-lo. Gestores autoritários que comunicam (intencionalmente ou não) que ninguém no escritório é confiável para definir seu próprio horário, escolher seu próprio local de trabalho e selecionar seus próprios dias de férias não desenvolvem confiança. Eles apenas *aumentam* a desconfiança que já existe na cultura da organização.[17] Você pode se perguntar sobre os efeitos a longo prazo de tal mensagem no desempenho e na retenção, mas muitos especialistas já sabem.

Por outro lado, eu concordo que meramente confiar em todos, sem perguntas e sem condições, geralmente trará os mesmos resultados. Em vez disso, você deveria começar com a premissa de que a confiança (talvez não em seus interesses, semelhanças ou preocupações benevolentes, mas em sua capacidade, integridade e comunicação) precisa ser estabelecida primeiro *antes* que você possa fazer o que quiser. Um foco nos resultados não apenas segue como também precede liberdades ilimitadas.[18] Parece que um ambiente de trabalho baseado apenas em resultados é um direito que deve ser *merecido*.[19]

Em vez de focar nos resultados, acredito que os profissionais criativos devem se concentrar primeiro na confiança. Eles devem aprender que a confiança cresce com a entrega de compromissos, com uma comunicação boa e frequente, com o alinhamento de interesses, com a demonstração de preocupação benevolente e assim por diante. Quando a confiança é estabelecida *primeiro*, é muito mais fácil discutir e avaliar os resultados *depois*. Esperar que a confiança surja automaticamente quando apenas avaliamos resultados é ingênuo e míope. É por isso que prefiro falar em um **ambiente de trabalho baseado apenas em confiança**. Quando há confiança primeiro, haverá resultados depois. Crie um ambiente de trabalho baseado apenas em confiança *antes* de um ambiente de trabalho baseado apenas em resultados. Confie em mim.

Desenvolver um ambiente de trabalho onde confiamos nas pessoas para realizar seu trabalho também implica no desenvolvimento de um ambiente de trabalho onde possamos dar feedback sobre esse trabalho. Nós vimos que os passos em direção a dar mais liberdade aos profissionais, ao remover o foco de *onde* eles trabalham, também aumentaram a necessidade de avaliação sobre *como* eles trabalham. Quando o trabalho é algo que as pessoas *fazem*, não um lugar para onde elas vão, então o feedback também deve ser direcionado ao que fazem, não onde estão.

Quando há confiança primeiro,
haverá resultados depois.

© 2011 Marilyn Peddle, Creative Commons 2.0
https://www.flickr.com/photos/marilynjane/5877663279

Avaliações de Desempenho

Assim que os gestores pensam na possibilidade de alternar de um ambiente de trabalho focado em horário ou presença para um ambiente de trabalho focado em resultado ou confiança, a primeira pergunta que geralmente aparece é: "como avaliamos os resultados?" Afinal, uma consideração justa é: "se não devemos medir a *entrada* (a quantidade de tempo que alguém está presente no escritório), precisamos medir a *saída* (os resultados reais produzidos) ou então não saberemos por que estamos pagando um salário a essa pessoa". E então eles criam mais outra política.

> Nas políticas, vemos acordos temporários e elaboradas regras de conduta (para que possamos demiti-lo facilmente quando você estraga tudo), elaboramos manuais de políticas (nós estamos no controle e você não é um adulto responsável), relógios de ponto e recibos para aprovação (não confiamos em você), prêmios de participação e pagamento de incentivos (você realmente não gosta de trabalhar), programas de sugestões ("se você tiver uma ideia, coloque-a em uma caixa") e, é claro... a vaca sagrada, o Godzilla de todos eles – sim, a avaliação de desempenho.
>
> Tom Coens e Mary Jenkins,
> *Abolishing Performance Appraisals*[20]

Tradicionalmente, a maioria dos negócios utiliza um processo formal envolvendo **avaliações de desempenho** como a principal (ou às vezes única) maneira de "avaliar" o desempenho dos profissionais. A avaliação de desempenho é descrita como um processo obrigatório no qual, por um período de tempo (em geral anualmente), o desempenho, os comportamentos e/ou as peculiaridades de um profissional são avaliados, julgados e/ou descritos por alguém que não o profissional avaliado, e registros documentados são mantidos pela organização.[21] Gestores e profissionais de RH acreditam que precisam desse processo no intuito de:

1. ajudar os profissionais a melhorar seu desempenho;

2. motivar os profissionais com coaching e aconselhamento;

3. melhorar a comunicação com feedback valioso;

4. encontrar uma maneira justa de distribuir compensação;

5. ter dados úteis para promoções e decisões de pessoal; e

6. coletar uma documentação caso eles precisem demitir alguém.

Perdendo apenas para demitir profissionais, os gestores odeiam mais as avaliações de desempenho.

Lamentavelmente, a prática não funciona. Avaliações de desempenho possuem um histórico terrível.[22] Enquanto a maior parte das empresas parece usá-las, a grande maioria das pessoas as considera completamente inúteis e muitas vezes contraproducentes.[23] Um corpo significativo de pesquisas confirma que as avaliações de desempenho geralmente destroem a motivação intrínseca e a colaboração em equipe.[24] Esse típico ritual estressante de avaliação anual quase sempre falha por vários motivos: o funcionário e o gerente possuem mentalidades opostas; remuneração muitas vezes não tem nada a ver com desempenho; nenhum gestor consegue ser objetivo; as listas de verificação de desempenho são muito genéricas; as avaliações geram desconfiança; e avaliações individuais destroem o trabalho em equipe.[25,26,27] Muitos gestores parecem ter pelo menos uma ideia de que algo está errado porque, perdendo apenas para demitir profissionais, eles odeiam mais as avaliações de desempenho.[28]

Ninguém foi capaz de fornecer evidências de que as avaliações ajudarão as organizações a melhorar seu desempenho a longo prazo. A maioria dos gestores e profissionais de RH simplesmente não dá a devida importância nem pensa realmente em suas muitas premissas ocultas.[29] Se as avaliações de desempenho estivessem sujeitas a uma avaliação de desempenho, elas seriam demitidas na hora por completa falta de resultados concretos. O pior de tudo é que elas reforçam a hierarquia da qual as organizações modernas deveriam tentar se livrar.

Felizmente, o mundo está lentamente acordando. Uma a uma, pequenas e grandes organizações estão se livrando das avaliações de desempenho.[31] Uma das principais razões é que a prática é insustentável

> A avaliação de desempenho tornou-se mais do que uma ferramenta de gestão. Tornou-se um símbolo cultural, quase antropológico, do relacionamento parental, de patrão-empregado, que é característico das organizações patriarcais.
>
> **Tom Coens e Mary Jenkins,**
> *Abolishing Performance Appraisals*[30]

à luz da emergente economia criativa globalizada. Trabalho remoto, trabalhadores temporários, métodos ágeis e enxutos e muitas outras tendências tornam cada vez mais difícil organizar avaliações formais de desempenho entre "superiores" e seus "subordinados" (caso em questão: meu cônjuge não recebeu nenhuma avaliação de desempenho recentemente porque está sempre ausente da sede do escritório!). Melhor se livrar completamente desse ritual inútil e substituir as avaliações por algo que faça mais sentido no século XXI.

Então o que *deveríamos* fazer?

Acredito que a primeira coisa que devemos aprender é como oferecer feedback *por escrito* aos nossos colegas de maneira fácil, honesta e *amigável*. Eu gostaria de enfatizar amigável, porque pesquisas mostram que uma abordagem "trate-os mal, mas mantenha-os interessados" deteriora a moral e a motivação nas organizações, o que destrói a colaboração entre os profissionais, bem como seu desempenho.[32] Soa óbvio, mas, infelizmente, parece necessário lembrar os gestores desse fato. Quando o feedback é honesto, no entanto, pesquisas mostram que o engajamento sobe.[33]

Com mais e mais profissionais trabalhando remotamente em vez de em um escritório central, precisamos de um jeito de fornecer feedback frequente, honesto e amigável acerca do trabalho uns dos outros por e-mail e outras ferramentas on-line, em vez de confiar apenas em conversas cara a cara. Não dá para esperar a avaliação do novo design, do relatório, do aplicativo de software ou do processo de qualidade até a próxima vez que encontrarmos a pessoa no escritório (isso pode demorar um pouco!). Considerando que eles não querem que nós monitoremos seus horários de trabalho, locais de trabalho e dias de férias, os profissionais criativos têm o direito de receber feedback útil sobre seus resultados e precisam disso *rapidamente*. O feedback precisa fazer parte do nosso trabalho todos os dias. O feedback deveria ser *normal*.[34]

> Os profissionais criativos têm o direito de receber feedback útil sobre seus resultados e precisam disso *rapidamente*.

© 2013 Mike McCune, Creative Commons 2.0
http://www.flickr.com/photos/mccun934/8405045975

Passo 1:
Descreva Seu Contexto

O propósito do feedback é ajudar as pessoas a melhorar seu trabalho.[35] É crucial perceber que seu objetivo não é fazê-los se sentir bem consigo mesmos. Seu objetivo é fazer com que eles se sintam bem com o seu feedback. Quando as pessoas apreciam feedback construtivo, você aumenta a chance de que elas ponham isso em prática.[36]

Como primeiro passo, é útil iniciar qualquer tentativa de fornecer feedback descrevendo seu contexto. Mencione brevemente o ambiente em que você se encontra, o seu estado de espírito e as expectativas e hipóteses que você tem, que podem influenciar sua avaliação de alguma maneira.[37] Por exemplo, "eu estou analisando o novo site do meu quarto de hotel em Xangai, estou um pouco cansado após um longo dia de conferência, mas não quero deixá-lo esperando. Trabalho com a suposição de que o site que estou vendo é a versão beta, que implementa todas as funcionalidades que discutimos na última sprint". Outro exemplo: "estou te dando esse feedback de manhã cedo, depois de uma xícara de chá e meio frasco de pílulas de vitamina. Eu acho que peguei gripe! :-(Eu estou com o terceiro rascunho do Capítulo 4 em minha frente agora, como PDF no meu tablet Android. Entendo que ainda precisa ser editado".

Ao começar com uma descrição de sua situação pessoal, você permite que as pessoas receptoras percebam alguma semelhança entre elas e você, o que pode gerar confiança ("Gripe? Sinto muito por você. Meu marido está sofrendo com isso agora!" "Em Xangai? Legal, eu estive lá no ano passado!"). Você também permite que eles apreciem sua tentativa de se comunicar bem e eles entenderão melhor o contexto da sua avaliação. Em vez de "seu feed do Twitter na página inicial não funciona!" eles lerão "seu feed do Twitter na página inicial parece não funcionar no meu quarto de hotel em Xangai!" Isso permitiria que eles identificassem corretamente o Grande Firewall como a fonte do problema (sim, este é um exemplo real e pessoal). E se você quiser dizer que o trabalho parece horrível, pode ser mais fácil para alguém aceitar sabendo que é péssimo da perspectiva de alguém com uma conexão Wi-Fi que é uma porcaria, um smartphone antigo, café ruim, três bebês chorando e uma ressaca terrível. Isso permite que o profissional criativo continue acreditando que o trabalho realmente parece ótimo no ambiente seguro do próprio profissional, mas oferece o desafio adicional de fazer com que pareça bom para alguém em um contexto menos favorável.

Passo 2:
Liste Suas Observações

O propósito do segundo passo é explicar as coisas que você observa, em termos de fatos e experiências, como se você tivesse os olhos de um pesquisador. *Não* dê sua opinião sobre o que é certo ou errado sobre os traços, conhecimentos ou profissionalismo da pessoa. Concentre-se apenas nas coisas que você realmente consegue ver sobre o trabalho ou os comportamentos.[38,39] Certifique-se de que qualquer coisa que você relate seja um fato. Deveria ser como se o feedback viesse da mente de um cientista e, portanto, difícil de negar ou ignorar. Ao listar apenas observações simples em vez de ataques emocionais, você comunica sua competência, o que aumenta a geração de confiança.

Por exemplo, o feedback "o fluxo do Twitter na página inicial não funciona" pode ser facilmente descartado com "funciona bem no *meu* computador". Em vez disso, você poderia dizer: "sob o cabeçalho do Twitter na página inicial, vejo uma caixa cinza vazia. Eu esperava ver os três ou quatro tweets mais recentes da nossa conta corporativa". Se as coisas "funcionam" ou não é um tópico interessante para um debate filosófico em um bar de hotel. O *fato* é que você está vendo uma caixa cinza vazia. Isso não pode ser negado, a menos que você tenha um histórico de baixa visão.

Ao manter observações e fatos separados de avaliações e julgamentos, você pode evitar generalizações inúteis. O comentário "nada do que você entregou jamais funcionou como prometido" pode *parecer* verdadeiro para você, mas é menos provável que inspire melhorias do que o comentário: "uma mensagem de erro enigmática (veja em anexo) me impediu de acessar a aplicação. Parecia similar à mensagem de erro que relatei da última vez e da vez anterior". Quando você separa a observação da avaliação, você diminui a chance de as pessoas ouvirem críticas duras e injustas e aumenta a possibilidade de que elas estejam dispostas a melhorar.

Não caia na armadilha de apontar apenas coisas que estão abaixo das expectativas. Você também *deve* apontar as coisas que notou que estão além do esperado. Por exemplo: "fiquei surpreso ao ver que o endereço de e-mail foi validado em tempo real" ou "a piada no primeiro parágrafo me fez rir inesperadamente e cuspi meu cappuccino por todo o meu notebook". Encorajar as pessoas a desenvolver seus pontos fortes não é apenas útil para iniciantes: até especialistas e profissionais de alto desempenho apreciam o reconhecimento de seus talentos de vez em quando.[40,41] Também facilita a resolução de problemas e questões do lado de quem recebe quando eles notam uma genuína apreciação pelas coisas que foram bem-feitas.

O resultado da etapa 2 deve ser uma lista não classificada de coisas que você notou ao revisar o trabalho, abaixo e acima das expectativas, como se estivesse comentando ao vivo um evento esportivo que aguardava ansiosamente.

Passo 3:
Expresse Seus Sentimentos

Agora que você tem sua lista de fatos e observações, é hora de avaliar o impacto que eles tiveram em você. Sim, fique à vontade para se emocionar! 😌

Ao expressar as emoções que você sentiu ao revisar o trabalho de alguém, é mais fácil se conectar com a outra pessoa, e isso pode ajudá-lo a impedir ou resolver conflitos. Você o usa para expressar sua preocupação benevolente por bons resultados, o que novamente aumenta o crescimento da confiança. Por exemplo, você pode relatar que sentiu um *leve aborrecimento* quando não viu resultados na caixa do Twitter na página inicial e se *divertiu muito* com a piada no primeiro parágrafo. A validação automática de endereço de e-mail fez com que você se sentisse *feliz* com o nível de competência do seu colega de trabalho, enquanto sentiu *raiva* ao ver a enigmática mensagem de erro pela terceira vez.

Não fique tentado a fazer suposições sobre o que *outras* pessoas podem ver ou sentir quando revisam o trabalho. "Nenhum usuário jamais entenderá o ícone neste botão" não é um bom feedback, pois expressa frustração. *Não* é um fato aumentado com um sentimento. Um comentário muito melhor seria: "vi um ícone de chuveiro na parede, mas demorei um minuto para entender que, na verdade, era o interruptor da luz do banheiro. Isso me fez pensar se outros usuários fariam essa conexão mais facilmente do que eu fiz" (sim, ser respeitoso geralmente requer mais algumas palavras do que responder como um idiota). O que é relatado aqui é um mal-entendido (fato) e a expressão de perplexidade (sentimento). Você pode discutir por horas sobre o que outras pessoas podem ou não entender, mas ninguém pode negar suas próprias observações e seus próprios sentimentos.[42]

Se desejar, você pode enfatizar a separação de fatos e sentimentos adicionando emoticons às observações que você relatou na etapa anterior:

Observação	Sentimento
"Sob o cabeçalho do Twitter na página inicial, vejo uma caixa cinza vazia. Eu esperava ver os três ou quatro tweets mais recentes da nossa conta corporativa."	:-/
"Uma mensagem de erro enigmática (veja em anexo) me impediu de acessar a aplicação. Parecia semelhante à mensagem de erro que eu relatei da última vez e da vez anterior."	>:-(
"A piada no primeiro parágrafo me fez rir inesperadamente, e cuspi meu cappuccino por todo o computador."	:-D
"Fiquei surpreso ao ver que o endereço de e-mail foi validado em tempo real."	:-)
"Eu vi um ícone de chuveiro na parede, mas levei um minuto para entender que, na verdade, é o interruptor das luzes do banheiro. Isso me faz pensar se outros usuários farão essa conexão mais facilmente do que eu."	((+_+))

Listar explicitamente as palavras *aborrecido, irritado, rindo, feliz* e *confuso* provavelmente torna seu relato um pouco mais fácil de compreender, mas acredito que há valor na brincadeira. Pessoalmente, eu aprecio as pessoas falando sério sobre não levar o trabalho *muito* a sério. {8-)

Passo 4: Explique o Valor

Na quarta etapa, você pode achar útil classificar as observações por valor que você reconheceu no trabalho. Geralmente, a maioria das coisas que resultaram em um sentimento positivo terá um valor positivo para você, e as observações que levaram a um sentimento negativo terão um valor negativo. Mas não precisa ser assim! Por exemplo, alguém poderia cometer um erro hilário que fez você rir alto (uma emoção positiva), mas o erro embaraçoso certamente deve ser corrigido (valor negativo). Por outro lado, alguma outra questão pode ter feito você se sentir irritado (uma emoção negativa), mas talvez isso o tenha ajudado a descobrir algo crucial que custaria um braço e uma perna se não tivesse sido descoberto cedo o suficiente (valor positivo).

Supondo que as pessoas leiam seus feedbacks de cima para baixo, será útil colocar as observações mais valiosas no topo e as menos valiosas na parte inferior. Isso garante que as pessoas primeiro aprendam como o trabalho delas *agregou* valor para você; e, somente depois disso, eles aprendem como o trabalho deles *subtraiu* valor. Parece o equivalente a começar com elogios antes de lidar com críticas, embora na verdade não seja a mesma coisa.

Na minha opinião, é ilusório falar sobre "feedback positivo" (elogios) versus "feedback negativo" (crítica). Como vimos, seus *sentimentos* podem ser descritos como positivos ou negativos, e o *valor* do que você observou também pode ser positivo ou negativo. Mas seus sentimentos sobre a descoberta de valor negativo podem ser positivos e vice-versa. Sendo assim, seu feedback como um todo não deveria ser chamado de positivo nem negativo.[43] É apenas uma lista de observações factuais, emoções positivas/negativas e valor positivo/negativo. O resultado final comunica que seus interesses estão alinhados com os interesses da outra pessoa e isso cria mais confiança.

Passo 5:
Finalize com Sugestões

OK, é hora de encerrar! Você gastou algum tempo descrevendo seu contexto, listando suas observações, expressando seus sentimentos e classificando itens por valor. Agora é hora de encerrar o seu feedback em alto nível. Você pode fazer isso oferecendo uma ou outra sugestão útil.

Suponha que todo mundo quer se sair bem. Se as pessoas não tiverem um bom desempenho, a falha deve ser encontrada no sistema em torno delas, que está impedindo que elas façam um ótimo trabalho.[44] Portanto, qualquer avaliação de desempenho deve revelar problemas sistêmicos, não falhas pessoais. Suas sugestões para melhoria devem refletir essa mentalidade. Por exemplo, você poderia terminar com: "se você achar isso útil, eu adoraria ajudar a revisar o processo de design. Talvez possamos descobrir por que algumas mensagens de erro continuam ocorrendo". Ou você pode dizer: "se você quiser que eu ou outras pessoas testem a caixa do Twitter em outros computadores e navegadores, me avise". Ou você poderia fazer uma oferta como: "anexei alguns exemplos de ícones que você pode achar útil. São apenas esboços, é claro".

Lembre-se de que suas sugestões são... apenas suas sugestões.[45] Profissionais criativos podem discordar de você. É por isso que os chamamos de profissionais e criativos. Mas quando você separa fatos dos sentimentos, e separa sentimentos de valor, e aprende a envolver seu relatório em um contexto apimentado com algumas sugestões, tenho certeza de que a maioria dos profissionais criativos ficará encantada com sua abordagem para dar feedback.

Dizem que especialistas geralmente procuram coisas para melhorar, enquanto novatos geralmente buscam a confirmação de que estão indo bem.[46] Com o método descrito aqui, você consegue atender aos dois grupos. Na verdade, você nem precisa saber se alguém é especialista, novato ou algo intermediário. O que você oferece são observações, sentimentos e valor. Cabe a eles decidir como consumir seu feedback wrap saudável. O que eles certamente apreciarão é que você consegue entregar rapidamente um feedback, o que mostra integridade e comprometimento, os primeiros e principais pré-requisitos para a confiança.

© 2004 Enrique Dans, Creative Commor
http://www.flickr.com/photos/edans/667348

O sanduíche
de elogios

Um método bem conhecido de feedback construtivo é chamado de "sanduíche de elogios". Sugere que qualquer crítica deve ser colocada entre comentários positivos antes e depois da crítica.[47]

No entanto, muitos autores têm problemas com o sanduíche de elogios. Alguns afirmam que as pessoas ouvem apenas as partes positivas do sanduíche de elogios e tendem a ignorar as coisas ruins oferecidas entre os elogios.[48] Outros autores afirmam o oposto, dizendo que o cérebro humano está preparado para responder a informações negativas, o que significa que eles ignoram os elogios.[49]

Eu acredito que ambos são verdadeiros, dependendo de quem está ouvindo (ou lendo). Pesquisas confirmam que iniciantes preferem apoio e confirmação, enquanto especialistas preferem honestidade e informações valiosas.[50] Portanto, os novatos que se sentem inseguros sobre suas capacidades podem buscar confirmação de que estão fazendo um bom trabalho e pegar apenas os elogios. Especialistas que desejam uma avaliação honesta, no entanto, se concentram apenas nas críticas e podem descartar os enaltecimentos do sanduíche de elogios como falsa bajulação.

Feedback Escrito

Com funcionários e outros profissionais criativos movendo-se continuamente entre projetos, trabalhando dentro e fora do escritório e desfrutando de tempo livre e férias sempre que acharem possível, é crucial que empregadores e colegas de trabalho desenvolvam a capacidade de dar e receber feedback honesto e construtivo acerca dos resultados. Ambientes de trabalho baseados somente em confiança devem ser ricos em feedback.[51] Isso significa que deve haver feedback frequente sobre os mesmos produtos e processos vindo de pessoas diferentes.[52]

Nas comunidades ágeis de desenvolvimento de software, quando o lançamento de um produto é doloroso e consome muito tempo, costuma-se dizer que deve ser feito *com mais frequência*, para que as pessoas sejam forçadas a aprender como torná-lo indolor e fácil. Com feedback construtivo, é o mesmo. Tradicionalmente, avaliações de desempenho são feitas uma vez por ano de maneira grande, dolorosa e demorada. Para um profissional criativo, o desafio deve ser claro. Como podemos dar feedback *todos os dias*? O feedback wrap o ajudará a fazer exatamente isso. Com um pouco de experiência, você conseguirá enviar um feedback wrap em menos de 15 minutos. E também é fácil *pedir* por um.

Obviamente, como se trata aqui de feedback *por escrito*, suas palavras devem ser escolhidas com cuidado. A linguagem escrita geralmente deve ser suavizada com "talvez", "um pouco" e "parece que". E aquilo que você não pode comunicar na linguagem corporal terá que ser traduzido em sentenças respeitosas. Nunca esqueça que, ao contrário das conversas face a face, conversas escritas são facilmente recuperadas e reproduzidas, às vezes muito depois que você as esqueceu. Parta do princípio de que todos os seus e-mails são lidos pela NSA*, vazados para a imprensa, analisados por seus inimigos e encaminhados para sua sogra. Em outras palavras, escreva de forma agradável.

Mesmo assim, você *ainda* tem pouco controle sobre as interpretações das outras pessoas. Mas não vamos fingir que as pessoas são melhores em oferecer e receber feedback verbal. Acredito que a resposta das pessoas ao feedback, seja escrito ou verbal, é determinada principalmente pelo seu estado mental e por quaisquer conflitos que elas tenham consigo mesmas. Quando o pensamento de uma pessoa é dominado por autocrítica, arrependimento, orgulho ou algum outro estado mental humano muito comum, a resposta ao seu feedback pode ser inesperada e parecer ilógica.[53] Nenhuma quantidade de palavras ajustadas, sejam verbais ou escritas, pode impedir uma explosão de ser humano.

E, no entanto, embora eu esteja entre os primeiros a admitir que discussões face a face são cruciais em todos os relacionamentos humanos, estou convencido de que a saúde de tais relacionamentos pode ser melhorada significativamente com um feedback escrito respeitosamente sobre o trabalho um do outro em um ambiente de trabalho baseado somente em confiança. O feedback por escrito também ajuda a manter uma documentação adequada, a pensar mais cuidadosamente sobre questões delicadas e a relatar observações, sentimentos e valores de maneira equilibrada. E, o mais importante de tudo, os feedback wraps podem ser fornecidos com *rapidez* e *frequência*, e ninguém precisa esperar por avaliações de desempenho presenciais agendadas (o que não deveria acontecer de qualquer modo).

> Parta do princípio de que todos os seus e-mails são lidos pela NSA, vazados para a imprensa, analisados por seus inimigos e encaminhados para sua sogra.

---

* Nota da Tradução: NSA – National Security Agency, agência de segurança nacional dos Estados Unidos.

Empacotando

Entre os pensadores sistêmicos, é bem conhecido que 95% do desempenho de uma organização é resultado de todo o sistema, não das pessoas individualmente. Faz pouco sentido ter avaliações de desempenho com profissionais individualmente quando a maior parte do desempenho é o resultado emergente das interações entre clientes, ferramentas, processos e outras partes do ambiente sobre as quais eles geralmente têm pouco controle.[54]

O que as organizações precisam é de um ambiente de trabalho baseado somente em *confiança*. Ao propositalmente criar confiança, as pessoas ficarão mais ansiosas para encontrar e resolver quaisquer problemas de desempenho. Quem se importa com o desempenho de partes individuais quando essas partes são diretamente responsáveis por apenas 5% do resultado? O que deveria preocupar você é a forma como as partes interagem umas com as outras, o que inclui como elas dão e recebem feedback, porque os outros 95% do desempenho no sistema é encontrado na interação entre as partes!

O feedback wrap ajudará as pessoas a se concentrarem no aprimoramento pessoal *e* no aprimoramento sistêmico. Ao mesmo tempo, a prática gera confiança através de boa comunicação, preocupação benevolente, alinhamento de interesses, aumento de competência e cumprimento das entregas. Esse crescimento de um ambiente de trabalho baseado somente em *confiança* limpa o caminho para um ambiente de trabalho baseado somente em resultados, onde as pessoas podem ter horários de trabalho flexíveis, locais de trabalho remotos e férias ilimitadas e, de fato, *talvez* alguns objetivos e metas coletivas.

Por fim, mas *definitivamente* não menos importante, sinto que é necessário enfatizar novamente que o feedback wrap *nunca* pode substituir conversas face a face, nem pode ser uma alternativa para coaching e desenvolvimento pessoal. Você ainda precisa abordar isso de outras maneiras. Mas tenho certeza de que essa pequena prática simples desenvolve a confiança entre os colegas de trabalho; ajuda as pessoas a melhorar o desempenho no sistema; motiva com boa comunicação e feedback; e permite que você mantenha registros documentados dos resultados, caso você precise deles em algum momento. Mas não creio que você vai precisar.

Exemplo

Para: Jason Little
De: Jurgen Appelo
Assunto: Comentários sobre o Lean Change Management, capítulo de introdução

Olá Jason!

Estou revisando seu arquivo TXT no Notepad++ enquanto almoço em casa. Estou com o humor levemente perturbado porque meu aparelho de som não foi entregue pelo revendedor esta manhã. De novo! Espero que isso não afete minha apreciação por sua escrita. Felizmente, o sol está brilhando lá fora. :-)

Feedback:
- Gostei da piada da "cirurgia de foguete". Na verdade, eu me perguntei se você escreveu isso intencionalmente, mas suponho que sim. Espero que haja mais dessas. (Sentimento: divertido)
- Eu apreciei a história do hotel. É muito visual. (Sensação: interessado)
- Gosto da menção a "seres humanos irritantes" e de colocar "resistência à mudança" entre aspas. Isso mostra que você aprecia as pessoas. (Sentimento: apreciação)
- Eu gosto da menção a "bobagem". Isso lhe permite um posicionamento. (Sentimento: apreciação)
- Eu gosto de "o crème brûlée sairá lindamente torrado". Metáforas são ótimas. Continue usando-as. (Sentimento: apreciação)
- Questão de estilo: "para gerenciar a incerteza melhor através de startup enxuta". Sinto falta de uma qualificação aqui. Você quer dizer o livro? O movimento? O conceito? (Sentimento: confuso)
- Percebi várias questões de estilo onde, na minha opinião, as frases não fluem bem. Isso me confirma que o texto ainda não foi editado pensando no estilo. (Sensação: nenhuma)
- Percebi vários erros de digitação, incluindo: "o meu experiência", "como uma ser", "nenhuma das coisa". Parei de marcá-los porque acho que um verificador ortográfico e gramatical poderia fazer isso melhor do que eu. (Sentindo-se: levemente aborrecido)

Sugestões:
- Sempre use um verificador ortográfico e gramatical antes de enviar textos aos revisores.
- Além disso, o que me ajuda muito é ler o texto em voz alta. Dessa forma, você perceberá sua língua lutando com frases onde o cérebro não encontra dificuldades. E isso ajuda você a pegar os problemas de estilo.

Acho que o texto está pronto para a edição do estilo, e estarei interessado em ver como isso vai mudá-lo.

Felicidades,

Jurgen

Como Começar

Você pode começar a desenvolver suas habilidades de comunicação remota usando o exercício do feedback wrap agora mesmo.

1. Percebi que sempre há algo em que eu posso dar feedback, seja um novo aplicativo de software que estou usando, um artigo que estou lendo, um texto que estou revisando para um amigo, um site que estou testando para um colega, um novo hotel em que estou hospedado ou o serviço de entrega de um produto que acabei de encomendar. Preste atenção nas coisas em que você está envolvido hoje e escolha uma ou duas para dar feedback.

2. Pergunte às pessoas se os seus feedback wraps foram valiosos para eles e se eles veem maneiras de você melhorá-los.

3. Preste atenção nas pessoas para quem você enviou seu feedback. Elas estão fazendo mudanças que retratam o feedback construtivo que você lhes deu?

Dicas e Variações

Confira o livro *Nonviolent Communicatoin*[55], que oferece uma abordagem muito semelhante de fornecer feedback.

Eu uso a mesma técnica de feedback com meus filhos. Agora sou um pai muito mais calmo! :-)

Eu usei um modelo de feedback wrap para formulários de avaliação. As pessoas acharam bastante conveniente escrever avaliações usando os cinco passos simples: contexto, observações, sentimentos, necessidades, sugestões.

Quando pretendo oferecer feedback construtivo a alguém pessoalmente, pratico o feedback wrap duas ou três vezes antes de nos encontrarmos.

O feedback é melhor servido quente. Se você não conseguir encontrar-se pessoalmente com a pessoa (direta ou remotamente), em geral é melhor escrever do que esperar.

Salve o feedback wrap para mais tarde, mesmo quando você o tiver dado pessoalmente. A documentação pode ser útil se a situação não melhorar.

Em qualquer situação em que você esteja conversando pessoalmente, a etapa 1 (descrever o contexto) provavelmente pode ser omitida.

Em vez de terminar com uma *sugestão*, a comunicação não violenta prefere terminar com um *pedido*: "agora que você conhece os fatos, meus sentimentos e minhas necessidades, posso pedir que você faça a seguinte coisa?"

Tente combinar o feedback wrap com outra prática, como kudo cards ou o happiness door (parede de felicidade).

Não se esqueça de usar a mesma técnica de feedback para apontar as ótimas coisas que as pessoas fizeram.

Para mim, escrever um bom feedback wrap pode facilmente levar meia hora. Mas é um tempo bem gasto, porque eu obtenho melhores resultados do que com um sanduíche de elogios.

Encontre mais ideias em <https://management30.com/practice/feedback-wraps/>.

Não preencha seu feedback construtivo com elogios falsos antes e depois. Muito provavelmente, você só confundirá as pessoas.

8
ecossistema de métricas e índice de scoreboard:
Avalie o Desempenho da Maneira Certa*

* Tradução: Diogo Riker e Tadeu Marinho.

> Não meça o trabalho até o fim do dia e o trabalho realizado.
>
> Elizabeth Barrett Browning, poeta inglesa (1806–1861)

O modo como as pessoas medem o desempenho em organizações em geral está completamente errado. Todos deveriam aprender as 12 regras das boas métricas. Isso ajudaria a estabelecer uma cultura onde as pessoas veem a medição como uma maneira de aprender, melhorar e criar uma organização na qual todos os profissionais participem do ecossistema de métricas.

009 Jorge Franganillo, Creative Commons 2.0
://www.flickr.com/photos/franganillo/3678747186

Eu comi uma fatia de bolo de banana acompanhado por um café com leite pequeno na minha cafeteria favorita pouco antes de escrever essa frase. São mais 300 quilocalorias (ou "calorias" para nossos amigos dos Estados Unidos) que eu acabei de adicionar ao meu rastreador fitness. Eu me permiti essa transgressão porque ficamos sem suco natural em casa, o que significou que bebi apenas água no meu café da manhã e no almoço. Eu estava muito abaixo da minha meta de calorias para o dia. Bem, até ver o bolo de banana.

Além da minha ingestão diária de calorias, há muito mais coisas que eu poderia medir sobre eu mesmo e meu trabalho. Visualizações de páginas por postagens no blog, visitantes únicos por mês, rankings do Google, Net Promoter Score* dos meus workshops, avaliações das minhas sessões de conferência, assinantes da minha lista de e-mails, partes interessadas na Happy Melly, facilitadores licenciados do Management 3.0, receitas e lucros, liquidez e solvência, livros vendidos por mês, passos que eu dei por dia e muito, muito mais. Às vezes, parece que gasto metade do meu tempo olhando para números e procurando maneiras melhores de medir as coisas. Talvez eu deva considerar medir o número de métricas com as quais estou trabalhando e me castigar quando ultrapassar a meta.

Se tem uma coisa que aprendi sobre medição em minha carreira profissional, é que o conjunto de métricas em uso está sempre mudando. E não é porque eu não consiga me decidir acerca de uma boa medição. É porque eu acredito que um negócio pode ser muito mais feliz e saudável quando não está sempre fazendo a mesma coisa.

---

* Nota da Tradução: Net Promoter Score é uma métrica que avalia a lealdade do cliente. Fonte: Wikipédia.

Saúde e Felicidade

Cientistas parecem concordar que felicidade é um dos principais objetivos na vida de um ser humano.[1] Isso parece razoável. E se a felicidade é o propósito da mente, então eu sugeriria que saúde é o propósito do corpo. Indicadores de felicidade e saúde são necessários para investigarmos problemas e tomarmos decisões sobre como melhorar. Nós medimos para entender como viver uma vida melhor, tanto mentalmente quanto fisicamente. Para organizações não é diferente. Como gestores, nós queremos saber: "tomamos a pílula azul, a vermelha, ou as coloridas com a letra M escrita nelas?" Tais decisões requerem discernimento. E discernimento requer medição.

> **Nós medimos para entender como viver uma vida melhor, tanto mentalmente quanto fisicamente. Para organizações não é diferente.**

"Mas medição é difícil, e números são entediantes, e os resultados são deprimentes, e a vaca está doente, e o cavalo está morto...." Bah, essas são todas desculpas ruins! A maioria das pessoas não tem ideia de como medir bem. Elas fazem sua organização correr uma maratona com um termômetro na extremidade traseira e depois se perguntam por que ela está correndo tão devagar (e desajeitadamente). A esse respeito, não é de admirar que uma organização que mede muito pouco e apenas corre cegamente geralmente vai muito mais rápido, até esbarrar em uma árvore, de preferência não com um termômetro na boca.

A medição pode ser fácil, divertida e motivante, e é uma das atividades mais importantes para qualquer organização. O que é medido é gerenciado, e o que é gerenciado é feito. É um clichê porque é verdade! Eu meço o número de palavras por livro, postagens em blog por semana e capítulos por mês porque meu propósito é ser um escritor em tempo integral. Happy Melly coleta histórias de empresas felizes e saudáveis porque seu propósito é ajudar as pessoas a ter melhores empregos. O Google possui um sistema transparente que permite a todos os profissionais definirem e acompanharem seus próprios objetivos.[2] Quando organizações acabam no lugar errado, geralmente é porque não usaram as medições corretas para descobrir para onde estavam indo.[3]

Comparar organizações com corpos humanos na verdade não é uma ideia tão boa assim. Exceto quando nas proximidades de uma pessoa atraente, partes do corpo geralmente não fazem planos e decisões por conta própria. O corpo humano é chamado de *sistema animado*, enquanto uma organização é um *sistema com propósito*.[4] Cidades são metáforas melhores para organizações. Uma cidade é uma comunidade de pessoas, muitas das quais têm suas próprias ambições. A cidade inteira é gerenciada por algumas pessoas a favor de todas as outras, e geralmente é dotada por seus gestores com seu próprio propósito. É basicamente o mesmo com uma organização, exceto pelo limite geográfico que define a cidade, que é substituído por um limite econômico e legal que define a organização. Mas não importa se falamos sobre humanos, cidades ou organizações, há uma coisa que reconhecemos entre todos eles. Nós medimos as coisas a fim de tomar decisões em direção a um propósito.

• **Regra 1: Meça para um propósito**

Agentes e o Desconhecido

Um único número que indique saúde não existe. Tampouco existe um único valor para a felicidade, ou sequer para a maioria das outras qualidades. Costuma-se dizer: "nem tudo o que conta pode ser contado". Geralmente, o melhor que podemos fazer é trabalhar com valores que são apenas substitutos ou agentes para a coisa real. Como resultado, nossas medições são imperfeitas. Nós não medimos o amor rastreando o número de ligações telefônicas.[5] E, no entanto, uma completa falta de telefonemas da pessoa amada deve indicar pelo menos *alguma coisa*. Ainda são informações úteis, desde que não cheguemos a conclusões confundindo a falta de telefonemas com falta de amor (eu acabei de receber minha ligação há dois minutos, sem brincadeira! Minha felicidade aumentou, um pouquinho).

Tirar conclusões precipitadas com informações incompletas, e não entender que existe uma lacuna entre o que é *mensurável* e o que é *desejável*, é um dos maiores problemas com os seres humanos. Por exemplo, por muitas décadas os governos usaram o Produto Nacional Bruto (PNB) como um indicador da saúde de suas economias, mas essa conhecida métrica ignora o custo dos recursos naturais. Indica apenas vendas. A métrica não atribui nenhum valor a plantas, animais ou vidas humanas! Quando um desastre natural destrói vários seres vivos ou mesmo uma espécie inteira, o PNB de um país geralmente *aumenta* devido ao aumento do trabalho e da venda de materiais. Mas seríamos estúpidos em acreditar que a saúde da economia aumentou como resultado do desastre.

A verdadeira saúde de uma economia, assim como a felicidade de uma pessoa, não é mensurável. Mas isso não significa que medição é uma causa perdida. Pelo contrário, há muitas coisas que podemos medir![6] Nós podemos pelo menos reduzir nossa ignorância usando múltiplas métricas imperfeitas. Por exemplo, existem muitos índices

> Assim como um ser humano precisa de uma diversidade de medidas para avaliar sua saúde e desempenho, uma organização precisa de uma diversidade de medidas para avaliar sua saúde e desempenho.
>
> Peter F. Drucker e Joseph A. Maciariello, *Management*[7]

concorrentes que afirmam medir a felicidade das pessoas nos países.[8] Todas essas medidas possuem seus próprios métodos, variáveis e fórmulas. Elas são todas imperfeitas, mas juntas elas dão a melhor imagem possível que podemos pintar da felicidade no mundo em geral. Nas organizações não deveria ser diferente. Essa é uma das razões pelas quais o Google permite que os profissionais meçam seu progresso em direção a seus objetivos usando vários *resultados-chave.*[9]

Seu trabalho é encontrar a melhor combinação possível de agentes que mais se aproximam daquilo que você *realmente* deseja saber. Suas medições nunca devem levar você a ignorar o desconhecido ou dar a qualquer pessoa um falso sentimento de confiança. Confiar inadvertidamente em uma métrica imperfeita pode ser ainda mais perigoso do que prosseguir conscientemente sem uma!

A informação mais importante de que precisamos ou é desconhecida ou impossível de conhecer,[10] mas isso não é desculpa para não medirmos nada.[11] Nós temos a responsabilidade de não tirar conclusões precipitadas e continuar empurrando para trás os limites do desconhecido.

• Regra 2: Diminua o desconhecido

Big Data, Progresso Pequeno

Vivemos em uma época onde ter poucas informações é um problema menos frequente do que ter muitas delas. Em muitas empresas, as pessoas têm dados que abarcam o número de profissionais contratados, o número de programas de treinamento implementados, o número de chamadas ao suporte técnico, o número de máquinas reparadas, o número de inspeções, o número de auditorias, o número de faturas processadas, o número de chamadas de vendas, o número de ensaios clínicos, o número de pedidos de patente e assim por diante.[12] Hoje em dia, o **big data** causa furor.[13] Todos esses dados podem fazer as pessoas se sentirem bem, porque deixam claro que muita coisa está acontecendo. "Olhe para nós ocupados!". E sempre há pelo menos *alguns* números subindo.

Mas nem todas as métricas são criadas da mesma forma. Para qualquer equipe de futebol, as estatísticas que relatam porcentagem de posse de bola, chutes de escanteio, total de faltas, número de assistências ou de passes tentados ou os maiores salários são muito agradáveis e interessantes, mas a única coisa que realmente conta é se o time venceu![14] Para qualquer organização sem uma meta clara, é tentador apenas relatar os números que dizem: "estamos indo rápido!" Tais números têm sido chamados de **métricas de vaidade** porque dão aos negócios uma boa aparência.[15]

Eu sei do que estou falando! Eu me orgulhava do grande número de visualizações de algumas das postagens do meu blog, o que acabou sendo completamente irrelevante para o meu objetivo de escrever livros. Fiquei convencido e contente por causa das avaliações altas para meus workshops, mas meu objetivo real era permitir que *outros* treinadores facilitassem meus cursos com sucesso. Para uma empresa se tornar feliz e saudável, é necessário um pouco mais do que apenas parecer ocupado e ter boa aparência. O que você precisa é de um senso de *progresso* em direção ao seu propósito ou objetivo. O que você quer é que suas medidas permitam que você aprenda e melhore.

- Regra 3: Procure melhorar

Tudo Depende de Tudo

É relativamente fácil medir o desempenho de um escritor. Todos os erros deste livro são meus. Mas como você mede o desempenho daqueles que contribuem para um programa de TV? Ou um produto de software? Ou uma campanha de marketing de mídia social? Por várias décadas, a interdependência dos processos de trabalho tem aumentado. Com mais e mais pessoas trabalhando juntas em equipes, grupos e redes, e com uma crescente diversidade de colaboradores, fica cada vez mais difícil medir quem contribuiu com quanto e em qual parte dos resultados. A medição do desempenho das partes em uma rede torna-se impossível quando tudo depende de todo o resto. A avaliação de um hospital é uma medida de sua gestão, dos médicos e enfermeiros, dos pacientes ou do padrão de vida médio em sua região? Os exames escolares medem o desempenho dos alunos, da escola, da banca examinadora ou de todos os três?[16]

A única forma de lidar com essa complexidade é reconhecer que o desempenho de uma parte deve ser avaliado através de suas dependências. Isso significa que os esforços e os resultados de uma pessoa não devem apenas ser avaliados com relação ao seu próprio propósito, mas também de acordo com as necessidades de todas as partes interessadas. Sim, os instrutores de workshops devem medir seu progresso de acordo com suas ambições. Mas eles também devem entender as necessidades de seus alunos, colegas, organização de treinamento, criador do material didático, proprietário do local, governo, associação de instrutores e até cônjuges. São eles que permitem ao treinador perseguir essas ambições.

> Não há atalho para um todo otimizado e nenhum sistema complexo será realmente ótimo.

Alguns autores afirmam que o único propósito que realmente importa é encantar o cliente, e uma otimização do desempenho que passe por todas as partes interessadas é matematicamente impossível.[18] Eu concordo com essa última parte. É uma das mensagens da ciência da complexidade! Não tem como calcular o ótimo global para um sistema em um ambiente complexo. De fato, nós nunca saberemos onde está esse ótimo! Todos os sistemas adaptativos complexos buscam o seu melhor desempenho possível repetindo continuamente uma **caminhada adaptativa** por um cenário de aptidão invisível.[19] Nunca é um caminho reto. Não há atalho para um todo otimizado e nenhum sistema complexo será realmente ótimo. É assim que o cérebro funciona. É assim que a natureza funciona. É assim que a economia funciona. É assim que a Internet funciona.

É ingênuo otimizar as condições para um cliente (o consumidor, o acionista, o funcionário ou qualquer outro) *assumindo* que o que é bom para um será automaticamente bom para todos os outros. Argumentar que otimizar para todos os clientes é "difícil demais" não deveria ser uma desculpa. Tente construir uma família!

- **Regra 4: Encante todos os interessados**

O desempenho de um sistema é o produto das interações de suas partes.

Russell L. Ackoff, *Re-Creating the Corporation*[17]

Subjetividade e Reflexividade

Uma vez eu organizei um workshop para uma empresa onde eu discuti o índice de felicidade com seus profissionais. Eles me contaram que a sua gerência media a felicidade na organização a cada três meses através do uso de formulários elaborados que tinham que ser preenchidos eletronicamente por todos. Depois de muito trabalho, a gerência conseguia relatar que a felicidade na empresa havia caído de 3,8 para 3,5. Perguntei aos profissionais: "como vocês se sentem com essa medição?" Alguém do fundo da sala disse: "Eu odeio isso!" e alguns outros começaram a assentir com a cabeça. Aparentemente, a maneira como a gerência media a felicidade naquela organização estava *destruindo* a felicidade das pessoas. Pode ser que essa métrica deixasse apenas os gestores muito felizes!

Um aspecto atraente das medições é que as pessoas as associam à pesquisa e à ciência. Observação é uma parte crucial do método científico, e não é por coincidência que os métodos de melhoria de negócios, como startup enxuta, kanban, scrum e outros, dependem fortemente do trabalho de medição. A medição é considerada por muitos uma atividade inerentemente neutra que envolve análise, objetividade e compreensão.[20] Infelizmente, em um contexto social, esses ideais elevados quase nunca são alcançados.

Medir a produtividade das pessoas faz com que elas prestem mais atenção ao seu trabalho, e sua produtividade aumenta. Esse fenômeno é frequentemente chamado de **efeito Hawthorne**. A introdução de um índice de felicidade pode fazer uma equipe se sentir bem (ou mal) com relação à gestão, o que influencia a felicidade da equipe. A tentativa de estimar o tamanho de um projeto faz com que as pessoas adicionem mais requisitos, o que resulta no aumento da estimativa. Um teste de qualidade no final de uma linha de produção pode introduzir

> O ato de medir não é objetivo nem neutro. É subjetivo e, necessariamente, tendencioso. Muda tanto o evento como o observador. Eventos na situação social adquirem valor pelo fato de serem destacados pela atenção de serem medidos.

Peter F. Drucker, *Management*[21]

uma sensação de segurança e, subsequentemente, comportamentos mais arriscados e menor qualidade entre os profissionais.

Isso é referido como **compensação de risco**. Uma notícia sobre um aumento nas vendas de um livro aumentará ainda mais as vendas desse livro. E o anúncio de que alguns colegas estão roubando material de escritório pode não ser a abordagem mais segura para proteger o material de escritório restante, pois, de acordo com a **teoria das janelas quebradas**, isso pode levar a mais roubo. Em todos esses exemplos, o observador influencia o sistema e o sistema influencia o observador. Na ciência da complexidade, chamamos isso de **reflexividade**. A única arma contra o **efeito observador** é o senso comum e uma mente cética em relação a qualquer "método científico" em um ambiente social.

• **Regra 5: Desconfie de todos os números**

Gestão por Objetivos

Enquanto escrevia este livro, estabeleci como meta escrever dois capítulos por mês. Nem sempre obtive sucesso, mas eu sabia que nunca alcançaria meu propósito se eu não me forçasse a fazer algum progresso. Eu também tenho uma meta para dormir (pelo menos 7 horas), ingestão de calorias por dia (menos de 2.500 kcal) e postagens em blog por semana (pelo menos três). Nós medimos a nós mesmos e nos damos metas para nos ajudarmos a permanecer no caminho dos objetivos com os quais nos comprometemos.

Peter Drucker ofereceu seu método de **gestão por objetivos (management by objectives – MBO)** exatamente com esse propósito: ajudar os gestores a definir o propósito da sua organização, estabelecer metas para *seu próprio trabalho* e medir o progresso em direção ao seu objetivo. Não há nada de errado com metas, desde que você não incomode mais ninguém com elas. Drucker disse especificamente que se os gestores falharem continuamente em cumprir *seus próprios* compromissos e nunca atingirem seus objetivos, eles devem abrir espaço para outros.[22] Eu concordo. Eu também deveria encontrar outra carreira (ou pelo menos escrever *outros* livros) se eu falhar continuamente em inspirar as pessoas a melhorar suas organizações.

Infelizmente, o método MBO costuma ser mal interpretado e mal implementado. Gestores estabelecem metas para os *outros* e demitem *outros* por realizar um trabalho que é medido incorretamente, a fim de atingir objetivos mal comunicados.[23] Por exemplo, profissionais de call center às vezes são pressionados a reduzir a duração de suas chamadas, em vez de ajudar a resolver os problemas dos clientes.[24] Gestores costumam fazer isso porque a métrica errada (duração da chamada) é mais fácil de ser obtida do que a correta (clientes satisfeitos), e é tentador medir as coisas que são mais fáceis de quantificar. Ao adicionar metas nessa mistura, os profissionais fazem o que pode ser contado

> Não há nada de errado com metas, desde que você não incomode mais ninguém com elas.

(reduzir a duração da chamada) em vez de fazer o que conta (ajudar os clientes). Esse estilo perverso de MBO leva a uma diminuição da motivação das pessoas e à destruição da organização, que é exatamente o oposto do que Drucker pretendia.[25]

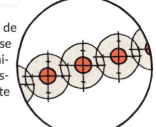

Metas são perigosas. Não há como definir uma meta perfeita. Assim que você definir uma meta para os outros, eles perseguirão a meta em vez do propósito original. De acordo com a **lei de Goodhart**, "quando uma medida se torna um alvo, ela deixa de ser uma boa medida". O melhor que você pode fazer é ter uma meta vaga e guardá-la só para você. Em vez de pontos únicos, trabalhe com metas imprecisas, intervalos de valores ou apenas uma direção.[26] O Google resolveu isso pedindo aos profissionais que estabelecessem múltiplos objetivos *difíceis* para si mesmos, com a forte sugestão de que *não* fosse possível alcançar todos eles. O efeito é que as metas se tornam meramente um alcance e uma direção, em vez de um ponto fixo.[27]

Em vez de tentar vender exatamente 100.000 cópias deste livro, eu poderia apontar para um número impreciso de vendas de seis dígitos. Outras metas boas o suficiente para mim seriam dormir melhor, queimar mais calorias do que eu consumo e escrever mais em vez de menos. Eu sei que é muito difícil conseguir tudo isso e não cometerei o erro de impor qualquer uma dessas metas a você.

- **Regra 6: Defina metas imprecisas**

Julgamento e Controle

É uma pena que na literatura técnica norte-americana os gestores sejam tão frequentemente comparados a técnicos de esportes, e profissionais criativos são então comparados a jogadores e atletas. A metáfora simplesmente não funciona quando analisamos a maneira como os resultados são medidos nesses domínios. A própria finalidade do esporte profissional é ser *medido* (por computadores, peritos, árbitros ou júris) em termos de número de jogos ganhos, pontos marcados, pesos levantados, metros corridos ou segundos concluídos, para decidir quem *vence* e quem *perde*. Eles são sempre **jogos de soma zero** – apenas um pode ganhar! Em muitas organizações, possivelmente inspiradas pela capacidade de análise de dados da NBA, da NFL e da FIFA, os gestores também estão buscando melhores maneiras de quantificar o desempenho da equipe.[28] Contudo, julgar profissionais criativos com base em projetos concluídos no prazo, linhas de código escritas, testes aprovados com sucesso ou novos clientes adquiridos é a *última* coisa que você precisa em uma organização. Profissionais criativos jogam um jogo que **não é de soma zero**. *Todos* podem ganhar!

Organizações profissionais, como a Toyota, não usam medições como um modo de gestores julgarem o desempenho de seus profissionais. As métricas estão disponíveis para o autoaperfeiçoamento das pessoas, em vez de coerção e controle gerencial.[29] No Google, é a mesma coisa; todos os profissionais só estabelecem objetivos e resultados-chave para si mesmos.[30] Para organizações que realmente desejam ser transformadoras, a medição deve ser separada, tanto quanto possível, do julgamento.[31] Se as métricas forem abusadas como uma ferramenta de controle, as medições darão lugar ao jogo de poder, ao medo e à politicagem. Para qualquer gestor que esteja tentando encontrar "melhores" métricas de desempenho para medir equipes, eu digo: "antes de tentar medir o desempenho de outra pessoa, por favor explique como você mede o seu próprio".

> Antes de tentar medir o desempenho de outra pessoa, por favor explique como você mede o seu próprio.

Julgar as pessoas é a receita perfeita para a *disfunção da medição*: maus comportamentos organizacionais surgem como resultado de métricas e metas. Esses comportamentos então interferem no propósito declarado das métricas.[32] Esse fenômeno é denominado de *lei de Campbell*: "quanto mais um indicador social quantitativo for usado para a tomada de decisões sociais, mais sujeito estará às pressões da corrupção e mais apto estará para distorcer e corromper os processos sociais que se pretende monitorar."[33]

É fácil ver que todas as métricas devem pertencer a seus usuários e somente devem ser usadas por eles para julgar a si mesmos.[34] É crucial que os profissionais criativos vejam a medição como algo positivo, como algo que os empodere para melhorar seu trabalho e seus resultados nas áreas sob seu controle. Para os gestores não é diferente. Os objetivos dos gestores são os seus próprios objetivos. O desempenho medido pelos gestores através de seu escopo de controle é seu próprio desempenho. Todo mundo que é responsabilizado por algo precisa de métricas para melhorar seu próprio trabalho. O escopo da prestação de contas pode diferir entre gestores e profissionais, mas a conclusão é a mesma. Todos nós nos medimos.[35]

• Regra 7: Seja dono das suas métricas

Recompensas e Punições

Minha vida como robô foi breve e deprimente. Eu tinha cerca de 12 anos de idade, curtindo férias em família em uma barraca em um camping francês. Os donos do camping haviam convidado todas as crianças a virem para o prédio central, vestindo roupas feitas por elas mesmas. Passei uma ou duas horas averiguando nossa barraca e os suprimentos de cozinha da minha mãe, passando um saco de lixo cinza sobre a cabeça, fazendo botões de rolhas de vinho – sempre há muitos disponíveis na França –, cobrindo meus ouvidos com apoios para copo de plástico e colocando uma parte da tenda na minha cabeça. Robocop, Exterminador do Futuro e sistemas operacionais de smartphones ainda não haviam sido inventados. Eu era o androide definitivo. Meu irmão e minha irmã alegremente se juntaram com suas próprias (muito menos legais) fantasias, e tudo estava ótimo até os organizadores escolherem um vencedor. Um vencedor? Sim, um vencedor. E não fui eu. Eu fiquei muito desapontado. A roupa de robô desapareceu rapidamente e voltei a resolver o meu cubo mágico.

Já lidei com o assunto muitas vezes nos meus livros e no meu blog, e farei isso aqui mais uma vez: incentivos trazem problemas. Recompensas podem motivar brevemente as pessoas que ganham, mas também desmotivam seriamente as que não ganham. O resultado líquido geralmente é mais negativo do que positivo. Para cada pessoa que você torna "funcionário do mês", você transforma dezenas, centenas ou milhares de colegas em "perdedores do mês". Um ambiente de trabalho criativo não deve ser um jogo olímpico.

O perigo das recompensas é que elas funcionam! Elas motivam as pessoas a ganhar as recompensas.[36] Mas aquilo que é recompensado (e pode ser medido) nunca é exatamente a mesma coisa que o verdadeiro propósito da organização (que não pode ser verdadeiramente

> Se seus pais, professores ou gestores estão julgando o que você faz, e se esse julgamento determinará se coisas boas ou ruins acontecem com você, isso não só não ajuda, como deforma seu relacionamento com essa pessoa. Você não trabalhará colaborativamente a fim de aprender ou crescer; você tentará fazer com que eles aprovem o que você está fazendo para que você possa pegar as guloseimas.

Alfie Kohn, *Punished by Rewards*[38]

medido). O Google não usa os objetivos e as metas das pessoas como fator para promoções.[37] Isso faz todo o sentido porque, quando os profissionais sentem que as metas e os resultados são o que mais importa, eles perdem de vista seus objetivos originais e cada decisão sua será um pouco pior do que aquilo que é realmente necessário para a empresa.[39] Nós nos referimos a isso como a *lei das consequências não intencionais*, ou a *lei do oops-meu-bônus-acabou-de-destruir-a-empresa*.

Regra 8: Não conecte métricas a recompensas

Manipulando o Sistema

Um ambiente de **pagamento por desempenho** com métricas, metas e incentivos é o local perfeito de trabalho para pessoas que gostam de jogar. Um sistema que recompensa os profissionais por alcançar determinados resultados é uma tentativa explícita de manipular seus comportamentos. Podemos chamar isso de jogada. A gestão está jogando um jogo de gerenciamento com os profissionais usando regras e números. Mas o jogo real é diferente do que os gestores esperam. Um sistema projetado explicitamente para manipular o comportamento das pessoas é um convite aberto para que todos os envolvidos usem o mesmo sistema para seu próprio benefício. O jogo real sendo jogado é o aquele que os profissionais decidem jogar com esse sistema. Se é OK para a gestão manipular profissionais com um sistema de pagamento por desempenho, também é OK para os profissionais usarem o mesmo sistema para manipular a gestão. A teoria dos jogos e a teoria da complexidade podem prever quem vencerá esse jogo.[40]

Já ouvi falar de pessoas que agendam e-mails para serem enviados tarde da noite, para serem recompensados por "trabalharem tarde". Já soube de pessoas pressionando repetidamente a barra de espaços em seus teclados durante o almoço porque são pagas pelo "número de pressionamentos de tecla". Já ouvi falar de pessoas que vão para o trabalho duas vezes por dia, uma vez para "registrar entrada" e outra para "registrar saída", para que o computador registre "8 horas de trabalho". Mas por que algum profissional criativo deveria fazer isso? Quantos de nós vamos trabalhar de manhã, ansiosos por nossas metas diárias e incentivos, imaginando: "como posso manipular o sistema hoje?". Uma *oportunidade* de jogar o jogo não é suficiente. As pessoas também precisam de um *motivo*.[41] Estou convencido de que as pessoas só são motivadas a agir dessa maneira quando elas não possuem senso de propósito, valores, integridade ou senso de comunidade.

Valores compartilhados e transparência podem reduzir o desejo de manipular o sistema. Todos devem estar cientes da integridade e das boas intenções de cada um. Isso significa que todos têm o direito de conhecer todos os números, todas as regras, todas as métricas e todos os propósitos. No Google, os profissionais adicionam seus objetivos e metas ao diretório de funcionários, e todos podem ver os resultados uns dos outros, incluindo os dos principais gerentes.[42] Faz sentido porque o Google tem como grande propósito organizar as informações do mundo e torná-las acessíveis e úteis para todos.

Em vez de jogar sujo com métricas, metas e incentivos, devemos fazer com que todos estejam internamente motivados, e com valores e medidas transparentes as pessoas terão informações suficientes de autoavaliação para melhorar seu trabalho enquanto jogam limpo.

• Regra 9: Promova valores e transparência

Desumanização

Eu admito que amo números, mas às vezes eles podem ser um pouco... sem vida. Muitos gerentes obtêm suas informações na forma de figuras, que não carregam nenhum peso emocional. Com os números, o trabalho árduo de alguém se torna apenas uma estatística. Sangue, suor e lágrimas são transformados em planilhas. Paixões e tragédias pessoais tornam-se gráficos e tabelas mundanos. As métricas nos permitem transformar alegria e dor em quadrados e dígitos, com a ajuda de tabelas dinâmicas e assistentes de gráficos, ao mero toque de um botão. A essência do trabalho se perde com medidas. Em vez de olhar para o que realmente está acontecendo com os profissionais, a gestão observa o que está acontecendo com os números.

Para toda organização saudável, é imperativo que a gestão inclua "gestão de pessoas", "gestão de chão de fábrica" e "gestão visual". O espaço nas áreas de trabalho pode ser reservado para reuniões diárias, tabelas, gráficos, quadros e informações codificadas por cores. Quando a infraestrutura permite e as pessoas estão próximas, as informações são colocadas o mais próximo possível das pessoas e do seu trabalho.[43] Melhorar a organização com métricas é bom, até mesmo importante, mas medições são ainda mais úteis quando você pode ver, bem literalmente, o que está acontecendo por trás dos dados.

E com frequência números nem sempre são necessários. Esboços, rabiscos e cores podem transmitir mais significado do que dígitos. Os rostos das pessoas em botões magnéticos têm mais impacto visual do que nomes em notas adesivas. É precisamente por esses motivos que infográficos bem desenhados na Internet têm se tornado uma alternativa muito popular a tabelas e gráficos chatos. E você já se perguntou por que gosta muito mais de livros de negócios quando eles possuem muitas ilustrações coloridas?

- **Regra 10: Visualize e humanize**

> Medições são ainda mais úteis quando você pode ver, bem literalmente, o que está acontecendo por trás dos dados.

Tarde Demais

Com que frequência você deve fazer um teste cardiovascular? Com que frequência você verifica o relógio ao tentar pegar um voo? Com que frequência você deve verificar os pneus do seu carro? Com que frequência você verifica se seu cônjuge ainda está feliz? Há apenas uma boa resposta para essas perguntas: "o suficiente para garantir que os problemas não se tornem muito grandes e arriscados, e provavelmente com mais frequência do que você está fazendo agora". Não adie medidas até os sintomas dos problemas aparecerem. Se você não fizer exames regulares, seus diagnósticos e intervenções podem ocorrer tarde demais.

Comunidades ágeis e enxutas (lean) ao redor do mundo já aprenderam que faz sentido medir as coisas com mais frequência. As necessidades do cliente são avaliadas não apenas no início de um projeto; elas são discutidas toda semana. O progresso de um projeto é relatado não uma vez por mês, mas todos os dias. Testes de qualidade nos produtos não são realizados uma vez por trimestre; eles são realizados continuamente. E a felicidade dos profissionais certamente não é medida apenas uma vez a cada três meses; ela deve ser monitorada o tempo todo.

Medir bem geralmente significa medir com mais frequência do que você está fazendo agora. Também significa encontrar indicadores lead que precedem os indicadores lag. Um ótimo chef não precisa provar a comida a cada segundo (um indicador lead), mas ele certamente precisa fazer isso *antes* de servir o resultado aos convidados e esperar pelo feedback deles (um indicador lag)![44]

Na minha experiência, isso significa configurar lembretes e gatilhos para mim mesmo, porque, se eu não fizer isso, esquecerei de medir. Sem listas de verificação, alertas e notificações, farei apenas o que é

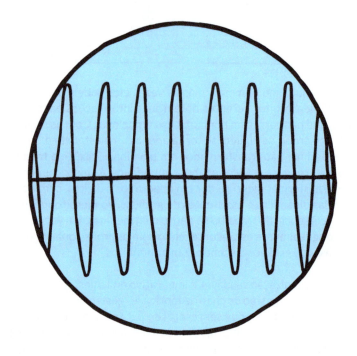

urgente, não o que é importante. É por isso que tenho tarefas recorrentes que me lembram de verificar o *tempo total e médio de problemas* no quadro de tarefas Happy Melly, o *número de workshops licenciados por mês* para a marca Management 3.0 e *citações úteis* que li em livros de não ficção. Verifico o fluxo de caixa, lucros, devedores e credores mensalmente; eu faço o mesmo com as *vendas de livros* e as *estatísticas do blog*. Cada capítulo completo do livro é, para mim, um gatilho para contar o *número de palavras*, e cada viagem de negócios com meu carro é um gatilho para anotar sua *quilometragem*. Ah, e também tenho um lembrete diário para verificar se alguém deveria receber um *kudo card* ou uma *nota de agradecimento*.

- Regra 11: Meça cedo e com frequência

Estagnação e Complacência

Até agora, cobrimos 11 desafios e regras para métricas, o que é bastante irritante porque eu não gosto do número 11. Estabeleci como meta chegar a 12. Onze é burro, 12 é bom. Provavelmente é o que sobrou de algum traço religioso em mim. Felizmente, tenho o prazer de informar que há outro problema que ainda não abordamos em nossa investigação sobre medições. Nós ainda não abordamos o problema da estagnação.

Muitos gerentes estão em uma busca sem fim para encontrar as "melhores métricas" para suas organizações. Eles não parecem perceber que medição faz parte do trabalho que realizamos. Medição é trabalho. Considerando que o ambiente sempre muda e nosso trabalho sempre muda com isso, por que a mesma coisa não deveria ser verdade para nossas métricas? Elas precisam mudar à medida que nossos negócios mudam. É útil vê-las como ferramentas de *diagnóstico*. Nós medimos para entender as coisas *antes* e *depois* da nossa análise dos sintomas e das nossas tentativas de melhoria. Podemos fazer isso várias vezes, até que a métrica não seja mais útil e, então, é hora de usar outra coisa. Não existe o santo graal da medição.

Ninguém deve hesitar em experimentar novas medidas e experimentar métricas diferentes.[45] Pessoas, equipes e organizações se adaptarão e se acostumarão com suas próprias medidas. É quando a estagnação e a atrofia têm a chance de aparecer. É bom tentar outra coisa depois de um tempo. A substituição de suas métricas não apenas o ajuda a abordar outras perspectivas e a descobrir diferentes incógnitas, como também evita que você seja embalado em um falso senso de complacência. E para todo sistema complexo e adaptativo que prefere ficar feliz e saudável, uma mudança frequente nos estímulos é uma coisa boa.

- Regra 12: Tente outra coisa

Regras para Medição

Viva, nós conseguimos! Encontramos 12 regras para uma boa medição.
Vamos analisá-las antes de transformar o que aprendemos em uma prática de gestão concreta.

Regra 1: Meça para um propósito

Você sempre deve entender por que está medindo. A métrica não é um objetivo em si. Nunca esqueça que é apenas um meio para um fim. Tudo começa com o *porquê*.

Regra 2: Diminua o desconhecido

Uma métrica é apenas um substituto para aquilo que você *realmente* deseja saber. Não tire conclusões precipitadas. Sempre tente reduzir o tamanho daquilo que ainda é desconhecido.

Regra 3: Procure melhorar

Não meça apenas coisas que o darão uma boa aparência. Há muitos dados ao redor, mas você deve se concentrar naquilo que permite a você fazer um trabalho melhor.

Regra 4: Encante todos os interessados

Seu trabalho depende dos outros, e os outros dependem de você. Nunca otimize apenas para uma parte interessada. Em vez disso, meça seu trabalho de várias perspectivas.

Regra 5: Desconfie de todos os números

Observadores geralmente influenciam suas próprias métricas e sofrem com todos os tipos de ideias preconcebidas. Tenha uma atitude saudável e cética em relação a qualquer número relatado.

Regra 6: Defina metas imprecisas

Quando as pessoas têm metas, elas tendem a se concentrar nas metas, em vez de focar no propósito real. Evite essa tendência estabelecendo metas vagas.

Regra 7: Seja dono das suas métricas

Todos são responsáveis pelo seu próprio trabalho, e as métricas nos ajudam a melhorar esse trabalho. Portanto, todos devem ser responsáveis pelas suas próprias métricas.

Regra 8: Não conecte métricas a recompensas

Recompensas geralmente matam a motivação intrínseca e levam a comportamentos disfuncionais em organizações. Não incentive as pessoas a fazer o trabalho que elas deveriam *gostar* de fazer.

Regra 9: Promova valores e transparência

Seres humanos são espertos e capazes de manipular qualquer sistema. Para impedir manipulações, seja transparente sobre valores, intenções e métricas que todos estão usando.

Regra 10: Visualize e humanize

Números tendem a desumanizar tudo. Substitua dígitos por cores e imagens e deixe as medidas próximas ao local onde o trabalho de fato é realizado.

Regra 11: Meça cedo e com frequência

A maioria das pessoas não mede com frequência suficiente. Meça mais cedo e mais rápido para evitar que riscos e problemas fiquem grandes demais para você tratar.

Regra 12: Tente outra coisa

Raramente é uma boa ideia fazer as mesmas coisas repetidamente. O ambiente muda o tempo todo. O mesmo deve se aplicar a como e ao que você mede.

Integrando e Escalando

Agora nós chegamos aos portões de um grande problema com o qual consultores de negócio e especialistas em gestão têm lutado por décadas, se não séculos. Como isso tudo se junta? Como as *suas* métricas se conectam às *minhas*? Como nós escolhemos as métricas como um *time*? E como garantimos que as métricas de vários times se integrem perfeitamente a um brilhante *framework* para toda a organização?

Nesse ponto, é crucial lembrar que organizações são sistemas complexos e adaptativos, como cidades ou comunidades. As partes possuem seus próprios propósitos, identidades, valores e ambições, e, ao mesmo tempo, elas contribuem para todo o sistema, o qual também possui seu próprio propósito e identidade, assim como o sistema vizinho. E juntos, com alguns outros sistemas, eles formam um todo ainda maior no próximo nível mais alto. E assim por diante. Tudo é interdependente, tanto horizontalmente quanto verticalmente.

Escalar métricas falha porque as pessoas não entendem complexidade. A integração das métricas é uma causa perdida quando as pessoas tratam a organização como uma máquina. O sistema inteiro não é aprimorado quando nós substituímos ou melhoramos todas as partes individuais. Por outro lado, nós não podemos apenas instruir todos para "aprimorar o todo" em vez das partes porque existem "todos" em vários níveis diferentes. Como resultado, ninguém concordará sobre exatamente o que o "todo" é. Esses são dois problemas diferentes, e eu deveria esclarecê-los separadamente.

Nós encontramos um exemplo do primeiro problema (otimizar as partes) no uso comum do famoso **balanced scorecard***.[46] O lado bom dos balanced scorecards é que eles exigem que os gestores analisem o desempenho sob diferentes perspectivas com múltiplas métricas. O lado ruim é que as descrições de balanced scorecards se baseiam na metáfora de um piloto olhando para o painel de uma cabine de avião. Em outras palavras, um gestor está operando uma máquina.[47]

> Não existe uma combinação correta de métricas que resultará na otimização do todo, portanto nem tente.

Essa metáfora estaria correta apenas se todas as partes do avião tivessem suas próprias mentes e estivessem em posição de controlar quais informações enviar de volta para o piloto e quais reter. As partes do avião também precisariam ser capazes de deixar os seus empregos e se fundir com outro avião, tudo em pleno voo. As asas reportariam que elas estão "dentro do cronograma" enquanto tentariam fazer com que o desempenho dos motores dos jatos parecesse ruim. Os motores não estariam em condições de falar com as rodas, e a cauda estaria secretamente planejando se separar e abrir seu próprio negócio de paraquedismo. Em vez de ter um painel cheio de medidas objetivas, o piloto estaria olhando para uma série de luzes verdes enquanto voa em direção a uma montanha. Obviamente, a metáfora da máquina é ineficiente em um contexto social (é uma pena que a metáfora do piloto funcione extremamente bem para gerentes tradicionais).

---

* Nota da Tradução: Balanced Scorecards – indicadores balanceados de desempenho.

© 2011 Janet Ramsden, Creative Commons 2.0
http://www.flickr.com/photos/ramsd/5445918407

Exemplos do segundo problema (otimizar o todo) geralmente resultam da comparação de organizações com organismos individuais que estão tentando sobreviver e prosperar como um todo. Verificar a frequência cardíaca, pressão sanguínea, exames de ressonância magnética e amostras de fezes pode ser útil para investigar sintomas e encontrar problemas, e tudo isso *poderia* ajudar uma pessoa a se tornar saudável e feliz. Mas a comparação de organizações com organismos só estaria completa se o coração pudesse decidir se transformar em um terceiro pé, se o pulmão esquerdo tivesse a ambição de tomar o controle do cérebro, se os dois olhos não estivessem motivados a trabalhar sincronizados um com o outro e se os órgãos sexuais insistissem em trabalhar remotamente. Otimizar o todo é uma ótima ideia e médicos podem, obviamente, contribuir para a saúde e a felicidade de um paciente como um todo, mas, no contexto difuso de vários níveis de uma organização, simplesmente dar orientações a todos para "otimizar o todo" é ingênuo. Não existe uma combinação correta de métricas que resultará na otimização do todo, portanto nem tente.[48]

Organizações são sistemas com propósito. As partes possuem seus próprios propósitos e o todo tem o seu propósito. Esse padrão se repete de maneira fractal, com indivíduos fazendo parte de (às vezes vários) times e comunidades, que são partes de (geralmente múltiplos) departamentos, que fazem parte (ou são definidos através) de unidades de negócio, que fazem parte de empresas, que fazem parte de cidades ou indústrias, que fazem parte de países.

Existem propósitos e métricas em *todos os lugares*, e eles são todos conflitantes, coordenam, colidem e cooperam uns com os outros em um jogo sem fim de colaboração *e* competição. Isso não é uma falha de integração. É uma funcionalidade de todo sistema complexo e adaptativo: eles evoluem e se transformam como redes de partes independentes. Pense em uma biosfera. Pense na Internet. Pense em um reservatório de genes. Tratar negócios como uma máquina, e otimizar as partes, é um grande erro porque máquinas não evoluem por si mesmas – ainda. Tratar negócios como um organismo e tentar otimizar o todo também é um erro, pois um organismo geralmente não consegue se transformar sozinho. Você deve tratar sua organização como uma comunidade. A comunidade pode ter seu propósito e suas métricas, mas todos os seus membros também.

Dashboards, Scorecards e Frameworks

A *última* coisa que precisamos em um sistema interligado, auto-organizado e complexo é uma "organização hierárquica abrangente de medidas que se encaixam de acordo com uma estrutura lógica".[49] O que é *lógico* é ciência, e a ciência sugere que as coisas devem crescer e evoluir de baixo para cima. Então, vamos ignorar quaisquer sugestões de frameworks de medições inteligentemente projetados de cima para baixo.

Nós precisamos de uma filosofia de métricas que possa ajudar organizações a evoluir e se transformar. Métricas individuais entre as partes e entre os níveis podem ser tão competitivas quanto colaborativas. Elas podem estar em conflito e podem estar em harmonia. Não é possível criar uma hierarquia abrangente de métricas, então nem tentaremos.

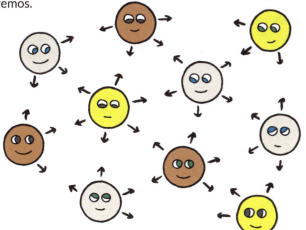

A solução é todos os indivíduos da organização terem suas próprias métricas. Todos os profissionais recebem a responsabilidade de medir o que é importante para eles, dentro de seu próprio escopo de controle e com base no seu próprio propósito (Regra 1). Empoderar todos os profissionais para criar suas próprias informações os motivará a melhorar suas métricas (Regra 2) e a melhorar seu trabalho (Regra 3). Ao mesmo tempo, eles devem avaliar seu trabalho em prol dos seus clientes diretos, cobrindo todas as interdependências e seu escopo de preocupação (Regra 4). Ser responsável por suas próprias métricas deve significar que as pessoas estarão mais conscientes sobre como elas e seus clientes estão influenciando as medições (Regra 5). Talvez algumas pessoas vão até querer definir algumas metas (Regra 6), mas nem as métricas e nem as metas são criadas por mais ninguém, a não ser eles mesmos (Regra 7). Isso também significa que não há incentivos (Regra 8); e como tudo é transparente, todos podem observar as intenções e métricas de cada um e responder a elas (Regra 9). Isso ajudará na prevenção da desumanização (Regra 10). Finalmente, quando as pessoas tiverem total controle sobre suas próprias métricas, é mais fácil para elas medirem com a frequência que acharem necessária (Regra 11) e alterar as métricas sempre que quiserem (Regra 12). Em outras palavras, o que você precisa desenvolver é um ecossistema de métricas.

Como todas as métricas são diferentes, com diferentes frequências de atualizações e diferentes estilos de visualização, faz pouco sentido cada pessoa criar um scorecard ou dashboard (painel) de métricas. Por que eu deveria colocar *calorias por dia* no mesmo painel de *lucro por mês*? Desde que todas as informações estejam facilmente disponíveis, eu não vejo sentido em projetar um framework.

O Índice de Scoreboard

Uma das coisas mais difíceis para gestores é elaborar boas métricas que deem uma indicação do desempenho do negócio. Afinal, é isso que **indicadores-chaves de desempenho** supostamente devem fazer, certo? Mas se nenhuma medição é perfeita, o que você pode fazer?

Na verdade, não é tão difícil. O problema já foi resolvido adequadamente em vários outros contextos. Por exemplo, qual é o indicador-chave de desempenho mais utilizado de qualquer mercado? Fácil! É o índice do mercado de ações: uma média ponderada ou o preço total de várias ações individuais. Dentro do contexto do seu negócio, você pode fazer o mesmo.

Primeiro, comece com alguns objetivos qualitativos, tais como "mais engajamento entre os clientes" e "mais atividade no site". Algumas pessoas podem preferir focar apenas em alguns objetivos a qualquer momento. Outras preferirão listar todos as partes interessadas e suas necessidades, para que assim ninguém seja negligenciado. Para essa prática, a diferença não importa.

Segundo, defina algumas poucas métricas quantitativas por objetivo (ou parte interessada), tais como "visualizações de páginas por semana" ou "comentários no blog por semana". Os objetivos e as partes interessadas devem estar representados com múltiplas medições porque é sempre bom olhar para um desafio de ângulos diferentes. Nunca confie em apenas uma métrica!

Terceiro, para cada métrica individual, defina um limite inferior e um limite superior: o número com o qual você se sentiria bastante infeliz e o número com o qual se sentiria muito feliz. Por exemplo, eu me sentiria infeliz se esse livro vendesse menos de 10.000 cópias. Eu ficaria em êxtase se o livro vendesse 100.000 cópias ou mais. Obviamente, esses limites inferiores e superiores são escolhas subjetivas. Mas tudo bem. O que você precisa é um intervalo para avaliar seu desempenho como um profissional, um time ou um negócio. E essa autoavaliação é sempre subjetiva.

A próxima coisa a fazer é coletar medições semanais. Claro, você pode querer monitorar algumas coisas diariamente, e talvez alguns dados estejam disponíveis apenas uma vez por mês. Porém, eu acho que um momento semanal de reflexão é (para mim) a cadência certa para a (re)priorização do meu trabalho.

Uma vez que você já tiver todas as medições, você pode usar os limites inferiores e superiores mencionados anteriormente para expressar todas as medições como um ponto entre 0 e 100. Por exemplo, quando

		unhappy	happy
		low bound	high bound
customer engagement	(objective)		
ratio active customers	(metric)	0%	100%
profiles up-to-date	(metric)	0%	100%
scheduled events	(metric)	0.0	2.0
network growth	(objective)		
total users	(metric)	75	250
acquisition ratio	(metric)	0%	10%
practitioner growth	(objective)		
practitioner stories	(metric)	0	100
practitioner certificates	(metric)	0	10

	9-Nov 15-Nov	16-Nov 22-Nov	23-Nov 29-Nov	30-Nov 6-Dec	7-Dec 13-Dec	14-Dec 20-Dec
customer engagement						
ratio active customers	47%	47%	48%	47%	47%	48%
profiles up-to-date	47%	46%	46%	47%	47%	49%
scheduled events	0.84	0.81	0.82	0.73	0.75	0.82
network growth						
total users	133	135	136	139	144	146
acquisition ratio	3.8%	3.7%	3.7%	9.4%	9.0%	8.9%
practitioner growth						
practitioner stories	22	27	28	29	34	35
practitioner certificates	0	0	1	1	2	2

eu descobrir que vendemos 25.000 cópias do livro, minha pontuação nessa métrica será de 27,8 por cento (o número está situado em 27,8 por cento entre 10.000 e 100.000).

Por último, porém não menos importante, calcule semanalmente o índice das métricas. Tendo convertido todas as medições em pontos entre 0 e 100, fica fácil pegar a média e chamá-la de seu índice de desempenho semanal. Ainda melhor, você pode plotar os resultados das medições individuais em um gráfico de linhas coloridas, mostrando o índice como uma linha fina e preta. É quase como o mercado de ações, com um índice (espera-se) mostrando uma tendência positiva por todo o sistema.

Resumindo, comece com um socreboard de métricas, de todos os objetivos ou partes interessadas, que não seja muito difícil de se obter regularmente; encontre um jeito de normalizá-los e pesá-los; e então calcule

a média. Isso é o que eu chamo de **Índice de Scoreboard.** Você avalia seu desempenho com pontuações representadas em um quadro e transformadas em um índice. Ele permite uma priorização semanal do trabalho; é neutro em relação a medidas específicas; e é fácil de compreender a visualização.

Um benefício dessa abordagem indexada à medição de desempenho é que assim é muito mais fácil substituir métricas sem medo de descontinuar a medição principal. Em todos os índices do mercado de ações, ações individuais são substituídas quase que regularmente. Ninguém liga para isso. Elas ligam é para o índice: ele está subindo ou descendo?

Um índice criado de muitas métricas, atuando como um agente do desempenho total, oferece o melhor dos dois mundos: profissionais pegam *uma* coisa para otimizar enquanto eles podem continuar flexíveis em relação às métricas de componentes individuais (é verdade

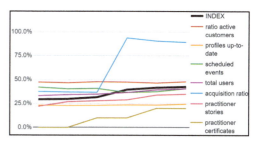

que você precisa de alguém com talento para números para transformar diferentes tipos de medidas em escalas semelhantes. Mas isso pode ser facilmente delegado a alguém em uma tarde de sexta-feira).

Nenhuma métrica é perfeita. O perigo com indicadores-chave individuais de desempenho é que as pessoas ficam facilmente focadas em otimizar apenas uma ou duas delas, particularmente quando são incentivadas financeiramente a tal. Isso coloca em risco o desempenho do negócio em outras dimensões. Mas ao medir o desempenho usando um scoreboard e calculando e comunicando um índice, manipular o sistema se torna muito mais difícil.

Eu descobri que o índice de scoreboard satisfaz, pelo menos, sete dos 12 princípios para boas métricas (você sabe dizer quais?). Nenhuma prática é perfeita, e eu tenho certeza que existem maneiras de melhorá-la ou aumentá-la utilizando outras boas práticas complementares. No mínimo, o índice de scoreboard é um indicador que reflete o desempenho, e poderia ser uma prática-chave para o seu negócio também.

	9-Nov 15-Nov	16-Nov 22-Nov	23-Nov 29-Nov	30-Nov 6-Dec	7-Dec 13-Dec	14-Dec 20-Dec
INDEX	29.4%	29.8%	31.6%	39.6%	41.6%	42.6%
customer engagement						
ratio active customers	47.4%	46.7%	47.8%	47.5%	46.5%	47.9%
profiles up-to-date	23.3%	23.0%	23.2%	23.7%	23.6%	24.7%
scheduled events	42.1%	40.4%	40.8%	36.7%	37.5%	40.8%
network growth						
total users	33.1%	34.3%	34.9%	36.6%	39.4%	40.6%
acquisition ratio	37.6%	37.0%	36.8%	93.5%	90.3%	89.0%
practitioner growth						
practitioner stories	22.0%	27.0%	28.0%	29.0%	34.0%	35.0%
practitioner certificates	0.0%	0.0%	10.0%	10.0%	20.0%	20.0%

Como Começar

Qualquer um que já praticou exercícios físicos sabe que *medir a si mesmo* é uma parte crucial dos programas de malhação. Em organizações, isso não é diferente. Comece medindo do jeito certo e então lidere pelo exemplo.

1. Aprenda sobre o índice de scoreboard ou o sistema de objetivos e resultados-chaves do Google (OKR) para medições de desempenho e comece experimentando com um sistema similar para você mesmo.[50]

2. Avalie as coisas que você mede regularmente e veja se elas ajudam você a aprender a melhorar em direção ao seu propósito.

3. Liste todas as suas partes interessadas (incluindo as equipes e grupos aos quais você pertence) e verifique se você mede seu desempenho para cada uma das suas perspectivas.

4. Visualize suas métricas de um jeito que as deixe interessantes e mantenha-as próximas de onde o trabalho realmente acontece.

5. Seja transparente sobre suas métricas. Mostre-as para os outros e peça a mesma cortesia deles. Discuta tudo isso juntos e sinta-se à vontade para colaborar e competir com as medidas.

6. Agora escale isso para toda a organização, onde todos mantêm a responsabilidade por suas próprias medições.

© 2005 re_birf, Creative Commons
http://www.flickr.com/photos/re_birf/69485

Dicas e Variações

O índice de scoreboard é similar ao OKR, uma prática popularizada pelo Google. Você pode facilmente misturar as duas práticas.

Cada pessoa, time e unidade pode criar seu próprio índice de scoreboard ou OKRs. Todos são responsáveis por suas próprias métricas.

Assegure-se de que os objetivos e as medições sejam transparentes e estejam disponíveis para todos na organização.

Com seus objetivos, pense sempre "de fora para dentro", ou seja, uma parte interessada deve achar valioso o que você está tentando alcançar.

Em vez de um limite inferior (infeliz) e um limite superior (feliz), você pode experimentar mais níveis de felicidade.

Aqueles com um talento especial para números podem preferir escalas exponenciais mais realistas em vez de escalas lineares para suas medidas.

Eu configuro minha planilha para mostrar todos os números em tons de vermelho ou verde. Dessa forma, é fácil ver quais medidas estão indo bem e quais não estão.

Os objetivos em nosso scoreboard também estão disponíveis como tags no seu quadro de fluxo de trabalho, para que todas as nossas tarefas estejam conectadas a um ou mais objetivos.

Discuta brevemente o índice (e as medidas individuais, onde necessárias) em uma reunião semanal com sua equipe.

Você deve tornar os resultados visualmente interessantes e abundantemente disponíveis, caso contrário as medidas não farão diferença alguma.

Algumas pessoas gostam de uma cadência trimestral de escolha de objetivos e metas (OKRs); outras preferem um fluxo contínuo de alterações (índice de scoreboard). Escolha o que funciona para você.

Sinta-se livre para alterar objetivos e métricas sempre que fizer sentido. O seu objetivo é aprender e melhorar, e não se tornar escravo das suas medidas.

Encontre mais ideias em <https://management30.com/align-constraints/metrics-okrs/> e <https://management30.com/practice/scoreboard-index/>.

9 merit money
Pague às Pessoas de Acordo com seus Méritos*

* Tradução: Elaine Valverde e Ivan Ferraz

> O dinheiro não compra felicidade, mas pode deixá-lo terrivelmente confortável enquanto você estiver sofrendo.
>
> **Clare Boothe Luce, autora americana (1903–1987)**

Pagar às pessoas pelo trabalho, sem destruir sua motivação, é um dos desafios mais difíceis para a gestão. Lamentavelmente, muitos sistemas de remuneração são considerados injustos por profissionais e não científicos por especialistas. É por isso que seria aconselhável considerar algumas alternativas menos conhecidas que são baseadas em méritos reais, e não em desempenho imaginado.

Jojo administra um negócio. Suas receitas são boas, mas a renda varia significativamente. Um mês ele se pergunta se será capaz de sobreviver à lentidão do verão; outro mês, ele se pergunta se sua conta bancária pode sobreviver à próxima debandada de clientes. E, ainda assim, Jojo se paga o mesmo salário um tanto conservador todos os meses. É o suficiente para pagar sua comida, hipoteca e livros, mas não o suficiente para aquela poltrona vintage Eames que ele sempre desejou.

No entanto, hoje ele quer se permitir algo extra. As exportações para a Noruega no mês passado lhe renderam o dobro da quantia que ele obtém na Alemanha. Seu cliente chinês *finalmente* pagou a fatura que ele já havia desistido de cobrar. E viva! Após dois anos ignorando seu marketing, os americanos agora também descobriram seus serviços. Jojo acha que tudo isso pede uma pequena celebração e um tapinha nas costas. Afinal, *ele* fez todo o trabalho, não foi? Ele considera transferir um pouco de dinheiro *extra* para sua conta privada, só dessa vez. Talvez ele possa ler seu próximo romance em uma nova cadeira.

Por que não? Ele mereceu.

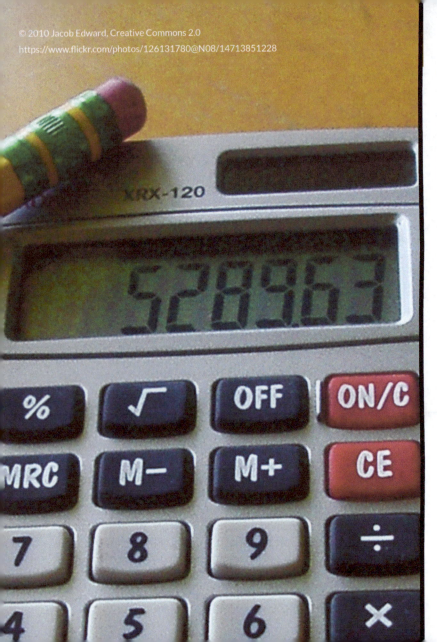

Ganhando Dinheiro

E se Jojo não fosse uma empresa individual, mas uma grande organização? Deveria ser diferente? Em muitas organizações, os profissionais recebem um salário mensal estável que é conservador o suficiente para a organização sobreviver e suficiente para as pessoas pagarem suas contas.

Mas e se o clima de negócios estiver favorável e houver algum dinheiro *extra* disponível? Aumentar o salário de todos geralmente não é uma opção. Você só deve fazer isso quando souber que é sustentável. Gastar dinheiro com melhorias no escritório é bom, mas geralmente isso beneficia mais alguns profissionais que outros. E manter o dinheiro na conta bancária da organização é praticamente o mesmo que dá-lo aos donos da empresa.

Acredito que os profissionais criativos devem receber o que *valem*. Não basta dizer que os trabalhadores não são motivados principalmente por dinheiro (o que é verdade) e que preferem buscar um propósito maior (o que também é verdade). "O dinheiro não motiva as pessoas" não é uma resposta útil para a pergunta: "como remuneramos os profissionais de maneira justa pelo trabalho?". Qualquer que seja o propósito que eles busquem, provavelmente ainda há dinheiro envolvido em fazer as coisas acontecerem. Ganhar dinheiro é bom; fazer a diferença é melhor; mas ganhar dinheiro enquanto faz a diferença supera tudo.

O que as pessoas ganham é resultado da interação de uma organização com seu ambiente. A renda de uma organização não pode ser totalmente prevista; assim sendo, o que as pessoas ganham deve ser a soma de seus salários (previsíveis) e quaisquer extras (imprevisíveis) que a organização possa se dar ao luxo de distribuir.

Ganhos = salários + extras

Sistemas de Bônus

> Recrutamos uma pessoa para o que orgulhosamente afirmamos ser uma organização do conhecimento fervilhando de tarefas interessantes e desafios. Oferecemos um salário-base justo, mas depois acrescentamos que "realmente não esperamos que você faça seu melhor. As tarefas e o ambiente que conseguimos oferecer provavelmente não são suficientemente motivadores. Vamos, portanto, colocá-lo em um sistema de bônus. Só então esperamos você se supere". Involuntariamente, esse tipo de mensagem diz muito sobre a empresa e nossos novos colegas.
>
> Bjarte Bogsnes, *Implementing Beyond Budgeting*[1]

Uma prática que se infiltrou no mundo dos negócios como uma peste em um local sem saneamento básico é o sistema de **bônus anual** (veja também o Capítulo 1). A ideia dessa prática é que os gerentes estabeleçam metas para os profissionais e calculem bônus anuais que geralmente dependem das classificações de desempenho das pessoas, cargo, salário, horas extras, idade, tamanho do sapato e muitas outras variáveis. O raciocínio comum por trás do sistema de bônus é incentivar o desempenho. Mas, na verdade, isso cheira mal.

Sistemas de bônus tradicionais raramente têm um efeito positivo no desempenho das pessoas.

Décadas de pesquisa confirmaram, repetidas vezes, que os sistemas de bônus tradicionais raramente têm um efeito positivo no desempenho das pessoas quando elas estão envolvidas em trabalho de conhecimento criativo.[2,3] Pelo contrário, é provável que o efeito seja negativo.[4,5] Há tanta coisa errada nos programas tradicionais de incentivo que é impossível listar todos os problemas. Mas sinto-me incentivado a mostrar os mais importantes aqui.[6,7,8]

1. As pessoas ficam viciadas em recompensas periódicas e, se não receberem sua recompensa esperada, se sentirão decepcionadas ou punidas. Isso acaba destruindo a motivação e, portanto, o desempenho (veja o Capítulo 1).

2. Recompensas individuais perturbam a colaboração, que é crucial no trabalho de conhecimento criativo. Recompensas individuais estimulam a concorrência e a trapaça, o que destrói as relações entre os profissionais e também entre os profissionais e seus gerentes.

3. Os sistemas de bônus tradicionais dependem de medidas objetivas, mas a realidade é complexa demais para ser capturada em números. As métricas frequentemente ignoram o lado leve do bom desempenho, incluindo trabalho em equipe e colaboração (veja o Capítulo 8).

4. Pesquisas mostram que recompensas distraem as pessoas de trabalhos complexos, perturbam o pensamento criativo e aumentam os níveis de estresse das pessoas. Isso faz com que elas se acomodem e prefiram tarefas fáceis, enquanto a inovação exige o oposto: correr riscos e executar tarefas complexas.

5. Pesquisas também mostram que os bônus minam a motivação intrínseca e o altruísmo. Assim que as recompensas são entregues, as pessoas começam a pensar: "eles me pagam um adicional por esse trabalho; logo, não deve ser divertido, interessante ou bom".

Deve-se notar também que os sistemas de bônus geralmente se baseiam nos lucros da empresa. Mas os profissionais criativos não conseguem relacionar diretamente seu trabalho com os lucros da empresa, porque a maior parte do que influencia os lucros – uma combinação de efeitos sistêmicos e fatores ambientais – está além do seu controle imediato.[9]

Sistemas Fixos

Algumas pessoas argumentam que as organizações deveriam se livrar totalmente dos seus sistemas de bônus. Elas afirmam que a maior parte do desempenho de uma organização está no sistema, não nas pessoas e, portanto, é melhor não diferenciar entre profissionais. Todos devem receber um salário fixo e (talvez) um bônus incidental que seja o mesmo para todos. Alguns chegam a sugerir que não deve haver nenhum bônus incidental. Apenas os bônus de Natal parecem ser apreciados, mas esses contam como bônus antecipados (e, portanto, prometidos); eles não possuem o objetivo de redistribuir renda extra inesperada da organização. Em outras palavras, essas pessoas são todas a favor de um **sistema fixo**, sem nenhum acréscimo imprevisto.

Eu acredito que um sistema fixo de remuneração não atende ao desafio de pagar aos profissionais o que eles realmente *merecem*. Em primeiro lugar, existe o problema de que aproximadamente 80% de todas as pessoas pensam que têm um desempenho melhor que a média,[10] e, portanto, quando todos são remunerados da mesma forma que os outros, 80% dos profissionais se sentem mal remunerados (não será verdade, mas você não consegue argumentar sobre sentimentos sem dados reais). Em segundo lugar, embora a má sorte nos negócios seja geralmente absorvida por salários conservadores e demissões incidentais, a boa sorte também deve ser aproveitada através de pagamentos extras e da contratação novas pessoas. Quando você não paga nenhum valor extra aos profissionais, eles compartilham o ônus dos contratempos, enquanto apenas os empresários colhem os benefícios do sucesso. Provavelmente isso não motiva a maioria das pessoas. Certamente nunca me motivou.

> Um sistema fixo de remuneração não atende ao desafio de pagar aos profissionais o que eles realmente *merecem*.

Sistemas de Mérito

Em uma organização que opera em um ambiente incerto, eu acredito que os profissionais devem ter um salário estável, que é previsível e ligeiramente conservador. Por outro lado, eles também devem receber extras, a depender da parte imprevisível do ambiente. Tanto os salários quanto os extras devem ser brutalmente justos e baseados em méritos, não em igualdade. Isso me levou a sugerir as seguintes restrições práticas para melhores sistemas de compensação com base nos cinco problemas listados anteriormente:

1. **Os salários devem ser esperados, mas as bonificações não.** As bonificações devem sempre ser uma surpresa. Quando os bônus se tornam frequentes e antecipados, devem ser convertidos em salários normais.

2. **Ganhos devem ser baseados em colaboração, não em competição.** Ao determinar quanto as pessoas devem ganhar, os critérios principais devem ser o seu trabalho colaborativo em direção a um objetivo comum.

3. **O feedback dos colegas é a principal medida de desempenho.** Contribuições para um objetivo compartilhado são mais bem detectadas e avaliadas pelos pares, não pelos gerentes. Somente o sistema inteiro conhece todos os detalhes.

4. **Use o pensamento criativo para desenvolver o sistema de remuneração.** Espere que as pessoas consigam (e desejem) manipular qualquer sistema e aproveite essa criatividade convidando-a e apoiando-a, em vez de expulsá-la.

5. **Use a compensação para nutrir a motivação intrínseca das pessoas.** Torne o dinheiro um reflexo da curiosidade, da honra, da aceitação, do domínio e de todas as outras motivações intrínsecas.

Claro que implementar essas sugestões para um sistema de remuneração não é algo trivial, mas eu descobri ideias diferentes que parecem funcionar muito bem para várias organizações criativas. Essas ideias também se mostram bastante compatíveis entre si e com a ciência da economia comportamental.[11]

Moedas Virtuais

Qualquer gerente de uma organização pode iniciar um sistema de remuneração com base no mérito – abrangendo a renda extra das pessoas, e não seus salários normais – e, pelo restante deste capítulo, assumirei que você é um gerente (como profissional individual, você também pode fazer isso, mas quando seu nível de controle vai somente até o seu próprio dinheiro, faz pouco sentido redistribuir seu bônus para você mesmo). A distribuição de dinheiro é um tópico delicado; portanto, você deve tratar essa prática com o devido cuidado.

A primeira coisa que você faz é criar um ambiente *seguro para falhar*. Você pode reservar apenas 10% dos bônus anuais atuais para o novo sistema. Não é necessário provocar uma revolução por toda a empresa, nem sozinho nem com profissionais descontentes. Vá com calma. Comece de uma maneira que permita que você falhe e aprenda.

A segunda coisa que você faz é criar uma moeda virtual para representar os méritos que as pessoas podem acumular ao longo do tempo. Você pode usar *créditos, pontos, moedas, abraços, feijões, doces, bananas* ou qualquer outra coisa para representar o reconhecimento das contribuições das pessoas à rede. É importante não usar dinheiro real, porque o valor monetário da moeda virtual é *zero* até que a gestão decida que há um bom motivo para converter o dinheiro virtual em dinheiro real. Para moedas virtuais, usarei o termo *abraços* neste capítulo porque um abraço claramente não tem valor monetário e geralmente damos abraços a outros, não a nós mesmos (eu costumo me abraçar quando estou dormindo, não quando estou trabalhando). A taxa de câmbio de um abraço para um euro, dólar, yuan ou outra moeda oficial é de 1 para zero.

A terceira coisa que você faz é decidir quais unidades organizacionais podem coletivamente receber abraços, além de recebê-los individualmente. Dentro de uma equipe auto-organizada, o reconhecimento de méritos é uma coisa relativamente fácil. As pessoas se conhecem pessoalmente e têm um bom senso sobre quem contribuiu o quê para o trabalho colaborativo da equipe. Eu tenho uma boa ideia sobre quais membros da minha equipe me ajudaram a publicar um artigo antes do prazo. Eu sei quem pagou o café da última vez (certamente não fui eu). E eu sei quem roubou minhas meias (sim, eu sei onde elas estão!!). Por outro lado, recebo um bom atendimento do meu contador, mas não sei se é realmente ele ou uma equipe por trás dele fazendo todo o trabalho. De maneira mais geral, quando as unidades organizacionais trabalham com representantes, outras pessoas na organização geralmente não conseguem distinguir entre o trabalho do representante e o trabalho de toda a unidade. Como gerente, você deve então decidir se unidades inteiras também poderiam ser beneficiárias de abraços.

Reconhecimento dos Pares

Agora nós chegamos ao âmago do sistema de mérito. O próximo passo é definir a quantidade total de abraços disponíveis e com que frequência eles serão distribuídos. Minha sugestão seria fazer isso uma vez por mês, mas tenho certeza de que outras frequências (semanais ou trimestrais) também são possíveis.

E então a diversão começa.

O aspecto mais crucial de um sistema de mérito é que todo indivíduo só pode reconhecer as contribuições de outras pessoas e as opiniões de todos têm igual peso. Sendo assim, todos na organização recebem uma parte igual dos abraços, mas **todos os profissionais devem dar os seus abraços a outros.**[12]

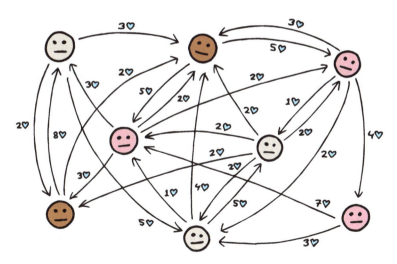

> Ninguém pode afirmar ter a melhor definição do que é desempenho e do que significa colaboração. Nós devemos, portanto, usar a opinião de todos da mesma forma.

Você acabou de criar um mercado de méritos e, como qualquer outro mercado, você pode esperar testemunhar uma criatividade imprevisível e surpreendente. Uma profissional pode decidir compartilhar seus abraços igualmente entre todos os membros da equipe. Outro profissional pode usar uma métrica pessoal, como elogios recebidos ou produtividade observada, para a distribuição de abraços aos colegas. Outro profissional pode receber a metade dos abraços totais recebidos de um colega, depois de ajudá-lo quando esse colega estava se sentindo deprimido e prestes a se demitir. Os profissionais também podem dar abraços a pessoas ou unidades fora de sua própria equipe. Afinal, boas relações de trabalho não se limitam às fronteiras organizacionais formais.

A ideia central do sistema de mérito é que ninguém pode afirmar ter a melhor definição do que é desempenho e do que significa colaboração. Nós devemos, portanto, usar a opinião de *todos* da mesma forma. Isso pode ser visto como a sabedoria da multidão.[13] Em vez de *reivindicar* recompensas, o que geralmente é o caso em negociações salariais e sistemas de bônus anuais, todos os méritos devem ser *conquistados*. Afinal, a ciência social diz que os seres humanos são observadores perspicazes do comportamento das outras pessoas, mas são muito ruins em avaliar o seu próprio.[14] Portanto, os *abraços reivindicados* (todos querendo uma parte igual) somente se tornam significativos se os convertermos em *abraços conquistados* (por meio de feedback dos colegas e reconhecimento dos outros).

O que acontece com as pessoas que recebem menos que o esperado?

Dizem que 80% de todas as pessoas acreditam que elas têm um desempenho melhor que a média. Contudo, dependendo da distribuição de abraços, aproximadamente 50% dos profissionais receberão mais abraços que a média. Isso significa que em torno de 30% dos colaboradores podem se sentir decepcionados por seus trabalhos não serem reconhecidos por seus colegas, ou pelo menos não tanto quanto esperavam. Essas pessoas têm uma escolha. Elas podem ou aprender a fazer melhor, ou aceitar o fato de que nem todos podem ganhar ouro nas Olimpíadas, ou então encontrar outro lugar onde acreditem que suas contribuições serão mais bem apreciadas.

Os critérios para distribuir abraços devem estar relacionados a um propósito compartilhado, bem como a valores e princípios que inspiram as pessoas. Por exemplo, a pergunta que as pessoas poderiam fazer a si mesmas é:

O que os outros fizeram que nos ajudou a envolver as pessoas, melhorar o trabalho e encantar os clientes? Alguém nos deixou um pouco mais perto de atingirmos nosso propósito?

Dado que uma organização saudável terá uma mistura de objetivos individuais, objetivos de equipe e objetivos organizacionais, caberá aos indivíduos encontrar um equilíbrio saudável entre as necessidades dos profissionais e das unidades. Nenhuma política ou procedimento escrito consegue calibrar desejos intrínsecos em uma rede organizacional. É melhor deixar essa tarefa para o dispositivo mais complexo do universo conhecido: o cérebro humano. Todos os cérebros disponíveis, aliás.

Convertendo os Ganhos

Depois de várias iterações e abraços conquistados pelas pessoas se acumularem ao longo do tempo, chegará (espera-se) um momento para que os abraços sejam trocados, usando uma certa taxa de câmbio. 🫂/🪙 Existem diferentes maneiras de fazer isso.

Todo mês a gestão poderia reservar um bônus, com um valor total a depender dos lucros da empresa. Eles poderiam então pedir ao profissional mais recente (ou a alguém que tenha menos a ganhar com um possível pagamento) que jogue dois dados. A gestão só vai permitir que os abraços sejam trocados quando sair o número quatro (ou algum outro número favorito). Se qualquer outro número aparecer, o bônus simplesmente será transferido para o próximo mês. Isso significa que o dinheiro do bônus fica disponível apenas uma vez por ano, em média, acumulando-se a cada mês, mas pago em intervalos aleatórios. Isso deixaria as pessoas menos estressadas com os bônus antecipados. Menos estresse é importante para o pensamento criativo.

O valor financeiro dos abraços pode ser publicado como ações no mercado de ações. Ele vai depender do bônus disponível e do número de abraços distribuídos. Quando os abraços se tornam possíveis de troca, as pessoas podem ter uma escolha. Ou eles convertem seus abraços em dinheiro real agora ou os guardam para a próxima rodada, na esperança de que o valor suba (uma ideia adicional é ter uma data de validade nos abraços conquistados, semelhante aos programas de milhas das companhias aéreas. Outra ideia é limitar o número total de abraços que as pessoas podem economizar, semelhante aos limites máximos de dias de férias não utilizados).

Vários programas alternativos podem ser concebidos, dependendo da cultura da organização, do tipo de negócio em que atua e do bônus disponível. Porém, seja qual for a implementação específica que uma organização estipule, os sistemas de mérito em geral têm muito mais probabilidade de ajudar as pessoas a se concentrar em propósitos compartilhados e em colaboração do que programas tradicionais com metas numéricas e bônus anuais.

Seis Regras para Recompensas

O sistema baseado no mérito, conforme descrito aqui, satisfaz as cinco restrições listadas anteriormente. O sistema mantém grandes recompensas inesperadas; enfatiza a colaboração em vez da competição; conta com o feedback dos colegas; convida em vez de destruir o pensamento criativo; e alinha recompensas com vários motivadores intrínsecos, como honra, aceitação, domínio, liberdade, relação e objetivo (veja o Capítulo 10).

Dependendo de como você implementa um sistema de mérito, você também consegue satisfazer as seis regras de recompensa descritas no Capítulo 1.

Como qualquer receita útil, as regras para recompensas devem ser consideradas diretrizes, não leis imutáveis. Não obstante, é encorajador ver que nosso sistema de mérito está alinhado com essas diretrizes, principalmente porque foram derivadas da literatura motivacional.

1. **Não prometa recompensas antecipadamente.** As pessoas sabem qual salário recebem todos os meses, mas (na versão ideal dessa prática) não sabem se e quando haverá algo extra. Bonificações devem depender do ambiente, não de um calendário.

2. **Recompensas antecipadas devem ser pequenas.** Salários mensais são antecipados, é claro. No entanto, como os profissionais recebem seus salários obtendo bons resultados ou não, essa antecipação não interferirá em seus níveis de estresse e desempenho.

3. **Reconheça continuamente, não apenas uma vez.** O sistema de mérito tem uma cadência regular, porque os profissionais se recompensam com frequência. O feedback não é adiado até o final do ano; sendo assim, a chance de esquecer as coisas é pequena.

4. **Reconheça publicamente, não em particular.** Na versão ideal dessa prática, os abraços são conquistados publicamente. A transparência garante que todos saibam o que está acontecendo e o que é apreciado pelos outros, para que possam se adaptar adequadamente.

5. **Reconheça o comportamento, não o resultado.** As pessoas vão dar abraços pelas coisas que fizeram um pelo outro e pela organização. Isso premia comportamentos. O resultado final dependerá do meio ambiente, e as pessoas não podem ser responsabilizadas por isso.

6. **Reconheça os pares, não os subordinados.** A gestão troca o foco no gerenciamento dos ganhos das pessoas pelo foco no gerenciamento das restrições do sistema. O reconhecimento que as pessoas recebem é dos seus colegas, não da gestão.

© 2006 Jeff Kubina, Creative Commons 2.0
https://www.flickr.com/photos/kubina/123513984

Mas...
pensar em dinheiro distrai!

Correto, mas alguém tem que fazer isso. Não pagar aos funcionários qualquer dinheiro não é uma opção. Eles são profissionais criativos, não voluntários não remunerados. Pagar a todos a mesma quantidade o tempo todo também é não é uma opção por várias razões. Um nível moderado de renda flutuante é necessário para manter o sistema antifrágil. Então, quem vai decidir como o fluxo do dinheiro flutuará no sistema?

O ato de simplesmente pensar em dinheiro tem uma influência nos comportamentos das pessoas.[15] Sendo assim, é tentador deixar essa temida responsabilidade para um gerente, para que todos os demais possam "apenas se concentrar no trabalho". Claro, o que geralmente acontece é que, além de focar em seu trabalho, as pessoas reclamam sobre sua compensação e o quão mal o gerente está fazendo seu trabalho. Afinal de contas, todos se sentem no direito de ter algo a mais!

Passar a responsabilidade pelo fluxo do dinheiro para os profissionais através do uso de um sistema de reconhecimento de pares é como introduzir uma democracia capitalista. Nós podemos discutir todos os riscos e perigos desse sistema e como melhorá-lo, mas há uma coisa com a qual todos podemos concordar: provavelmente funcionará melhor do que ser pago por uma ditadura.

Experimente e Customize

O sistema descrito neste capítulo é uma prática genérica para ganhos com base em méritos. Ele pode (e deve) ser personalizado de várias maneiras diferentes. Por exemplo, em vez de abraços ou feijões, organizações não tão criativas podem preferir um termo como créditos ou pontos. E em vez de um processo totalmente aberto, as organizações com dificuldades em ser transparentes podem querer manter parte do processo anônimo, revelando apenas uma pequena parte dos resultados aos participantes (como "as 10 pessoas mais reconhecidas na organização"). O sistema também pode ser introduzido gradualmente. No começo, você pode fazer isso para uma pequena parte do bônus tradicional. Mais tarde, com mais experiência e mais adesão dos profissionais, você pode aumentar o percentual e o impacto do sistema.

Dinheiro e emoções são coisas complicadas; portanto, qualquer sistema que envolva ambos terá que ser configurado em um ambiente seguro para falhar. Com pequenos incrementos (como experimentos semanais ou mensais em vez de resultados trimestrais ou anuais), o ciclo de feedback é mais curto e as pessoas aprenderão mais rapidamente como melhorar o sistema. O uso de uma moeda virtual sem valor, ao contrário de dinheiro real, permitirá que as pessoas experimentem mais confortavelmente; será mais fácil para elas decidirem que um caminho escolhido não está funcionando e mudar de direção ou começar a partir de um esboço. Devemos também perceber que pessoas criativas *vão* manipular o sistema. O truque está em explorar essa criatividade para tornar o sistema mais resiliente. As iterações curtas e a moeda sem valor devem ajudar as pessoas a se adaptar às estratégias umas das outras e permitir que a gestão ajuste as restrições, tudo a favor do aumento da colaboração e do trabalho por um propósito comum.

Quando a autoridade central é substituída pela tomada de decisão distribuída, as coisas podem e vão dar errado. É só observar países onde uma ditadura foi substituída por uma democracia. Isso raramente é um processo direto. Da mesma forma, mudar de um sistema de bônus tradicional para um sistema de bônus com base no mérito provavelmente envolverá a necessidade de resolver uma série de problemas. Eu recebi alguns relatos sobre profissionais fazendo acordos uns com os outros, sobre trapaça levando a mais trapaça e sobre recompensas sendo dadas para comportamentos prejudiciais. Se você me perguntar como *prevenir* esses problemas, eu direi que você não consegue. Só posso sugerir que você configure um sistema que é seguro para falhar e que você aprenda o que outras organizações fazem para aperfeiçoar as coisas. É semelhante à maneira como as democracias aprendem umas com as outras a como ter melhores eleições e melhores instituições. Afinal, as únicas alternativas são ditadura ou anarquia.

> Pessoas criativas *vão* manipular o sistema. O truque está em explorar essa criatividade para tornar o sistema mais resiliente.

Finalmente, espera-se que o sistema de méritos aqui descrito desenvolva uma cultura mais colaborativa dentro da organização. Mas uma coisa é certa: quando o reconhecimento de méritos (e alocação de dinheiro) é transferido da gestão para os profissionais, excluem-se da gestão as análises de desempenho e os cálculos de bônus. Isso significa que os gerentes podem começar a liderar e servir as pessoas em vez de gerenciar o dinheiro de todos.[16]

E se...?

Em várias discussões que tive sobre o sistema de méritos, as pessoas sempre se interessam positivamente, ao mesmo tempo em que se preocupam genuinamente com diversas variantes da pergunta "e se":

- "E se duas pessoas decidirem dar umas às outras todos os seus abraços?"
- E se as pessoas exigirem abraços em troca de bom comportamento?"
- "E se os extrovertidos receberem mais abraços que os introvertidos?"
- "E se as pessoas estiverem apenas fingindo estar interessadas em colaboração?"
- "E se a motivação intrínseca for destruída quando alguém não receber abraços?"

Não tenho respostas prontas para todas essas perguntas. A meu ver, qualquer sistema de mérito tem falhas que certamente virão à superfície; no entanto, será sempre melhor do que os sistemas disfuncionais de recompensa financeira institucionalizados hoje na maioria das organizações. Por que se preocupar demais se um novo sistema pode desmotivar 10% das pessoas, quando o sistema atual desmotiva 90% delas?

Com regras simples, governança justa e suficiente transparência, as pessoas conseguirão se adaptar aos comportamentos umas das outras (bons e ruins). Por fim, o único remédio para a má conduta auto-organizada e a injustiça emergente será a criatividade positiva dos colegas, não a adição de regras e procedimentos extras. A melhor maneira de lidar com problemas é transformar a coisa financeira em um sistema adaptativo, real e complexo.

© 2010 401(K), Creative Commons 2.0
https://www.flickr.com/photos/68751915@N05/6355424153

Uma ideia maluca que funciona

"Eu sou o CEO da Fonte Medicina Diagnóstica, um centro de patologia molecular que lida com testes de câncer. Um dos problemas que encontrei como novo CEO foi nosso sistema salarial. Na minha opinião, as pessoas que mais se esforçaram devem ter direito a algum dinheiro extra, mas eu não tinha ideia sobre como medir o desempenho dos profissionais. Um dos valores-chave da empresa é a colaboração, e eu queria que isso tivesse um papel importante no nosso sistema de remuneração.

Por um tempo, tivemos um sistema de bônus baseado em avaliações 360 graus, mas esse processo levava tempo demais. Nós decidimos então implementar um sistema de bonificação por mérito (merit money). Todo mês, todos na empresa recebem o mesmo bônus com uma moeda fictícia. Há apenas uma regra: você não pode ficar com o dinheiro. Você pode dar tudo para a mesma pessoa, ou você pode distribuí-lo em pequenas quantidades. Não consegue pensar em alguém? Espere o próximo mês para distribuí-lo. Como gerente, só consigo ver parte do desempenho das pessoas. Mas com esse sistema, os profissionais decidem por si próprios se seus pares fazem bem o seu trabalho. Nós também temos um mercado comercial com uma taxa de conversão. As pessoas podem optar por trocar sua moeda fictícia ou manter o dinheiro e esperar por uma taxa melhor.

Agora eu tenho muito menos coisas para tratar. Todos os tipos de argumentos e outras coisas que eu precisava tratar agora parecem se resolver sozinhas. As pessoas simplesmente sabem que bom comportamento será recompensado. O comportamento disfuncional será tratado: você não receberá nenhum dinheiro extra. A melhor parte é: eu expliquei para as pessoas em 30 minutos e funcionou desde o início!"[17]

Cláudio Pires, *Brasil*

© 2011 Guillaume Paumier
http://www.flickr.com/photos/gpaumier/6155330515

Convertendo estrelas

"Eu vi uma prática semelhante ao merit money no negócio de um cliente na Romênia. Eles possuem dois quadros visuais: em um deles, estão as fotos de todos os membros da empresa (aproximadamente 20). No outro quadro, eles têm um catálogo que lista vários itens físicos, começando com um pacote de cerveja e indo até um PlayStation. Outros artigos incluem livros, monitores ou cadeiras de escritório sofisticadas. Cada item físico tem um preço em estrelas: 1 estrela para o pacote de cerveja até 100 estrelas para o PlayStation.

Durante cada projeto, sempre que um membro da equipe sente que um colega o ajudou, ele pode recompensar esse colega com uma estrela. Não há limite imposto pela gestão acerca do número de estrelas que você pode distribuir. A qualquer momento, os membros da equipe podem "converter" suas estrelas pedindo à gestão para comprar o item físico desejado para o qual têm estrelas suficientes. O CEO me disse que, inicialmente, ele estava com medo de que as pessoas explorassem esse sistema de forma injusta, mas nada disso aconteceu. Ninguém abusou do sistema e todos agiram como adultos confiáveis."

Flavius Ştef, *Romênia*

Como Começar

Vamos ver se sua organização está pronta para introduzir seu próprio sistema de bonificação por mérito.

1. Com esta prática, é muito importante que você primeiro crie um ambiente seguro para falhar. Por exemplo, anuncie o novo programa dizendo que primeiro deseja obter experiência através de um período de teste com algumas iterações e que você certamente redefinirá todo o sistema após esse período.

2. Pense na logística, como o nome da moeda virtual e como será a premiação. Será introduzida fisicamente ou eletronicamente? As pessoas podem recompensar equipes e unidades de negócios inteiras? Quanto do sistema será transparente?

3. Obtenha o comprometimento dos principais líderes da organização. Permita que as pessoas se envolvam voluntariamente para que possam assistir primeiro aos efeitos sobre outras pessoas e sobre os negócios como um todo.

4. Avalie o período experimental com todas as partes interessadas antes de fazer uma introdução real.

Dicas e Variações

A parte monetária do merit money na verdade é opcional. Se você deixar o dinheiro de fora, você passa a ter uma excelente ferramenta de feedback contínuo de 360 graus.

Algumas pessoas sugerem usar uma abordagem opcional para o merit money: somente aqueles que quiserem participam.

Alguns sugerem reduzir a disponibilidade de pontos para pessoas que trabalham apenas meio período, mas acreditamos que todos devem ter pontos iguais.

Inicialmente, entregávamos todos os nossos pontos uma vez por mês. Mas nós mudamos para um orçamento mensal de pontos que podemos doar em pequenas quantidades em qualquer dia do mês.

Semelhante a um sistema de opções, você pode ter pessoas escolhendo voluntariamente sofrer um corte em seus salários mensais em troca de uma (potencialmente maior) bonificação por mérito.

Em vez de dinheiro, você pode definir que os pontos podem ser trocados por prêmios e regalias.

Jogamos um dado por mês e pagamos o bônus cumulativo quando o número 6 aparece. Nossa equipe acha muito divertido.

Nós reinicializamos o sistema todos os meses de forma que as pessoas percam seus pontos se não os usarem. Também é possível levar os pontos das pessoas para o próximo mês.

De toda a nossa equipe, apenas uma pessoa não quer usar a ferramenta. Tudo bem, mas isso também significa ela quase não recebe pontos.

Tente ser o mais transparente possível. Mas não importa o nível de transparência, verifique se a gestão recebe a mesma informação que os demais profissionais.

Nós mantemos as coisas simples: só fornecemos os pontos para as pessoas individualmente, e não para equipes ou unidades, e somente para pessoas que trabalham para a empresa.

Marcamos todos os pontos que atribuímos uns aos outros com um ou mais valores da empresa, como #transparência, #comprometimento ou #bondade.

Encontre ferramentas específicas e mais ideias em <https://management30.com/practice/merit-money/>.

10 moving motivators
Descubra o Real Engajamento dos Profissionais*

* Tradução: Diogo Riker e Tadeu Marinho.

> Penso que é um grande erro retardar o desenvolvimento das crianças com falsidades e bobagens, quando seus crescentes poderes de observação e discriminação despertam neles um desejo de conhecer as coisas.
>
> **Anne Sullivan, professora americana (1866–1936)**

O objetivo de cada organização é motivar as pessoas para serem produtivas juntas. A maioria das empresas alcança isso pagando seus profissionais. Mas pessoas motivadas extrinsecamente não estão necessariamente engajadas intrinsecamente. Use o exercício moving motivators para descobrir o que move seus profissionais e como tornar o engajamento uma propriedade inerente da organização.

É domingo quando eu escrevo isso. Meu cônjuge está passando o final de semana fora, o que significa que estou aproveitando o tempo só para mim há dois dias. Eu poderia "maratonar" uma série de TV, organizar minha coleção de músicas ou explorar a floresta com a minha mountain bike. Mas eu não fiz. Em vez disso, aproveitei a oportunidade para finalizar uma apresentação do PowerPoint. Isso envolveu pesquisa de terminologia, design das apresentações, posicionamento das imagens, polimento dos textos e ajustes de cores. Por quê? Porque eu gosto de *fazer* coisas. O momento em que eu cliquei em *Salvar como PDF* no final da tarde de ontem e revisei a versão final dos meus slides pode ter sido o meu momento mais feliz daquele dia. Eu *criei* algo! E esvaziei uma tigela de amêndoas cobertas de chocolate.

Eu sempre tive um grande apetite para entender as coisas sobre o universo. Quando eu tinha 16 anos, provavelmente eu era o único garoto na minha classe que tentava comprender a teoria da relatividade de Einstein. E enquanto os meus colegas de classe estavam delineando partes do corpo nas paredes dos shoppings da nossa cidade, eu estava desenhando moléculas e continuums quadridimensionais de espaço-tempo no meu quarto no andar de cima da casa. Ciência sempre foi mais importante para mim do que diversão. Não, apague isso. Ciência *é* diversão. Eu ainda lembro o quanto eu fiquei admirado quando li *O gene egoísta*, de Richard Dawkins, e conversei com meu cônjuge sobre estratégias evolucionárias e a ideia de que somos um pouco mais do que robôs desajeitados, espalhando nossos genes pelo mundo. Incrivelmente, nosso relacionamento se manteve.

Nada pode sair de um processo criativo quando não tem nada entrando. Foi por isso que não gastei meu tempo ontem naquilo que as pessoas chamam de atividades de lazer. Aprender sobre como o universo funciona e transformar aquele conhecimento em expressão criativa, com modelos, textos e ilustrações, é muito mais prazeroso. Na verdade, *lazer* é geralmente definido como "tempo onde você pode fazer o que quiser fazer" e "atividades prazerosas que você faz quando não está trabalhando". Esta é uma definição triste. Parece querer dizer que as pessoas, quando estão trabalhando, não podem fazer o que elas querem e tampouco irão desfrutar das atividades. Como o mundo seria diferente se todos achassem seus empregos motivantes e envolventes.

© 2007 Jacopo Romei, Creative Commons 2.0
https://www.flickr.com/photos/jakuza/1482226830

Engajamento dos Profissionais

Provavelmente não é uma surpresa para os meus leitores que muitas pessoas ao redor do mundo geralmente não associam a palavra *prazer* com a palavra *trabalho*. Repetidas vezes, pesquisas e enquetes têm mostrado que profissionais não se sentem engajados em seus trabalhos (o mesmo se aplica aos seus gestores, aliás). A maioria das empresas admite que possui problemas com o engajamento dos seus profissionais; a maioria das empresas sente que não possui um trabalho ou uma marca envolvente; e a maioria das empresas não faz ideia de como mudar isso.[1] Relatórios confirmam que líderes de negócio e gestores de RH consideram enfrentar a falta de engajamento dos seus profissionais como uma de suas principais prioridades.[2] A julgar pela enorme quantidade de dados disponíveis sobre esse tópico, parece que aqueles que publicam tais documentos de engajamento de profissionais estão bastante motivados em despejar relatórios e mais relatórios.

De certa forma, a falta de engajamento entre profissionais é estranha. O objetivo inato de uma organização é levar as pessoas a produzirem coisas colaborativamente. Juntos eles criam produtos e serviços que, de outra forma, não criariam sozinhos. Isso significa que *motivar pessoas para serem produtivas juntas* é uma propriedade inerente de toda organização. Sem motivação, nada seria produzido.

Líderes de negócio e gerentes de recursos humanos entendem isso. Não existe produção sem motivação. Mas um profissional *motivado* não é necessariamente um profissional *engajado*.

> Um profissional *motivado* não é necessariamente um profissional *engajado*.

Pagamento é a forma tradicional que as organizações usam para motivar seus empregados. E funciona (muito bem, na verdade). Mas gerentes obtêm uma produtividade ainda maior quando, além do dinheiro, as pessoas também se sentem motivadas por algo que é mais significativo para elas. Nós chamamos isso de *engajamento*. E na maioria das organizações isso está em falta. Líderes e gerentes deveriam tentar transformar mera motivação em verdadeiro engajamento, mesmo quando a razão mundana é obter maior produtividade. A grande questão então é: "como nós fazemos do engajamento (ou motivação *significativa*) uma propriedade inerente da organização?"

Firmas existem para coordenar e motivar a atividade econômica das pessoas.

John Roberts, *The Modern Firm*[3]

Nós Podemos Realmente Motivar as Pessoas?

Eu menti. Ontem assisti brevemente uma série de vídeos no YouTube de Ruby Wax, Jennifer Saunders e Dawn French, uns dos meus comediantes favoritos. Eles me fazem rir. Eles fazem muitas pessoas rirem. Na realidade, eles são pagos para fazer as pessoas rirem. Talvez eles consigam fazer as pessoas chorarem também, mas tenho certeza que eles não são pagos para isso. Políticos são.

Às vezes, ouço consultores e coaches dizerem: "você não pode realmente motivar pessoas, apenas elas podem se motivar". Isso sempre me irrita. Que besteira! Esses consultores e coaches também acreditam que nós não podemos realmente fazer as pessoas rirem? Que só as pessoas podem decidir por elas mesmas quando começar a rir?

> É um erro conversar sobre motivar outras pessoas. Tudo o que podemos fazer é preparar certas condições que irão maximizar a probabilidade delas desenvolverem um interesse naquilo que estão fazendo e remover as condições que funcionam como restrições.
>
> Alfie Kohn, *Punished by Rewards* [4]

Sim, sim, eu sei. Tecnicamente, é incorreto dizer que "alguém está fazendo as pessoas rirem". Tudo o que os comediantes podem fazer é estabelecer as condições certas que maximizem a probabilidade dos membros da plateia se divertirem, a tal ponto que eles comecem a emitir ruídos involuntários com suas cordas vocais, e remover quaisquer condições que possam impedir que isso aconteça. Em termos leigos: eles fazem as pessoas rirem. Alguns são tão bons em maximizar essas probabilidades que eles são pagos por isso. Sucesso, contudo, não é garantido. Pergunte ao Tony Blair.

Com a motivação é a mesma coisa. Tecnicamente, nós não podemos fazer as pessoas se sentirem motivadas. Mas certamente podemos preparar as condições ideais que maximizem a probabilidade disso acontecer, mesmo que o sucesso nunca seja garantido. Gestores devem gerir o sistema, e não as pessoas. Isso significa que gestores são responsáveis por fazer da motivação uma propriedade inerente da organização. Alguns gestores são bons nisso. Muitos não são. Mas eles podem aprender!

Intrínseco e Extrínseco

Cientistas sociais sugerem várias ideias para dividir a motivação em diferentes categorias e dimensões. Eu já havia mencionado isso anteriormente, mas vamos olhar para isso mais profundamente agora.

- **Motivação intrínseca** é o desejo de fazer alguma coisa por causa de um interesse em um tópico ou o prazer na atividade em si. Ela existe dentro do indivíduo e pode ser validada através de estudos do comportamento humano e animal. Nós conseguimos reconhecer que organismos se engajam espontaneamente em comportamentos lúdicos e curiosos sem os outros precisarem pedir ou mandar. É por isso que nós dizemos que motivação intrínseca é uma tendência natural de um organismo.

- **Motivação extrínseca** é a necessidade de fazer algo para alcançar um resultado desejado por alguma coisa ou outra pessoa externa ao indivíduo e obtido através da oferta de recompensas (por demonstrar o comportamento desejado) ou de distribuição de punições (pela falta do comportamento desejado). Muitas vezes, a motivação extrínseca é utilizada para incentivar um comportamento das pessoas (ou animais) que não ocorreria normalmente através da sua motivação intrínseca. Dinheiro, notas e troféus são exemplos de recompensas extrínsecas.

Você pode facilmente verificar se as pessoas da sua organização estão motivadas intrinsecamente ou extrinsecamente ao cancelar o pagamento dos seus salários. Aqueles que pararem de trabalhar – porque eles exigem e esperam o dinheiro – estão motivados extrinsecamente. Aqueles que permanecem trabalhando – porque eles curtem o trabalho – estão motivados intrinsecamente (eu sugiro que você aplique isso somente como um exercício intelectual!)

A distinção entre motivação intrínseca e extrínseca é útil, mas bastante simplista. Existem alguns poucos sistemas no mundo mais complexos que o cérebro humano. Seria um tanto ingênuo acreditar que a complexidade da psicologia humana ou da sociologia possam ser reduzidas a apenas duas simples categorias de motivação.

> A distinção entre motivação intrínseca e extrínseca é útil, mas bastante simplista.

Pensadores da complexidade devem concordar comigo que a realidade funciona ao contrário: existe motivação intrínseca entre os humanos para tornar os fenômenos muito mais simples do que são. Nós *criamos* categorias mutuamente exclusivas de desejos intrínsecos e extrínsecos porque nosso cérebro tem uma necessidade muito forte de simplificação, abstração e redução. Por exemplo, nós falamos de homens versus mulheres como dois gêneros e facilmente esquecemos das outras alternativas, como genderqueer (intermediário), bigênero (dois gêneros), trigênero (três gêneros), agênero (gênero neutro), terceiro gênero (outra coisa) e pangênero (um pouco de tudo). Do mesmo modo, nós falamos de dia versus noite e facilmente ignoramos que o crepúsculo e o amanhecer estão na metade do caminho. E nós falamos sobre vida versus morte e temos dificuldade para classificar algo que é sem vida, morto-vivo, ressuscitado, auto-organizado, autopoiético ou simplesmente estranho.

© 2015 Sam Saunders, Creative Commons 2.0
https://www.flickr.com/photos/samsaunders/17061302157

Não é de surpreender que, de acordo com alguns pesquisadores, a variada gama de motivações humanas não pode ser dividida em apenas duas categorias.[5] Por exemplo, muitas pessoas diriam que eu sou intrinsecamente motivado a pesquisar literatura e transformar criativamente o que aprendi em apresentações e livros porque essas atividades me trazem alegria. No entanto, eu também experimento prazer quando recebo elogios, prêmios e dinheiro pelos produtos que eu ofereço ao mercado. Decerto, muitas vezes eu começava esses projetos sem a sugestão ou o incentivo de ninguém, o que de fato sugere uma motivação intrínseca. Mas eu certamente *imaginei* os incentivos, e eu também parei muitos experimentos criativos devido à falta de interesse e encorajamento do ambiente, o que sugeriria motivação extrínseca. Então, eu sou motivado intrinsecamente ou extrinsecamente? E nós realmente precisamos fazer uma distinção binária?

Pensamento complexo exige que reconheçamos que existem muitos tons de cinzas entre os dois extremos e que pessoas são motivadas de maneiras diferentes. Algumas pessoas precisam de pouco ou nenhum encorajamento para fazer coisas. Outras precisam de um pouco mais, mesmo quando elas gostam de verdade da atividade. E frequentemente é difícil decidir o que é intrínseco e extrínseco. Alguém gosta de cozinhar por causa de uma necessidade intrínseca por comida? Ou por causa do incentivo (e possivelmente uma recompensa noturna) de um ente querido? As pessoas vão à academia porque seus corpos as fazem se sentir bem? Ou porque a reação de outras pessoas faz com que se sintam bem? Estou trabalhando neste capítulo porque quero escrevê-lo? Ou porque você quer lê-lo? E a pan-motivação? Um pouco de tudo?

CHAMPFROGS

Eu ofereço meu próprio modelo CHAMPFROGS para qualquer um que queira mergulhar um pouco mais no tópico de motivação profissional. Esse modelo baseia-se em vários outros modelos.[6,7,8] No entanto, CHAMPFROGS limita-se a fatores motivacionais em um contexto de negócio. Nesse modelo, escolhi ignorar motivadores intrínsecos como comida, amor e vingança. Obviamente, nós não devemos ignorar permanentemente essas necessidades, mas – com algumas exceções – eu considero os 10 motivadores listados a seguir mais relevantes em minhas discussões com gerentes e profissionais ao redor do mundo:

Eu não tenho ideia do que significa a palavra CHAMPFROGS. Não é nada mais que um belo mnemônico que me permite lembrar os 10 motivadores intrínsecos para membros de equipes.

Antes de olharmos para cada um dos 10 motivadores, lembre-se de que estamos procurando motivações significativas e verdadeiro engajamento do profissional – não apenas porque um profissional engajado é mais produtivo que alguém que é meramente motivado por pagamento, mas também porque motivação significativa é a coisa certa a ser buscada. Você vai ver.

Curiosity/Curiosidade As pessoas têm uma variedade de coisas a investigar e refletir.

Honor/Honra As pessoas sentem orgulho de ver seus valores refletidos na forma como trabalham.

Acceptance/Aceitação Os colegas aprovam o que eles fazem e quem eles são.

Mastery/Maestria Seu trabalho desafia sua competência, mas está dentro das suas habilidades.

Power/Poder Há espaço suficiente para eles influenciarem o que acontece no mundo.

Freedom/Liberdade As pessoas são independentes das outras com seus trabalhos e responsabilidades.

Relatedness/Relação As pessoas têm contatos sociais gratificantes com outros em seu trabalho.

Order/Ordem Existem regras e políticas suficientes para um ambiente saudável.

Goal/Objetivo Seus propósitos ou necessidades de vida estão refletidos no trabalho.

Status Sua posição é boa e é reconhecida pelos seus colegas de trabalho.

São apenas palavras!

Não leve os nomes e os rótulos tão seriamente. Muitos cientistas pesquisam as necessidades e os desejos humanos, e, toda vez, eles encontram uma categoria diferente, acreditando que seu modelo é o melhor. A única coisa que sabemos com certeza é que ninguém consegue encontrar um modelo com o qual todos concordem. Permitir vários pontos de vistas geralmente é a abordagem mais segura, e pegar a perspectiva média de diferentes observadores normalmente permite uma estimativa decente. Foi isso que tentei realizar com o modelo CHAMPFROGS. Use-o como achar melhor.

© 2015 Jürgen Dittmar

Curiosidade

Curiosidade é o primeiro dos 10 motivadores significativos que podem ajudá-lo a levar seus profissionais de meramente (extrinsecamente) motivados para (intrinsecamente) engajados pelo trabalho, pelas pessoas e pela organização. Curiosidade é sobre o prazer de aprender o que é verdadeiro ou falso e entender como as coisas funcionam. Laboratórios, centros de pesquisa e universidades são os tipos de organizações que prosperam no impulso inato das pessoas por exploração. Para tais organizações, curiosidade é a razão pela qual elas existem.

Seres humanos são criaturas inquisitivas. Por exemplo, pesquisas mostram que é mais efetivo motivar crianças com histórias sobre animais estranhos do que com simples adesivos coloridos.[9] Invenção e exploração estão programadas no nosso cérebro. Quando crianças, não sabíamos que estávamos sendo criativos. Apenas sabíamos que era emocionante para nós tentarmos coisas novas.[10] E isso não parou quando crescemos. Profissionais curiosos comparecerão ao trabalho para aprender coisas, independentemente de serem recompensados por isso ou não. O conhecimento que adquirem é sua recompensa.

Como gestor, você pode usar esse motivador em sua organização ao assegurar que a descoberta e a invenção sejam uma parte essencial do trabalho de todos. Faça com que as pessoas experimentem novas ferramentas, tentem diferentes processos e inventem suas próprias soluções para os problemas de sua equipe. Claro, isso pode ser mais difícil de se concretizar em uma empresa de contabilidade do que em um grupo de laboratórios, e algumas pessoas são por natureza mais curiosas que outras. Ainda assim, acredito que qualquer organização pode se tornar um centro de pesquisa para os seus próprios produtos e serviços.

Honra

Instituições religiosas e militares são exemplos típicos de organizações conhecidas por seu senso de *honra*. Honra é sobre lealdade a um grupo de pessoas e integridade dos comportamentos de acordo com um código moral ou um sistema de valores.

Enquanto escrevia este capítulo, eu estava lendo um romance de fantasia onde um soldado lutava com uma decisão ética. Sua necessidade pessoal por honestidade e comprometimento exigia que ele traísse seu amigo para um inimigo. E, efetivamente, foi o que ele fez. Permanecer fiel a seus valores pesou mais sobre ele do que uma amizade de longa data.

Todos nós temos histórias de prioridades conflitantes em nossas vidas pessoais, onde precisamos equilibrar valores como honestidade e amizade, racionalidade e bondade ou ambição e tranquilidade. A literatura está repleta de exemplos, não necessariamente limitados a amizades, religiões ou guerras. Autodisciplina é frequentemente mencionada como um requisito para uma pessoa manter um senso de honra. Por exemplo, eu nunca negocio descontos individuais com os clientes pelos meus serviços, porque meu senso de justiça diz que qualquer desconto que ofereço a um cliente também deve ser oferecido a outros em circunstâncias semelhantes. Portanto, minha honra e autodisciplina exigem que eu tenha regras para descontos, ou então me sentirei culpado por não ser justo com as pessoas.

Você pode aplicar esse motivador em sua organização? Claro! Produza e desenvolva um código de conduta ou sistema de valores claro na organização. Isso motivará as pessoas que veem seus próprios valores refletidos nos valores da organização. E não há necessidade de iniciar uma religião ou uma guerra para conseguir isso.

Aceitação

Quando pesquisei a necessidade de *aceitação*, o tema principal que encontrei foi a necessidade intrínseca das pessoas por autoestima e uma autoimagem positiva. É algo que todos nós compartilhamos. Quando crianças, precisamos mais de aceitação dos nossos pais; mais tarde na vida, precisamos disso de nossos parceiros e colegas.

Curiosamente, a necessidade de aceitação é frequentemente associada a pessoas que *não têm* um senso de autoestima. Dizem que essas pessoas são motivadas a evitar propositadamente conflitos e críticas. Elas temem a rejeição e farão de tudo para obter a aprovação dos pais, parceiros ou colegas. Tendo isso por base, seria tentador dizer que, para essas pessoas, a aceitação funciona como desmotivador e não como motivador. É a falta de aceitação que as leva a certos comportamentos.

No entanto, não precisamos recorrer a clínicas e grupos de autoajuda como os principais exemplos de organizações que têm a aceitação de pessoas como parte inerente de seus sistemas. É insuficiente apenas reparar a autoestima das pessoas. Nós também podemos impulsioná-la e nos esforçar para que um grupo diversificado de pessoas se sinta bem consigo mesmo, independentemente de sua origem e natureza física ou mental.

Diversidade de profissionais é a chave para a inovação nas organizações.[11] Como gestor, você pode fazer mais do que apenas respeitar as minorias. Você pode assegurar que as pessoas sejam contratadas porque adicionam qualidades distintas ao sistema social. Você pode garantir que as equipes sejam organizadas de forma que a diversidade em todas as suas formas não seja apenas tolerada como sendo aceitável, mas adotada como crucial. Não consigo imaginar uma forma melhor de motivar aqueles que sentem a necessidade de ser aceitos por quem são.

Maestria

Empresas de consultoria cheias de especialistas vêm à mente quando penso em organizações motivadas por *maestria*. Mas também podemos pensar em escritórios de advocacia, escolas de artes marciais e outras organizações que, para sobreviver, dependem do desenvolvimento do nível de competência das pessoas em determinadas disciplinas.

É interessante notar que o professor Reiss considera maestria parte da necessidade de poder em sua teoria dos 16 desejos básicos, porque o poder motiva esforços para buscar desafios, ambições, excelência e glória.[12] No entanto, os professores Deci e Ryan consideram competência uma necessidade humana tão crucial que a promoveram como um dos três únicos motivadores em sua teoria da autodeterminação. Eu prefiro uma posição no meio.

Maestria é sobre o desafio por trás do trabalho que as pessoas fazem. Algumas pessoas ficam perfeitamente felizes com tarefas fáceis que vêm com uma boa compensação. Outros têm a necessidade de se sentir desafiados para que possam desenvolver suas habilidades e progredir em direção à excelência. Por exemplo, a busca por maestria é a razão pela qual todos os meus projetos são limitados no tempo e diferentes dos anteriores. Fazer mais do mesmo simplesmente não é desafiador o bastante para mim.

Como gestor, você deve garantir que tarefas repetitivas e chatas sejam retiradas do seu modelo de negócios e sejam automatizadas ou entregues a outra empresa onde as pessoas saibam como prosperar nesse tipo de trabalho. Você é responsável por oferecer às pessoas um trabalho que lhes pareça desafiador, mas que ainda esteja dentro de suas habilidades.

Poder

Quando penso em *poder*, os primeiros tipos de organizações que vêm à mente são partidos políticos, agências de serviços secretos e departamentos governamentais. Na literatura, o poder é frequentemente associado ao comportamento de dominância, liderança e imposição da vontade de alguém sobre os outros. Supostamente, a necessidade de poder é intrínseca a humanos e animais, devido ao nosso desejo de sobreviver. Pesquisadores até associaram o desejo de poder a outros comportamentos viciantes, como sexo e cocaína.[13]

Pessoalmente, prefiro ver o poder como a necessidade de ter *influência* no mundo, o que parece uma descrição mais positiva e esclarecida. Muitos concordariam comigo que há pouca evidência de que Sua Santidade, o Dalai Lama, mostre um comportamento dominante e imponha sua vontade aos outros. E, no entanto, ele é considerado uma figura bastante influente. Portanto, ele tem poder. Poder é sobre mudar as coisas à sua volta e fazer diferença no mundo. Ao contrário de Reiss, acredito que isso seja bem diferente de maestria. Artistas podem se importar muito com a excelência pessoal e, no entanto, ter pouco interesse no número de pessoas cujos corações e mentes são movidos ou alterados com seu trabalho. Essas seriam pessoas que buscam maestria, mas não poder.

Não é coincidência que a palavra poder está encapsulada na palavra *empoderamento*. Como gestor, você pode configurar o ambiente de forma que as pessoas se sintam empoderadas para assumir responsabilidades e se tornar líderes e agentes de mudança, sem precisar pedir permissão a alguém. Hierarquia e burocracia sufocantes serão desmotivadoras para pessoas com alta necessidade de poder. Em uma rede social, as pessoas estão empoderadas por estarem conectadas à rede. Poder como empoderamento significa facilitar essa conectividade.[14]

Palavras e significados

Eu sei que a palavra *influência* pode ser menos controversa do que a palavra *poder*. Da mesma forma, as pessoas podem preferir *autonomia* em vez de *liberdade*, *propósito* em vez de *objetivo* ou *competência* em vez de *maestria*. No entanto, é importante perceber que as palavras importam menos que o significado, e as pessoas devem ter a liberdade/autonomia para construir seus próprios modelos mentais de motivação. Além disso, **CHACIAROPS** não ressoa tão bem quanto **CHAMPFROGS**. Todos os modelos estão errados, mas o descrito neste capítulo é certamente útil.

Liberdade

Sem dúvida, as startups e outras organizações empresariais estão entre os melhores exemplos para o motivador da *liberdade*. Eu sempre gostei de administrar meus próprios negócios e, quando estava empregado, preferia organizações pequenas. Por quê? Porque elas me faziam sentir mais livre.

Relação

Se a liberdade é apreciada pelos introvertidos, *relação* é certamente um dos principais motivadores entre os extrovertidos. De novo, estou apenas palpitando. Mas algumas pessoas crescem em contatos sociais com outras pessoas. Elas precisam de familiares ou amigos para conversar, brincar e se divertir juntos.

Independência e autonomia são motivadores bem conhecidos para muitas pessoas no mundo. É apenas um palpite, mas acho que os introvertidos são mais propensos a serem motivados pela independência do que os extrovertidos (ouso dizer que é o motivador mais importante para mim!). Pessoas motivadas pela liberdade geralmente não gostam de depender dos outros. Elas não querem assistência para fazer as coisas e preferem fazer tudo sozinhas. Já aconteceu muitas vezes das pessoas me oferecerem ajuda com alguma coisa, mas pedir ajuda raramente passava pela minha cabeça!

Como o poder, a liberdade está intimamente ligada ao empoderamento dos profissionais. Em um cenário hierárquico, há uma dependência implícita dos profissionais em relação à gestão, onde os profissionais sentem que precisam de autorização para praticamente qualquer coisa que desejem fazer. Essa é a razão pela qual deixei uma empresa de 5.000 pessoas depois de apenas um ano.

Liberdade também tem a ver com empoderamento na rede. As pessoas precisam se sentir livres nas equipes auto-organizadas em que estão trabalhando. Quando alguns membros da equipe insistem que todas as decisões são tomadas colaborativamente e que regras são necessárias para manter a ordem na equipe, aqueles que são motivados pela liberdade podem sentir que seu ambiente está sufocante.

Não confunda meios e fins quando as pessoas gostam de sair com outras pessoas. Há quem socialize com os pares principalmente por causa do efeito que isso exerce sobre sua posição na rede social. Tais pessoas podem ser motivadas por poder ou status, não por relação. Com relação, nos referimos claramente a quem gosta de se socializar com o objetivo de não estar sozinho.

Pode-se dizer que toda organização se presta a ter esse motivador incorporado porque toda organização consiste em pessoas trabalhando juntas. Contudo, o motivador pode ser mais difícil para as empresas virtuais em comparação com as tradicionais. E equipes remotas e distribuídas encontrarão mais dificuldade para seus membros socializarem (é irônico que eu esteja escrevendo isso enquanto fujo de um hangout com minha equipe remota. Decidi que precisava de mais tempo comigo mesmo do que com os outros hoje).

O que você pode fazer como gestor para que relação motive seu pessoal? Meu raciocínio é que a interação social entre eles acontece facilmente, a menos que esteja de alguma forma bloqueada pelo ambiente. Por exemplo, é mais fácil para as pessoas socializarem em um espaço de escritório aberto e descontraído do que em um espaço barulhento, cheio de cubículos e escritórios de canto. Da mesma forma, você pode cuidar para que o ambiente de trabalho não pare na saída, mas que haja muitas oportunidades para as pessoas se envolverem além das paredes do escritório da empresa. E com equipes remotas também existem muitas opções para conversar e descontrair. Seu desafio é dar aos profissionais um bom motivo para não pularem os hangouts das equipes! Como eu acabei de fazer. Oops.

Ordem

Todos os seres humanos precisam de uma sensação de *ordem* e *certeza*. Isso está programado no nosso cérebro. Há uma razão pela qual gestores e líderes frequentemente se queixam de profissionais que resistem à mudança – em geral, as pessoas gostam de manter as coisas do jeito que estão (conservadorismo é a ideologia política baseada nessa necessidade humana intrínseca).

As organizações típicas que podemos associar com certeza e estabilidade são cadeias de fast-food e fábricas tradicionais. Qualquer organização que precise funcionar como um relógio, em que os profissionais sabem o que vai acontecer quando e quem é responsável pelo quê, é uma organização que prospera com a ordem.

Em um contexto ágil, com as organizações enfrentando mudanças aceleradas e rupturas mais frequentes, não é fácil oferecer às pessoas uma sensação de certeza. Com a vida útil média das empresas encolhendo a cada ano, *nada* é certo para ninguém.

Então, o que você pode fazer para satisfazer a necessidade das pessoas por ordem e estabilidade? A solução está nos detalhes. Segurança no emprego é uma ilusão, mas ainda podemos obter um pouco de certeza de outras maneiras. Por exemplo, muitas pessoas não gostam de trabalhar em uma mesa diferente todos os dias; portanto, dê a elas a opção de ter uma mesa preferida, se assim desejarem. Muitas pessoas não gostam de remuneração variável, então ofereça a elas uma renda mensal estável (mesmo quando são freelancers). Muitas pessoas não gostam de não saber o que é esperado delas; portanto, certifique-se de concordar com um perfil ou descrição de trabalho, de preferência que elas mesmas tenham criado. O futuro da companhia pode ser incerto, mas você pode trabalhar para diminuir o número de surpresas desagradáveis com as quais as pessoas são confrontadas todos os dias.

Objetivo

Organizações de caridade. Esses são os primeiros grupos que me vêm à mente quando penso no motivador de *objetivo* e *propósito*. Muitas pessoas querem mais do seu trabalho do que apenas um emprego ou uma carreira. Elas gostariam que seu trabalho fizesse parte de sua vocação. Isso coincide muito bem com a hierarquia de necessidades de Maslow, que afirma que a autorrealização é o quinto e mais alto nível de motivação intrínseca. Os dois primeiros níveis, necessidades fisiológicas e de segurança, correspondem a ter um emprego, enquanto o terceiro e quarto níveis, pertencimento e estima, correspondem a ter uma carreira. Um trabalho comum ou uma carreira empolgante podem ser o que as pessoas tinham antes de encontrar sua vocação (para mim levou 20 anos).

Não apenas as organizações de caridade têm o idealismo entrelaçado em sua razão de ser. Grandes organizações podem (e devem) ter um propósito inspirador que vá além de ganhar dinheiro e agradar acionistas, clientes ou outras partes interessadas. Se você não consegue definir o porquê da sua empresa, o resto realmente não importa.

Motive seus profissionais esclarecendo o que a empresa representa e o que ela tenta alcançar no mundo. As pessoas gostam de reconhecer que seus objetivos pessoais estão refletidos no trabalho que realizam. Por exemplo, o objetivo da minha empresa é ajudar as pessoas a serem mais felizes em seus empregos. Isso motiva meus colegas de trabalho porque o propósito ressoa com seus próprios objetivos. Em alguns casos, esse propósito é o motivo de sua entrada na empresa!

Status

Quando penso em *status*, penso em esportes, moda, realeza e clubes de networking exclusivos. E aparecer em três listas de Top 50 de liderança no Inc.com. Sei. Há uma boa razão para muitas pessoas quererem se decorar com prêmios, títulos, distintivos, nomes de marcas e medalhas de ouro. Isso melhora a sua posição social. A busca pela riqueza é, em muitos casos, um indicador do desejo de alguém por status, mas também existem outras maneiras de obter status.

Privilégio, reconhecimento e exclusividade ocorrem de várias formas. A estrutura vertical das organizações tradicionais é um candidato óbvio: aqueles que estão no topo decidem quem pode subir mais alto na escada corporativa. O desejo por status leva a cargos com nomes longos, vagas de estacionamento favorecidas, amplos escritórios de esquina e, às vezes, até um elevador especial para a alta gestão. Mas também podemos encontrar status nas redes sociais. Além de subir nas hierarquias, as pessoas também gostam de acumular conexões nas redes. Não posso negar que verifico minha pontuação no Klout de vez em quando, apenas para ver como estou me saindo como influenciador em comparação com meus pares.

Como gestor, você pode nutrir a necessidade de status das pessoas oferecendo-lhes oportunidades de progredir na direção que for importante para elas. Mas você deve fazer com que o reconhecimento de toda a empresa acerca das realizações das pessoas seja feito de maneira justa e transparente. A posição social dos profissionais deve se correlacionar com suas capacidades de produção e inovação, não com seu talento para jogos políticos.

© 2015 Jürgen Dittmar

Gerencie o Sistema

O objetivo de uma empresa é motivar as pessoas a serem produtivas juntas. Sendo assim, motivação é um patrimônio sistêmico da empresa. Infelizmente, em muitas organizações, os profissionais são motivados apenas por sua compensação financeira, mas não há um envolvimento real com o trabalho e as pessoas porque faltam outras propriedades motivacionais intrínsecas.

> Gestores devem procurar maneiras para que curiosidade, honra, aceitação ou qualquer outro motivador intrínseco se tornem patrimônios sistêmicos da empresa.

Gestores devem procurar maneiras para que curiosidade, honra, aceitação ou qualquer outro motivador intrínseco se tornem patrimônios sistêmicos da empresa. Isso significa que, mesmo quando você não presta atenção no sistema por um tempo, as propriedades do sistema ainda estão afetando o envolvimento e o comportamento dos profissionais. Os proverbiais cenouras e chicotes (incentivos e punições) não se enquadram nessa categoria. Eles podem funcionar para você, mas exigem sua atenção contínua para serem eficazes. E antes que você perceba, a empresa não funciona mais sem eles.

> Se as pessoas trabalharam durante anos em um sistema que dependia essencialmente de metas e pressão vindas de cima para evitar que relaxassem com o trabalho, então relaxar com o trabalho é exatamente o que vai acontecer quando chefes e metas forem removidos repentinamente.
>
> Frédéric Laloux, *Reinventing Organizations*[15]

O engajamento das pessoas deve ser tecido na estrutura da organização de maneira sistêmica. Isso significa que você não deveria perder seu tempo tentando motivar indivíduos. Se o fizer, você está operando em modo de falha. Você não conseguirá continuar assim indefinidamente. Use seu tempo para entender por que o sistema, a própria organização, não os engaja. Ou seja, mesmo com os tipos de trabalho mais simples e mundanos, organize o sistema de forma que as pessoas encontrem alguns de seus 10 motivadores intrínsecos satisfeitos. Gerencie o sistema, não as pessoas.

> Ser engenheiro ou carpinteiro não é, por si só, agradável. Mas se alguém faz essas coisas de uma certa maneira, elas se tornam intrinsecamente recompensadoras, valendo a pena ser feitas para o seu próprio benefício.
>
> Mihaly Csikszentmihalyi, *Creativity* [16]

© 2015 Jeff Djevdet, Creative Commons 2.0 https://www.flickr.com/photos/jeffdjevdet/16927430497

Programas de Engajamento de Profissionais (Não Funcionam)

Considerando que o engajamento de pessoas deve ser uma propriedade inerente da organização, agora você entende por que programas de engajamento de profissionais não funcionam.

> Muitos dos chamados programas de engajamento de profissionais são caravanas mal concebidas, desajeitadas, ineficazes ou apresentações de PowerPoint que nunca serão implementadas.
>
> Les McKeown, "A Very Simple Reason Employee Engagement Programs Don't Work"[17]

Quase todos os programas de engajamento de profissionais se concentram em atividades específicas realizadas por gestores ou consultores para "motivar" diretamente as pessoas, usando exercícios de formação de equipes, atividades ao ar livre, contribuições de caridade ou jogos e festas. Mas nenhuma quantidade de atividades motivacionais consegue esconder que o sistema em si não é envolvente. E – admitindo que este parágrafo pode ser ruim para minha receita anual – contratar um palestrante motivacional também não fará diferença. Seria o equivalente a contratar um palhaço em um funeral para fazer algo a respeito de todos aqueles rostos tristes.

Se você verificar qualquer organização onde as pessoas estejam genuinamente felizes e engajadas, descobrirá que o trabalho e a organização estimulam suas necessidades intrínsecas de curiosidade, honra, aceitação, maestria ou qualquer um dos outros motivadores. Você certamente não encontrará um líder de negócios ou gerente de recursos humanos gastando boa parte do tempo mantendo a força de trabalho motivada com um programa de engajamento de profissionais.[18] O que você encontrará é que as pessoas estão engajadas por causa do trabalho e das pessoas ao seu redor.

E isso me leva ao único programa genuíno de engajamento de profissionais que eu conheço: descobrir como as pessoas da sua organização são intrinsecamente motivadas e mudar a organização de modo que as necessidades intrínsecas das pessoas sejam satisfeitas pelo sistema. Você pode começar jogando o moving motivators.

Moving Motivators

O exercício moving motivators é realizado com a organização de 10 cartas motivacionais em ordem de importância (de uma perspectiva pessoal) e depois movendo-as para cima ou para baixo, dependendo do contexto da pessoa, geralmente seu ambiente de trabalho. Ao mudar as cartas para a esquerda ou para a direita, o jogador indica que motivadores específicos são mais ou menos importantes do que outros. Ao mover as cartas para cima ou para baixo, o jogador indica que uma mudança no ambiente está tendo um efeito positivo ou negativo na motivação.

Por exemplo, eu considero *liberdade*, *status* e *curiosidade* os motivadores mais importantes, enquanto para mim *aceitação* e *relação* são os menos importantes. Quando larguei meu emprego diurno há alguns anos, meus motivadores *liberdade* e *curiosidade* (importantes para mim) subiram, porque me tornei independente e fui capaz de explorar uma nova vida profissional. Meu motivador *relação* (menos importante) caiu, por outro lado, porque deixei muitos bons colegas para trás. Ainda assim, o efeito líquido foi positivo no geral. Foi uma boa decisão.

O moving motivators pode ser jogado por uma pessoa, como uma ferramenta de reflexão pessoal; por duas pessoas, em um ambiente cara a cara; ou até mesmo por uma equipe de colegas, como parte de uma retrospectiva ou de um exercício de formação de equipe. Eu já facilitei o exercício muitas vezes com centenas de pessoas ao redor do mundo. Os resultados sempre foram bastante inspiradores. Aqui estão algumas dicas para os jogadores:

- Não existe certo ou errado neste exercício. Todo mundo é programado de maneira diferente. Algumas pessoas são motivadas por liberdade, outras por relação. A beleza do jogo é que ele revela essas diferenças e conscientiza as pessoas de que muitas vezes julgamos mal uns aos outros presumindo que todos são como nós (muitas vezes na minha vida eu presumi que a liberdade é tão importante para outras pessoas quanto para mim. Aprendi que estava errado).
- Muitas vezes há discordâncias sobre terminologia, e tudo bem. Até os cientistas não concordam entre si. O significado de poder e status para mim pode ser um pouco diferente da interpretação que você faz dessas palavras. O mais importante é que os cartões nos ajudem a explicar como nos sentimos e o que precisamos.
- Muitas coisas são necessitam de um contexto específico. Por exemplo, em alguns países, ordenar cartões da direita para a esquerda faz mais sentido do que ordená-los da esquerda para a direita. Algumas pessoas preferem priorizar as coisas verticalmente, em vez de horizontalmente. E o observador também tem influência. Faz diferença se você joga com seu cônjuge, seu melhor amigo, seu colega ou seu gestor!
- A importância dos motivadores pode ser diferente dependendo se o contexto do exercício é o ambiente de trabalho ou a vida pessoal. Da mesma forma, alguns motivadores podem se tornar mais ou menos importantes para uma pessoa, dependendo de mudanças nas circunstâncias.
- Por último, mas não menos importante, como os resultados entre os jogadores são sempre diferentes, o jogo destaca a diversidade e perspectivas alternativas. E isso é sempre uma coisa boa.

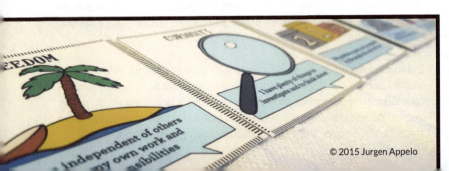

© 2015 Jurgen Appelo

Muito
mais fácil

Com o jogo moving motivators fica muito mais fácil fazer a pergunta: "o que o motiva?". Para muitas pessoas, essa questão é muito vaga e abstrata para responder. Mas quando há 10 cartas em uma mesa, com belos desenhos nelas, e as pessoas são solicitadas a movê-las espacialmente, da esquerda para a direita e para cima e para baixo, uma discussão sobre motivação de repente se torna muito mais fácil.

Como gestores, nós perguntamos para as pessoas o que as motiva porque queremos a responder à pergunta "O que elas ganham com isso?". O objetivo da organização é engajar as pessoas para serem produtivas. Nós buscamos provas de que isso realmente está acontecendo. E se não conseguirmos encontrar nenhuma evidência, nós temos um trabalho a fazer.

O trabalho que nós fazemos é introduzir experimentos com boas práticas. Podemos aumentar a necessidade das pessoas por curiosidade e exploração com quadros de celebração. Podemos satisfazer seu senso de honra com histórias de valor. Um sentimento de aceitação pode ser alcançado com mapas pessoais, enquanto a maestria pode ser nutrida por meio de feedback wraps ou um ecossistema de métricas. Para aumentar o poder, a liberdade e a ordem, podemos obviamente introduzir quadros de delegação, enquanto relação e status podem ser satisfeitos com o uso de uma kudo box. Finalmente, um objetivo

que vale a pena é evidentemente comunicado com um livro de cultura. Mas essas são apenas minhas sugestões. Você pode conhecer alternativas melhores.

O jogo de moving motivators também oferece uma ótima oportunidade para avaliar o impacto de uma mudança organizacional. Como as pessoas se sentem em relação a uma futura fusão, a uma mudança de departamento, a uma promoção de emprego, a uma nova estratégia de negócios ou a uma nova equipe de colegas? Com os moving motivators, você pode descobrir como a mudança afeta a motivação intrínseca das pessoas. Em muitos casos, você encontrará resultados mistos. Alguns motivadores sobem, outros descem. A vida profissional raramente é simples!

Por fim, muitas pessoas acham o jogo motivador. Ele desencadeia a necessidade das pessoas por curiosidade, relação e ordem. Além dos membros da sua própria equipe, você pode até considerar incluir as partes interessadas e a gestão, se possível.[19] E não importa o layout exato das cartas na mesa, as pessoas geralmente consideram as discussões durante e após o exercício as mais valiosas.[20]

O objetivo da organização é engajar as pessoas para serem produtivas. Nós buscamos provas de que isso realmente está acontecendo.

Engaje!

Estou escrevendo esta conclusão em uma sexta-feira à noite. Muitas pessoas devem estar jantando em um restaurante ou assistindo a um filme no cinema, e tenho certeza de que um bom número delas está contente que sua semana de trabalho tenha ficado para trás, porque *finalmente* elas têm tempo para atividades de lazer e para desfrutar suas vidas!

Eu não. Sinto-me feliz por ter assinado o contrato para a publicação deste livro há apenas uma hora atrás, o que significa mais trabalho para mim: pesquisar, escrever, editar, revisar, ilustrar.... Estou esfregando minhas mãos ansiosamente, antecipando o desenvolvimento dos meus planos de produção e marketing. Provavelmente vou fazer isso no domingo. Minha vida profissional é muito envolvente para deixar as coisas correrem por mais de um dia. (Isso também significa que eu facilmente

Descobrindo a motivação

"Usei moving motivators com várias equipes e empresas. O jogo ajuda todos os membros da equipe a refletir sobre [suas] próprias motivações e avaliar seu status atual e as mudanças necessárias para aumentar ainda mais seu engajamento. Eles compartilham seus aprendizados e esse novo nível de transparência ajuda as equipes a criar um entendimento comum, aumentar a confiança e descobrir novos caminhos para colaborar.

Um membro da equipe descobriu que outro ambiente serviria melhor às suas necessidades, o que significava se recolocar no mercado e começar em uma nova empresa – OK, esse foi um resultado difícil. Um gestor e sua equipe aprenderam mais sobre seus problemas e sobre as necessidades mútuas, que estavam escondidos há anos, mas que foram revelados jogando o moving motivators e compartilhando suas observações. Outra equipe verificou a diversidade do time e aprendeu mais sobre todos os envolvidos, o que levou a novas maneiras engraçadas de interpretar situações passadas. 'Então, é *por isso* que você sempre pede mais documentação!' (necessidade de ordem) e 'Por isso você se conecta com tantas pessoas fora da nossa equipe' (necessidade de relação)."

Sebastian Radics, *Alemanha*

vou passear em um parque na terça-feira à tarde, comprar sapatos novos na quarta-feira de manhã ou passar algum tempo produzindo vídeos de férias durante minha semana de trabalho. Não existe um equilíbrio entre vida profissional e pessoal para mim, porque trabalho e vida são um grande borrão. É fusão entre vida profissional e pessoal.)

E os seus profissionais? Eles estão ansiosos pelo próximo dia de trabalho? Se não, o que está impedindo que eles se sintam intrinsecamente motivados? Por que seu sistema não está funcionando para você? Como gerente, esse é o *seu* trabalho. Descubra. Engaje!

Moving motivators como ferramenta de contratação

"Eu estava trabalhando em uma pequena empresa quando meu chefe se aproximou de mim e me pediu para ajudar a expandir nossa equipe contratando novos membros. Apesar de nunca ter ficado do lado da mesa do entrevistador, aceitei com prazer o desafio. Eu tinha lido em ótimas fontes que as pessoas que você contrata são as que desenvolverão a cultura da sua empresa, então eu precisava me concentrar nos valores. Mas como?

Certa manhã, enquanto tomava banho (o momento mais inspirado do meu dia), percebi que tinha a ferramenta perfeita para fazer isso: moving motivators. Então, decidi usá-la durante minhas sessões de entrevista com os candidatos ao emprego, fazendo a seguinte pergunta: como você valoriza sua mudança para esta empresa?

Eu recebi duas sugestões: a primeira foi comparar as necessidades intrínsecas e os valores do candidato com o que era mais importante da perspectiva da empresa; a segunda era como as necessidades e valores do candidato mudariam quando ele ou ela se mudasse para nossa empresa. Nós fomos então capazes de entender se essa pessoa era uma boa combinação para a nossa empresa.

Não sei se algum dia serei convidado a trabalhar no RH, mas pelo menos as pessoas que contratamos se encaixaram bem na cultura da nossa empresa."

Gerardo Barcia Palacios, *Espanha*

Como Começar

Agora é a hora de você começar a mexer com o moving motivators.

1. Faça o download do PDF gratuito com os 10 cartões motivacionais no site Management 3.0 (<https://management30.com/practice/moving-motivators/>) e peça aos seus filhos ou vizinhos que os cortem para você.

2. Encontre alguém com quem fazer este exercício: seu cônjuge, seu colega, seu melhor amigo ou o entregador de pizza.

3. Seja o primeiro a começar, para assim ganhar confiança e dar um bom exemplo (a outra pessoa começa sendo um observador). Ordene os cartões horizontalmente. O que é mais importante para você fica de um lado; o que é menos importante fica do outro lado; o resto fica em algum lugar no meio.

4. Agora imagine algum tipo de mudança ou evento que impactaria sua motivação, como mudar para um novo lar, mudar de local de trabalho, conseguir uma promoção no emprego ou ampliar a família.

5. Imagine o impacto dessa mudança em seus 10 motivadores. Quando o impacto for positivo, mova o cartão para cima; quando o impacto for negativo, mova o cartão para baixo.

6. Enquanto você move suas cartas para a esquerda, para a direita, para cima e para baixo, diga ao outro jogador o que está fazendo e por quê. Apenas tente pensar em voz alta, descrevendo o que as palavras e imagens significam para você e por que você as move.

7. Quando terminar, troque de função. E então, avalie!

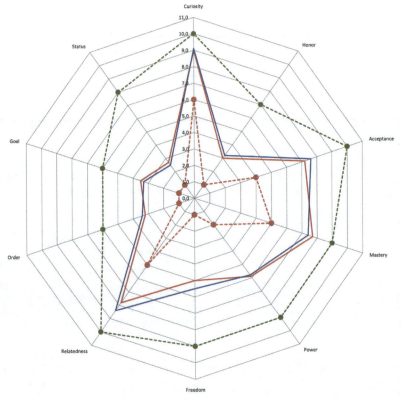

© 2014 Dave Brands

Dicas e Variações

Ajuda a alguns grupos começar com uma breve discussão sobre os 10 motivadores, a fim de obter uma compreensão e interpretação mais restritas de cada um.

Ao jogar moving motivators, ajuda a algumas pessoas pensar em voz alta conversando com um observador (silencioso).

Para muitos jogadores, é importante conhecer o contexto. Tente avaliar a motivação de acordo com uma mudança específica em um ambiente específico.

Você é livre para deixar de fora alguns cartões (ou talvez até adicionar outros) da maneira que desejar.

Tire uma foto dos resultados para poder relembrar mais tarde, e quem sabe até compartilhar o resultado com os outros.

Nós coletamos o resultado de todos os membros da equipe e representamos os resultados em mapas de calor, mostrando a motivação por toda a equipe.

Eu usei o jogo para guiar as emoções das pessoas quando uma delas foi promovida a líder de equipe. Isso ajudou os outros a expressar e resolver sentimentos de incerteza e decepção.

Faça perguntas às pessoas, como "o seu resultado é diferente do que era um ano atrás?" e "o que você quer que seja daqui a três anos?"

Como coach pessoal, joguei o jogo com uma CEO que estava pensando há meses se ela deveria ter filhos. Surpreendentemente, o jogo a ajudou a tomar uma decisão!

Sempre planeje ter uma discussão depois de jogar moving motivators. É aí que está o maior valor.

Nossa equipe adorou criar um gráfico de radar com cálculos de variação e diferenciação por cartão. Isso foi realmente motivador para eles. ;-)

Nós temos os resultados de nossa equipe na parede, para que possamos sempre apontar para eles durante uma reunião de equipe e dizer: "Isso nos motivará ou não!"

Encontre ferramentas específicas e mais ideias em <https://management30.com/practice/moving-motivators/>.

© 2015 Greg Westfall, Creative Commons 2.0
https://www.flickr.com/photos/imagesbywestfall/17632076693

11
porta da felicidade
Obtenha uma Organização Mais Feliz*

* Tradução: Luisa Escobar e Mateus Rocha.

> A felicidade não é uma estação na qual você chega, mas é uma maneira de viajar.
>
> **Margaret Lee Runbeck, autora americana (1905–1956)**

Algumas pessoas acreditam que felicidade é algo que eles alcançarão quando forem famosos ou bem-sucedidos, ou quando obtiverem dinheiro suficiente. Mas pesquisas nos dizem que a felicidade é mais uma decisão do que um local de destino. E é algo que você pode simplesmente decidir alcançar no local de trabalho também. Além de revisar e implementar os 12 Passos para a Felicidade, sugiro que você avalie a felicidade de maneira lúdica com uma porta da felicidade.

© 2008 Rohit Gowaikar, Creative Commons 2.0
https://www.flickr.com/photos/flickrohit/2999403999

Algumas das minhas
lembranças

Um livro chamado *Liderando para a felicidade* não estaria completo sem um capítulo especificamente dedicado à felicidade dos profissionais. Esse é um tópico muito discutido e muitas vezes incompreendido. Isso torna ainda mais relevante fornecer uma visão geral rápida do que os pesquisadores descobriram sobre a felicidade e como podemos aplicar seus resultados ao local de trabalho. Tudo começa com um simples exercício de raciocínio.

Pense a respeito: você consegue se lembrar de algum momento feliz que tenha vivenciado quando estava no escritório, fazendo o seu trabalhando, ou apenas passando um tempo com seus colegas? Existem lembranças do seu passado que geram uma boa sensação ou um sorriso no rosto? Vá em frente, pense nisso por um momento. Eu vou esperar.

Tic, tac, tic, tac, tic, tac...

Você encontrou algo no porão do seu cérebro? Tenho certeza que você achou! Se não, continue lendo. Este capítulo mostrará como gerar mais algumas lembranças felizes.

Eu lembro das exclamações de alegria e apreço pelo material didático que eu espontaneamente (e sem permissão) redesenhei na primeira empresa onde trabalhei depois de ter completado meus estudos. Eu lembro de correr por aí com renas e scooters de neve (não simultaneamente) com meus colegas de trabalho em um dia fora do escritório, no norte da Finlândia. Eu me lembro de ter vencido um concurso de plano de negócios e de ter fotos minhas e de minha equipe tiradas por jornalistas. Eu me lembro de fazer uma brincadeira de primeiro de abril muito bem-sucedida com alguns membros da equipe que os deixou intrigados e rindo por um dia inteiro. Eu me lembro de jogar Colonizadores de Catan no porão de nosso escritório na "Noite dos Jogos", um evento periódico que era organizado pelos meus colegas. Estou feliz de dizer que tenho muitas lembranças de quando eu curtia estar fazendo o meu trabalho, os créditos recebidos, ou quando estava apenas me divertindo com meus colegas durante ou depois do expediente. Eu imagino que você também tenha algumas recordações legais.

Engajamento ou Satisfação?

Várias vezes neste livro, me referi a baixos níveis de engajamento das pessoas no trabalho. De acordo com o *State of the Global Workplace*, da Gallup, um dos relatórios mais conhecidos sobre o envolvimento de funcionários, apenas 13% das pessoas em todo o mundo estão ativamente engajadas, enquanto 24% estão ativamente desengajadas. E o restante da força de trabalho se encontra em uma terra de ninguém, desanimadoramente grande, em algum lugar no meio.[1] Em capítulos anteriores deste livro, vimos várias práticas que podem aumentar os níveis de engajamento das pessoas. Contudo, o engajamento dos profissionais é apenas uma parte da história.

Apesar dos níveis de *engajamento* serem muito baixos globalmente, os níveis de *satisfação* parecem ser altos. De acordo com um relatório do LinkedIn/Adler Group, gritantes 72% de funcionários em todo o mundo se sentem um tanto ou muito satisfeitos em seus empregos, enquanto apenas 14% dizem que se sentem um pouco ou muito insatisfeitos.[2] Isso nos leva à conclusão fascinante e paradoxal de que muitos profissionais estão bastante satisfeitos com seu trabalho, mas ao mesmo tempo não estão muito engajados. Como isso é possível? Aparentemente, engajamento e satisfação não são a mesma coisa.

Profissionais engajados se sentem motivados a serem produtivos na empresa. Eles tentam dar o seu melhor trabalho possível e manter todas as partes interessadas felizes. Mas quando um profissional engajado não é também um profissional satisfeito, deveríamos balançar uma bandeira vermelha para uma possível situação de esgotamento (burnout): dando tudo de si, mas ignorando completamente as suas próprias necessidades. Felizmente, esses casos são raros e eu só conheci um amigo próximo que foi vítima de esgotamento profissional.

Similarmente, um profissional satisfeito não é necessariamente um profissional engajado. Profissionais satisfeitos se sentem contentes em seu ambiente de trabalho porque conseguem satisfazer todas ou a maioria das suas necessidades. Mas quando a pessoa não está engajada e não é produtiva para a organização, nós deveríamos estar atentos ao problema de se estar relaxado em demasia com o trabalho: não ser muito produtivo e se concentrar apenas nas próprias necessidades. Infelizmente, eu pessoalmente conheci e vi um pouco mais desses casos. Então onde fica a felicidade nesse panorama?

A felicidade é comumente definida como um estado mental de bem-estar, sustentado por emoções positivas ou agradáveis, que variam de contentamento relaxado a prazer intenso. Isso significa que a felicidade pode ser um sentimento positivo de longo prazo e uma atitude que se abrigam no subconsciente do seu cérebro, mas também pode ser vista como uma explosão de alegria a curto prazo, induzida por si mesmo ou pelo ambiente.

Consigo imaginar uma pessoa feliz com uma atitude positiva de longo prazo que, no entanto, não se sente engajada no trabalho, e consigo imaginar um profissional semelhante que, apesar de uma perspectiva positiva de longo prazo, se sente insatisfeito com um ambiente de trabalho específico. Essa falta de engajamento ou satisfação no trabalho provavelmente terá um efeito temporário no nível de felicidade de curto prazo da pessoa. Da mesma forma, uma pessoa infeliz que possui sentimentos negativos em geral pode, no entanto, se sentir engajada no trabalho e satisfeita com o ambiente de trabalho, temporariamente. Mas a infelicidade da pessoa a longo prazo provavelmente será sentida em algum momento tanto nos níveis de engajamento quanto de satisfação.

Como sempre, as coisas são complexas. Engajamento, satisfação e felicidade são conceitos difíceis de definir que estão correlacionados, mas não se sobrepõem totalmente, e tudo está conectado a todo o resto.

Engajamento, satisfação e felicidade são conceitos difíceis de definir que estão correlacionados, mas não se sobrepõem totalmente.

Felicidade Primeiro, Sucesso Depois

É melhor quando as pessoas se sentem felizes, em qualquer organização, independentemente do tipo de trabalho e do ramo. Felicidade, engajamento e satisfação no trabalho estão intimamente entrelaçados, e é fato que profissionais felizes são mais produtivos do que os infelizes.[3] Mas o que um gestor pode fazer para contribuir para a felicidade dos profissionais?

Para muitas pessoas, a felicidade é um objetivo final. Mas pesquisadores apontam que a felicidade tem muito mais a ver com o estado de espírito de uma pessoa do que com o sucesso da pessoa na vida. Muitas vezes, a felicidade é a precursora do sucesso, e não apenas o seu *resultado*.[4] É verdade que sucessos podem contribuir – temporariamente – para aumentar sua felicidade no curto prazo. Mas se você ainda não estiver desfrutando de felicidade a longo prazo, é menos provável que você consiga esses sucessos em primeiro lugar!

> Felicidade é uma decisão, não um resultado.

Portanto, apesar do que muitas pessoas pensam, a felicidade é o meio e não o fim. A coisa mais inteligente a fazer é permitir que a felicidade nos leve a um caminho para o sucesso.[5] Todos nós deveríamos reservar um tempo para tomar medidas concretas para sermos profissionais mais felizes. Na sequência da felicidade, é mais provável que progresso e sucesso acompanhem. Felicidade é uma decisão, não um resultado.

As pessoas querem ser felizes, e todas as outras coisas que elas querem costumam ser meios para esse fim.

Daniel T. Gilbert, *Stumbling on Happiness*[6]

© 2013 Newtown Grafitti. Creative Commons 2.0
https://www.flickr.com/photos/newtown_grafitti/11321054895

© 2008 Erin, Creative Commons 2.0
https://www.flickr.com/photos/misserion/2194582619

Doze Passos para a Felicidade

Já mencionei isso antes: adoro fazer um pouco de pesquisa. Eu me lembro de fazer uma pesquisa em particular quando estava de férias em Buenos Aires, Argentina. De bom humor, pensei: "quais são as coisas que, de acordo com a ciência, geralmente fazem as pessoas se sentirem felizes?". Então, enquanto tomava uma ou duas bebidas, passei algumas horas navegando na Web procurando artigos cientificamente validados sobre felicidade, e notei que as mesmas coisas eram mencionadas várias vezes em muitos artigos e relatórios de pesquisa. Acabei chegando a uma lista de 12 itens que chamo de **12 Passos para a Felicidade**, pois quero enfatizar que a felicidade é um caminho, não um destino. Não há chaves, estradas ou voos para a felicidade, porque a felicidade não é um lugar aonde você "chega". Felicidade é aquilo que você experimenta quando dá passos na direção certa.

Aqui está a lista de 12 passos. Como gerente ou membro de uma equipe, leve em consideração cada um deles e tente aplicá-los sempre que possível. Seu objetivo não é apenas o aumento da felicidade de seus colegas, mas também mais felicidade para si mesmo. Na verdade, apenas tentar contribuir para a felicidade de outras pessoas é quase garantia de que você está contribuindo para a sua ao mesmo tempo. Todos nós merecemos um pouco de felicidade a cada dia.

> **A boa notícia é que existe um número considerável de circunstâncias internas... sob seu controle voluntário. Se você decidir mudá-las... seu nível de felicidade provavelmente aumentará de forma duradoura.**
>
> Martin E. Seligman, *Authentic Happiness*[7]

 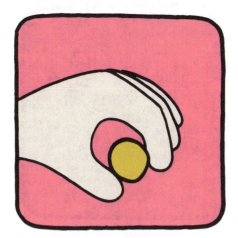 

Agradeça a seus colegas de trabalho e tente sempre ser apreciativo.[8] Mostrar sua gratidão aos colegas e apreciar quem eles são e o que eles fazem não lhe custará mais do que escrever uma nota simples ou dar um like, um aperto de mão caloroso ou um abraço honesto. "Agradecer a alguém" é uma tarefa recorrente diária em minha lista de atividades. Minha nota de agradecimento mais recente foi para um membro da equipe que me convenceu a participar de uma reunião on-line, mesmo que eu realmente quisesse ficar sozinho para pensar e escrever. Eu realmente apreciei sua tentativa de me manter envolvido. Já ouvi falar de outras equipes que desfrutam de uma "rodada de agradecimento" periódica, onde todos são convidados a agradecer explicitamente a outras pessoas ao menos uma vez por semana.

Dê um pequeno presente a um membro da equipe ou permita que eles ofereçam presentes uns aos outros, porque presentes tornam os receptores e os remetentes mais felizes e pessoas felizes enviam mais presentes, em um ciclo virtuoso sem fim.[9] Pode ser tão simples quanto a introdução de kudo cards (consulte o Capítulo 1), presentes ocasionais em torno de aniversários e festividades ou presentes mais elaborados como uma celebração anual, talvez na época do Natal ou em outro feriado nacional. Os melhores presentes são os inesperados. Recentemente, trouxe para os membros da minha equipe um biscoito crocante da Bélgica. Eles adoraram. Eles até postaram fotos no Facebook. Atenção! Assegure-se de que são presentes pequenos, para que não sejam interpretados como incentivos financeiros e destruam a motivação intrínseca das pessoas.

Ajude a alguém que precisa de um pouco de assistência ou dê aos membros da equipe tempo e espaço para que ajudem uns aos outros, pois o altruísmo faz as pessoas se sentirem bem.[10] Por exemplo, você pode institucionalizar a ajuda das pessoas umas às outras com sessões regulares de trabalho em par (coaching em par, desenvolvimento em par, escrita em par ou mesmo gestão em par). Você pode convidar profissionais para se tornarem mentores e treinadores de seus colegas. E você pode usar sessões individuais para pedir ajuda e oferecer ajuda, em ambas as direções. Ainda acho incrível que tantas pessoas tenham se oferecido para me ajudar com este livro revisando rascunhos ou enviando suas histórias, mesmo que não fosse possível usar as opiniões de todos. Nunca se esqueça de que, mesmo quando você não precisa da ajuda de todos, você pode aumentar a felicidade de outras pessoas permitindo que elas o ajudem.

Coma bem e deixe alimentos bons e saudáveis facilmente disponíveis para todos no local de trabalho. Afinal, existe uma forte correlação entre comida e humor.[11] É incrível como é banal a presença de doces, biscoitos, petiscos, refrigerantes e pizzas no local de trabalho. Se os gestores realmente se preocupassem com a felicidade e a produtividade das pessoas, pressionariam por acesso a alternativas mais saudáveis, como frutas, nozes, vegetais e água fresca. E não apenas durante o almoço, mas ao longo do dia. Nesse tópico em particular, devo me declarar culpado. Eu não sou conhecido pela minha vontade de saquear bufês de saladas. Mas todos nós devemos ter algum espaço para aprimoramento pessoal, não é verdade?

Faça exercícios regularmente e permita que seus colegas cuidem adequadamente de seus corpos. O exercício físico é alardeado como uma cura para muitos males e como um grande impulsionador para a felicidade.[12] Isso é certamente algo que você deve pensar como gerente. Obviamente, não estou sugerindo que você construa uma academia interna no escritório, mas uma pequena contribuição para um programa de saúde de sua escolha será apreciada por muitos profissionais. E não se esqueça da possibilidade de organizar uma corrida semanal, uma longa caminhada ou um passeio de bicicleta com seus colegas. Sei de vários amigos meus que gostam de fazer exercícios regulares com seus colegas de trabalho. Da mesma forma, cadeiras ergonômicas, mesas com regulagem de altura e softwares que ofereçam conselhos às pessoas sobre o uso adequado de equipamentos de informática e exercícios de alongamento saudáveis podem ser uma ótima maneira de minimizar o risco de estresse e depressão.

Descanse bem e durma o suficiente. Uma boa noite de sono é um dos truques mais sugeridos para se ter uma vida longa e saudável.[13] No contexto de um ambiente de trabalho, seria sensato oferecer às pessoas um local para recarregar as energias durante o dia. Transforme uma das salas de reunião em uma "sala zen", com cadeiras reclináveis, travesseiros e música suave e relaxante. Seja um defensor das pausas para descanso e relaxamento e desconfie de qualquer pessoa que afirme não precisar delas. Certifique-se de que o "horário comercial padrão" não force as pessoas a usarem camisas de força de produtividade. Pessoas diferentes precisam de diferentes níveis de atividade ao longo do dia. Certa vez, encontrei uma pessoa deitada em um sofá no porão do escritório – e fiz um elogio a ela por estar cuidando bem de si mesma.

Experimente coisas novas porque a felicidade que você obtém das experiências é mais duradoura do que a felicidade que você obtém das coisas.[14] Faça de todos os dias uma oportunidade de aprender algo novo, tentar algo diferente e realizar um experimento. A inovação vem principalmente de profissionais criativos, não da gestão, e é melhor obtida quando as pessoas desfrutam da liberdade de serem criativas juntas. Por exemplo, há muitos anos, meus colegas desenvolvedores de software organizaram espontaneamente uma "Sexta-feira Rosa", o que significava que eles pediram a todos os seus colegas de trabalho que usassem algo rosa naquele dia. Não havia nenhuma razão em particular para isso a não ser colegas se divertindo e criando uma nova experiência. Tais lembranças têm mais significado para mim agora do que qualquer gadget ou bugiganga que compramos ou recebemos como funcionários.

Caminhe ao ar livre, curta a natureza e faça com que as pessoas escapem do ambiente do escritório de vez em quando. Estar do lado de fora e se conectar com a natureza leva a um aumento da sensação de vitalidade que vai além do mero exercício físico.[15] Não por acaso, estou escrevendo isso enquanto ainda me sinto um pouco cansado do meu passeio de bicicleta de 20 quilômetros pela floresta uma hora atrás. Essa é uma das maneiras pelas quais me certifico de que não estou colado à minha mesa e ao computador o dia todo. Meus passeios diários pela cidade, para pegar um bom café e fazer algumas leituras, são outros exemplos dessa categoria. Faça com que você mesmo e seus colegas de trabalho tomem um pouco de ar fresco também. Da próxima vez que você for tomar um café da tarde, vá buscá-lo naquela excelente cafeteria a 2 quilômetros de distância. Ou, como fiz alguns anos atrás, tire sua equipe de suas cavernas para desfrutar de uma reunião sob o sol.

Medite todos os dias ou adote práticas regulares de atenção plena, pois há evidências de que uma melhor consciência de si e do ambiente ao seu redor e uma paz interior aprimorada são ingredientes úteis para uma maior felicidade.[16] Nossos horários de trabalho ocupados e vidas privadas agitadas dominam facilmente nossas mentes enquanto o mundo continua mudando cada vez mais rápido, o que não deixas as coisas mais fáceis. Mas nossas mentes não foram criadas para o século XXI. Como nossos corpos, nossos cérebros também precisam de alguns cuidados e atenção. Empresas com visão de futuro introduzem programas de atenção plena a seus profissionais ou oferecem salas dedicadas à meditação porque isso ajuda a melhorar o foco e a clareza das pessoas, bem como seu bem-estar geral.[17]

Socialize com as pessoas e facilite o desenvolvimento de conexões entre seus colegas de trabalho, não apenas entre si, mas também com outras partes interessadas. O estudo mais longo sobre felicidade já realizado constatou que o fator número um que determina uma vida satisfatória é a nossa relação com a família e os amigos.[18] Isso significa que são as pessoas ao seu redor, e não o seu trabalho, que o tornam mais feliz a longo prazo. Organize almoços em equipe, bebidas após o trabalho ou – como eu já fiz no passado – convide seus colegas de trabalho para sua casa e peça que eles façam o jantar juntos. Outra vez, convenci meus colegas a mostrarem suas fotos de férias em um projetor em uma sala de reuniões durante o almoço. Eles adoraram. Quando você leva as pessoas a conhecerem os hobbies, as famílias, os valores e as ambições umas das outras, as conversas são muito mais fáceis para todos, o que as ajuda a se apreciarem e fortalece seus laços sociais.

Mire em um propósito definido enquanto organização e ajude as pessoas a desenvolver, comunicar e realizar seus próprios objetivos. Paradoxalmente, nunca se deve tentar buscar a felicidade por si só, porque esta é ilusória. Não se esforce para ser feliz. Em vez disso, esforce-se para fazer algo significativo. É a busca por significado que gera felicidade.[19] Não há melhor maneira de fazer os profissionais felizes do que mostrar a eles que há uma boa razão para sua participação e que eles contribuem para um propósito digno (com o propósito de aumentar indiretamente a felicidade de outras pessoas, minha empresa, Happy Melly, encontrou uma maneira astuta de contornar o paradoxo). Mas não devemos esquecer que não é apenas o trabalho dos profissionais que deve se somar à razão de ser da organização; a organização também deve se esforçar para apoiar o seu pessoal no alcance dos seus objetivos.

Sorria para fazer todos se sentirem melhor. Meus anos de ensino médio foram os mais sombrios da minha vida, mas me lembro com prazer dos poucos momentos em que fiz todos na sala de aula rirem com algumas de minhas piadas tolas. Mesmo quando você sente que há poucas razões para fazê-lo, ainda é uma boa ideia tentar sorrir. A felicidade nos faz sorrir, mas também funciona ao contrário: sorrir nos faz felizes.[20] Pesquisas confirmam que colocar um sorriso falso em seu rosto pode ter um efeito positivo no seu humor, porque você está ludibriando seu cérebro a pensar que você está feliz, o que significa que a chance de sorrir de verdade aumenta, o que por sua vez é bom para os seus níveis de engajamento, satisfação e produtividade. Claro, é muito melhor quando o seu sorriso é genuíno e sincero. Para tal, sugiro o uso sensato de humor inofensivo e tolice perspicaz.

A Porta da Felicidade

Foi durante o meu primeiro workshop de Management 3.0, no início de 2011, que tive a ideia da **porta da felicidade**. Eu estava tentando encontrar um jeito de os participantes do meu workshop fornecerem feedback de forma não apenas segura e respeitosa, mas também divertida e envolvente. Eu já estava familiarizado com o conceito de **parede de feedback (feedback wall)**: pedir às pessoas para escrever comentários em notas adesivas e colocá-las publicamente em uma parede. Eu também conhecia a ideia de um **índice de felicidade (happiness index)**: uma escala de (geralmente) um a cinco que as pessoas usam para indicar o quão felizes elas se sentem em relação a alguma coisa. No meu carro, a caminho de casa, depois de um primeiro dia estressante, mas também bem-sucedido, do workshop, tive a ideia de combinar essas duas práticas em uma.

O método é muito simples. Você pede aos participantes que forneçam feedback imediato durante ou após uma apresentação, sessão de treinamento, reunião de negócios, pole dance ou qualquer outro tipo de interação social. Você deseja esse feedback rapidamente, porque, no cérebro da maioria das pessoas, as primeiras impressões se dissolvem mais rapidamente do que classificações de crédito europeias. Você também deseja isso logo, para poder agir com base no feedback e minimizar o sofrimento causado por seus erros embaraçosos. As pessoas escrevem seus comentários em notas adesivas e as colocam em uma porta onde você desenhou um índice de felicidade com uma escala de 1, ou ruim (na parte inferior), a 5, ou ótimo (na parte superior). Quanto mais alto as pessoas colocarem as notas, mais felizes elas estão. As pessoas podem até mesmo deixar suas notas adesivas vazias e usá-las apenas para indicar seu nível de felicidade. O método é fácil de explicar em 30 segundos e é uma ótima maneira de capturar rapidamente o feedback (anônimo) das pessoas enquanto elas saem da sala.

Às vezes, os participantes escrevem "exercícios fantásticos" ou "eu adoro as discussões". Isso é ótimo. Isso o ajudará a se sentir mais feliz como gerente ou organizador do evento. Às vezes, as pessoas deixam apenas um sorriso ou uma nota em branco. Outros participantes têm um feedback mais específico para compartilhar, como "muitas citações", "use mais figuras" ou "muita teoria" e "adicione mais teoria" (sim, uma vez recebi os dois últimos comentários ao mesmo tempo). A porta da felicidade sempre funcionou bem para mim.

Portas da felicidade foram usadas com vários níveis de sucesso em um pequeno número de conferências das quais participei. Em todos os casos, eu não tinha conhecimento dos brilhantes golpes de plágio dos organizadores até ver as portas. Notei tweets e comentários de participantes apreciando essa maneira de coletar feedback dos organizadores, o que foi semelhante aos comentários que recebo de participantes dos meus workshops.

Mural de feedback e
índice de felicidade

Eu reivindico o crédito por inventar a porta da felicidade, embora tenha chamado de porta de feedback no início, o que levou a alguma confusão. Vários instrutores me disseram que haviam inventado a "porta de feedback" anos antes de mim, só que nenhum deles fez o que descrevi aqui. Em geral, eles apenas coletavam feedback opcional em uma parede, janela ou máquina de café. É importante lembrar que a porta da felicidade é uma parede de feedback e um índice de felicidade em um artefato só. Seu propósito é gerar feedback por escrito (comentários) e feedback numérico (classificações).

> A porta da felicidade é uma parede de feedback *e* um índice de felicidade em um artefato só.

É importante considerar algumas coisas para uma implementação bem-sucedida da porta da felicidade:

- A porta da felicidade (ou parede, flip chart ou quadro branco) deve ser estrategicamente colocada, por exemplo, perto da saída da sala. De preferência, deve ser um local por onde todos passem quando uma reunião, uma palestra ou uma sessão de treinamento terminar.
- Todos os participantes devem entender a escala do índice de felicidade. Normalmente, uma classificação 5 é boa e uma classificação 1 é ruim. Mas em algumas partes do mundo, as pessoas associam mais comumente 1 a bom e 5 a ruim, o que é confuso quando você tem participantes com diferentes origens na sala.
- Eu prefiro desenhar carinhas felizes em vez de números, não apenas para evitar confusão acerca do significado dos números, mas também porque essas ilustrações tornam a porta mais atraente para as pessoas.
- Os organizadores podem considerar a possibilidade de distribuir notas adesivas de maneira não muito sutil. Em alguns eventos, já vi organizadores colocando notas adesivas nas costas ou nos assentos de todas as cadeiras. Em outros eventos, havia pessoas oferecendo notas adesivas bem ao lado da porta.
- É fácil coletar e salvar os resultados de uma porta da felicidade. Eu sempre tiro uma foto da porta primeiro e guardo as anotações em envelopes. Se você quiser manter as notas, basta escrever os números nas notas antes de tirá-las da porta, como eu vi alguns organizadores fazendo. Você também pode usar cinco envelopes numerados, como eu fazia com frequência.

© 2011 sassy mom, Creative Commons 2.0
https://www.flickr.com/photos/sassymom/5831238687

Existem outras maneiras de coletar feedback de participantes do evento. Alguns organizadores coletam feedback em quadros brancos nos corredores, mas eu gosto que o pedido seja mais rápido e mais "na sua cara", perto da saída da sala, de modo que seja difícil ignorar. Alguns organizadores de eventos usam formulários em papel e caixas fechadas, mas eu gosto que o feedback funcione como um radiador de informações. Já vi organizadores coletando feedback em três cores (vermelho, amarelo e verde), mas eu acho que o índice de felicidade (1 a 5) é uma escala mais útil. E alguns facilitadores de workshop coletam apenas comentários como feedback qualitativo, mas notei que alguns participantes ficam mais à vontade com números, não com texto.

A porta da felicidade combina o melhor de muitos mecanismos de feedback que eu já vi. Mas você pode colocar uma nota na minha porta dizendo "você é um pouco tendencioso".

Feedback e Influência

Um efeito colateral interessante da prática da porta da felicidade é que ela é reflexiva. O radiador de informação não apenas *coleta* o feedback das pessoas, mas também o *influencia*. As pessoas podem ver o que os outros estão fazendo diante delas, portanto, elas estarão se influenciando. Quando algumas pessoas dão notas baixas, é possível que outras façam o mesmo – ou talvez alguns tentarão compensar sendo *mais* positivos. Se a porta mostrar apenas notas altas, é possível que outras pessoas pensem: "bem, houve partes que eu não gostei, mas talvez seja só eu". Nunca pense que uma porta de felicidade sobreviveria a um escrutínio científico. Como ferramenta de medição, é improvável que se torne popular entre os pesquisadores.

A equipe de limpeza

Um método de feedback divertido gera felicidade entre seus colegas de trabalho.

"Tentei introduzir pela primeira vez uma porta de felicidade em minha empresa durante um workshop de três dias. Como as pessoas da minha empresa não estão acostumadas a ver esse tipo de iniciativa durante workshops, passei algum tempo explicando por que havia carinhas animadas na porta e qual era o objetivo das notas adesivas. No final da sessão da manhã, a primeira nota na parede era minha. Coloquei lá depois que as pessoas deixaram a sala, visível para todos quando voltaram. À tarde, algumas notas adicionais foram aparecendo lentamente. No final do primeiro dia, tínhamos duas mãos cheias de notas e as examinamos uma a uma.

Voltando no segundo dia, descobrimos que havíamos cometido um erro.... Deixamos as anotações na porta, esperando para conseguir mais, mas esquecemos de deixar uma mensagem para a equipe de limpeza. Todas as anotações e as carinhas felizes se foram! A lição aprendida aqui é que a equipe de limpeza também tem um papel importante a desempenhar no sucesso de um workshop. Inclua-os também!"

Patrick Verdonk, *Espanha*

A porta da felicidade visa *melhorar* a felicidade. Muitas pessoas apreciam ainda mais um evento social quando a abordagem do feedback é aberta, transparente e envolvente. O fato de ter uma porta da felicidade na sala significa que as pessoas têm menos probabilidade de colocar qualquer coisa perto da parte inferior da porta! Às vezes eu brinco que coloquei intencionalmente a área ruim da balança inconvenientemente perto do chão, o que machucará seu pescoço quando você colocar um adesivo lá. Isso sempre faz as pessoas rirem, que é um dos 12 passos para a felicidade. A porta *deve* fazer as pessoas mais felizes. Além disso, o feedback útil que você recebe, juntamente com simpáticos comentários agradáveis, também o fará se sentir mais feliz. Missão cumprida.

Da próxima vez que você organizar uma reunião, workshop ou outro tipo de evento, sugiro que tente a porta da felicidade, não apenas porque o feedback é muito útil para você como facilitador da reunião, mas também porque um método de feedback divertido gera felicidade entre seus colegas de trabalho.

Melhor feedback com a porta de felicidade

"Como Agile Coach, eu treino profissionais constantemente. Para melhorar minhas habilidades de treinamento, eu recolho feedback dos meus participantes. Eu costumava fazê-lo verbalmente, mas isso acabou se tornando insatisfatório:

• Dar feedback verbal honesto e direto cara a cara era difícil para os participantes.

• Muitos pareciam sentir uma barreira para expor seus pensamentos individuais sobre o treinamento na frente do grupo.

• Pouquíssimos forneceram feedback valioso.

• Eu provavelmente esquecia alguns dos feedbacks quando chegava o momento de refletir sobre eles.

Eu esperava menos problemas com feedback por escrito. Isso levou à ideia de usar uma porta da felicidade. O que mudou é que recebi feedbacks mais valiosos, honestos e individuais, porque os participantes se sentiam seguros para expressar seus pensamentos por escrito. Isso também forneceu uma visão instantânea do meu desempenho e me ajudou a lembrar de como foi a sessão. Finalmente, era impossível esquecer qualquer feedback.

A única desvantagem que identifiquei até agora é que o feedback por escrito pode ser algumas vezes difícil de interpretar e você precisa pedir uma boa caligrafia. ;-) De qualquer forma, a porta da felicidade é ótima e definitivamente vou usá-la mais em meus treinamentos futuros!"

Stefan Wunder, *Áustria*.

Como Começar

No início deste capítulo, compartilhei algumas das minhas melhores lembranças com você. Agora é hora de gerar algumas para você mesmo.

1. Faça o download do pôster dos **12 Passos para a Felicidade** em <https://management30.com/practice/happiness-steps/>.

2. Organize uma reunião com sua equipe e coloque uma porta de felicidade na sala.

3. Revise os 12 passos juntos e elabore um plano de ação para implementar a maioria ou todos eles.

4. No final da reunião, peça a todos que coloquem uma nota adesiva com algum feedback na porta da felicidade.

5. Leia as notas e sorria.

© 2013 Jurgen Appelo

Dicas e Variações

Desenhe carinhas felizes e nuvens de trovoada (ou outros pictogramas) em vez de números. É mais fácil para as pessoas entenderem o que elas significam.

Escreva "PORTA DA FELICIDADE" em letras coloridas acima de todos os adesivos e talvez desenhe também uma moldura bonita ao redor da área de feedback.

Eu sempre deixo claro para os participantes que eu realmente leio todas as notas adesivas. Eu até leio algumas delas em voz alta.

As pessoas apreciam o fato de eu imediatamente agir depois de ler seus comentários na porta da felicidade.

Diga aos participantes que notas vazias são OK. Uma classificação sem comentário ainda é melhor do que nenhum feedback.

Lembre às pessoas que não há problema em fornecer feedback de forma anônima.

Eu combinei o índice de felicidade (vertical) com um indicador de retorno do investimento (horizontal). Dessa forma, conseguimos correlacionar felicidade com valor!

Geralmente, é necessário algum incentivo para dar feedback. Não deixe que eles se perguntem em silêncio: "devo colocar isso ali?" Leve-os a fazê-lo!

Nos workshops, geralmente peço feedback uma ou duas vezes por dia. Mais frequente que isso é exagero.

Peça às pessoas que escrevam claramente. Às vezes, é muito difícil ler os pequenos rabiscos.

Você pode inventar maneiras de combinar a porta da felicidade com outras práticas visuais, como quadros de delegação ou kudo walls.

Nós combinamos a porta da felicidade com o método do jogo da perfeição. Pedimos dois adesivos: um para a felicidade e outro para melhorias.

Encontre mais ideias em <https://management30.com/practice/happiness-door/> e faça o download do pôster dos 12 Passos para a Felicidade em <https://management30.com/practice/happiness-steps/>.

12
questões yay! e quadros de celebração
Aprenda com os Sucessos e os Fracassos*

* Tradução: Gino Terentim, Isabel Coutinho e Mateus Rocha.

> É importante que alguém comemore nossa existência... As pessoas são o único espelho que temos para nos vermos. O domínio de todo significado. Toda virtude, todo mal, eles existem apenas em pessoas. Não há nada disso solto no universo.
>
> Lois McMaster Bujold, autor americano (1949–)

Sua organização aprecia as coisas que você tem aprendido? Você aplaude seus colegas que fazem bem o seu trabalho? Com muita frequência, as organizações vivem um dia atrás do outro, de uma crise para outra, e elas esquecem de registrar as coisas boas que acontecem. Ao fazer duas perguntas importantes e desenhar um quadro de celebração, você consegue procurar por itens para valorizar.

Há alguns anos, discuti desafios organizacionais com meu antigo CEO. Percebi que os colaboradores de nossa empresa raramente reservavam um tempo para celebrar os seus sucessos. As pessoas estavam sempre trabalhando demais e nunca pareciam comemorar as coisas boas que ocorriam. Eu sugeri que talvez devêssemos ter um grande sino no escritório para podermos tocar sempre que houvesse algum motivo para comemorar. A ideia de um sino veio na minha cabeça porque eu queria algo que fosse visível, convidativo e impossível de ignorar quando utilizado.

Uma semana depois, para minha surpresa, o CEO me trouxe um sino de navio de cobre e disse: "Aqui está o seu sino. Agora, faça algo útil com isso". Eu convenci o gerente a pendurá-lo no meio do nosso amplo espaço, e eu disse a todos que qualquer colaborador podia tocar o sino se tivesse algo para comemorar (mais tarde, ouvi falar de uma prática parecida com um sino de vaca em vez de um sino de navio, em outras organizações[1]).

A partir daquele momento, a cada poucas semanas, alguém se entusiasmava e puxava a corda. O sino seria tocado quando fosse assinado um contrato governamental, quando fosse implantado um aplicativo web ou para executar algo menos árduo, como correr uma maratona ou dar à luz um bebê. Qualquer razão era válida (uma vez eu toquei o sino por ter mais visitas em meu blog do que a empresa tinha de acessos em seu site. Foi apenas uma desculpa para curtir outra celebração).

Quando o som do sino de navio badalava pelo escritório, todos os colaboradores imediatamente se reuniam para uma celebração de 10 minutos. Nosso pessoal sabia que o sino costumava ser um sinal de distribuição gratuita de bolo ou biscoitos, o que provavelmente contribuía para a rápida reunião de toda a força de trabalho ao redor da máquina de café. A pessoa que tocava o sino normalmente separava alguns minutos para explicar o que estava sendo comemorado, seguido por aplausos empolgados. Yay! E então a comilança começava. A última vez que eu ouvi o sino foi quando o CEO anunciou que eu estava deixando o meu emprego.

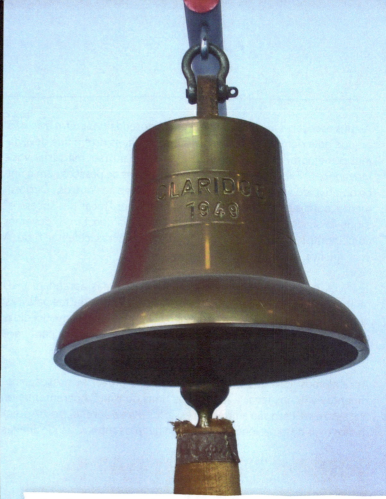

Qualquer colaborador podia tocar o sino se tivesse algo para comemorar.

Aprendizagem Experimental

Alguns escritores afirmam que "somente aprendemos com o fracasso" ou que deveríamos "nos permitir falhar".[2] Alguns dizem que deveríamos comemorar os erros porque eles nos ajudam a ser mais criativos e inovadores.[3] Existem até mesmo congregações de pessoas com o único objetivo de aplaudir cada erro e falha delas e dos outros.[4] Curiosamente, outros escritores afirmam que devemos "focar nos sucessos" e que "o sucesso gera sucesso".[5] Isso levanta a questão se devemos comemorar sucessos e falhas – em outras palavras, celebrar tudo. A verdade fica, literalmente, bem no meio.

Teóricos da informação descobriram que sistemas aprendem mais quando as taxas de falha são em cerca de 50%.[6] Em outras palavras, quando suas experiências têm uma boa chance de ser bem-sucedidas e uma boa chance de falhar, elas geram mais informações para você aprender.

Aprendemos mais quando não conseguimos prever se nossos experimentos vão nos levar a resultados bons ou ruins. Aparentemente, fracasso e sucesso são ambos necessários para o aprendizado. Aprendemos mais de experiências que nunca tivemos antes. Quando apenas

> A probabilidade excessiva ou insuficiente de falha reduz a eficiência com a qual geramos informações.... Evite simplificações em excesso, como "eliminar falhas" ou "comemorar falhas". Existe uma taxa de falha ideal.
>
> Donald G. Reinertsen, *Principles of Product Development Flow* [7]

> Deveríamos celebrar o aprendizado, não os sucessos ou fracassos.

repetimos práticas já estabelecidas, é difícil saber se poderíamos melhorar. Igualmente, se tudo que fazemos é cometer os mesmos erros, então também não estamos aprendendo muito. O aprendizado ideal acontece no meio; quando você frequentemente pensa: "eu não sabia disso, mas estou feliz por descobrir, porque agora posso fazer melhor!"

> Nenhuma quantidade de exemplos de sucessos ou de fracassos indica o potencial de desempenho de alguém. Tudo depende do seu próprio esforço e entendimento dos seus próprios problemas.
>
> W. Edwards Deming, *Out of the Crisis* [8]

Uma organização que busca o aprendizado não deveria ter como meta minimizar a quantidade de fracassos. Reduzir fracassos reduziria o aprendizado. Claro, maximizar fracassos também não faz sentido. O que deveríamos maximizar é a *compreensão* dos nossos problemas. Essa compreensão acontece ao experimentarmos tanto sucessos quanto fracassos. Existe uma taxa ideal de aprendizado quando você pensa "nossa, sou brilhante!" e "Meu Deus, sou tão idiota!" mais ou menos na mesma medida. Portanto, deveríamos celebrar o aprendizado, não os sucessos ou fracassos.

Boas Práticas

Em muitos ambientes de trabalho, as pessoas geralmente se concentram em resolver problemas. Isso faz sentido porque a melhoria contínua permite que as organizações sobrevivam e prosperem. No entanto, um enfoque nas coisas que poderiam ser melhoradas normalmente se resume a um foco nos fracassos e erros, e essa forma de pensar pode ter efeitos colaterais sérios. Sendo um perfeccionista, eu mesmo já fui culpado disso. Eu "elevei o nível da barra" para mim e para os outros até ela ficar tão alta que o Godzilla poderia passar por debaixo dela fazendo uma dancinha e carregando um ônibus espacial ao mesmo tempo.

No entanto, notei uma coisa estranha quando pedia para que as pessoas parassem de fazer besteiras. Descobri que isso não as motivava de jeito algum! Percebi que melhorar não se trata apenas de reduzir o que dá *errado* (cometer erros). Também se trata de aumentar o que dá *certo* (utilizar boas práticas). E, de vez em quando, as pessoas precisam de um lembrete de que estão indo bem.

Não é de se admirar que a cultura em muitas organizações pareça negativa quando o foco das discussões é voltado principalmente para os erros e problemas. Os profissionais se sentem responsabilizados por não serem perfeitos. Em vez de terem uma visão construtiva da melhoria, as pessoas acabam adotando uma postura defensiva. Elas evitam se responsabilizar e, para cada problema apontado, costumam apontar para outras pessoas que podem ter

> Deveríamos celebrar as boas práticas, não punir os erros.

causado isso. Como a mente das pessoas está focada na autodefesa, e não na melhoria, as coisas não irão melhorar e a organização apenas cometerá mais erros.

Eu acredito que devemos enfatizar mais as boas práticas do que os erros, porque você recebe mais daquilo em que você se concentra.[9,10] Se você se concentrar nos erros, as pessoas vão cometer mais erros. Se você se concentrar nas boas práticas, as pessoas inventarão mais boas práticas.

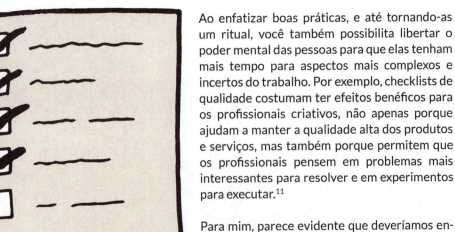

Ao enfatizar boas práticas, e até tornando-as um ritual, você também possibilita libertar o poder mental das pessoas para que elas tenham mais tempo para aspectos mais complexos e incertos do trabalho. Por exemplo, checklists de qualidade costumam ter efeitos benéficos para os profissionais criativos, não apenas porque ajudam a manter a qualidade alta dos produtos e serviços, mas também porque permitem que os profissionais pensem em problemas mais interessantes para resolver e em experimentos para executar.[11]

Para mim, parece evidente que deveríamos enfatizar os bons comportamentos, não os ruins. Deveríamos celebrar as boas práticas, não punir os erros.

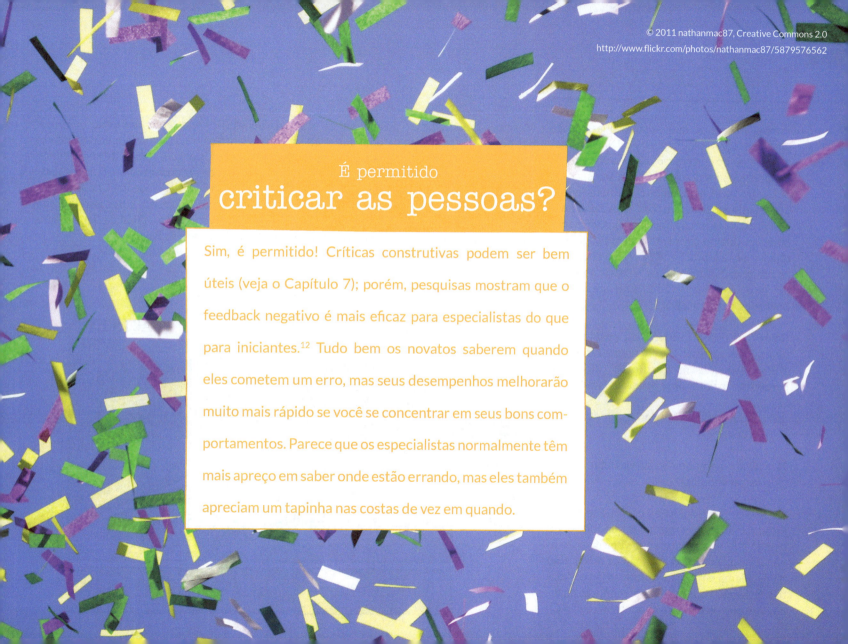

É permitido criticar as pessoas?

Sim, é permitido! Críticas construtivas podem ser bem úteis (veja o Capítulo 7); porém, pesquisas mostram que o feedback negativo é mais eficaz para especialistas do que para iniciantes.[12] Tudo bem os novatos saberem quando eles cometem um erro, mas seus desempenhos melhorarão muito mais rápido se você se concentrar em seus bons comportamentos. Parece que os especialistas normalmente têm mais apreço em saber onde estão errando, mas eles também apreciam um tapinha nas costas de vez em quando.

Duas Questões

Vimos, até agora, que existem duas razões possíveis para celebrações. Podemos comemorar quando *aprendemos* alguma coisa, independentemente do resultado ser um sucesso ou um fracasso, e podemos comemorar quando repetimos *boas práticas*, provavelmente resultando em um desfecho previsivelmente positivo. Chamo a ilustração desta página de **quadro de celebração**. Nesse diagrama, as áreas com potencial de celebração estão em verde (regiões B, C e E). Essa área é chamada de *zona de celebração*.

Como um ótimo exercício de gestão, você pode ajudar as pessoas a se concentrarem nas áreas adequadas no quadro de celebração perguntando essas duas questões "yay!":

1. O que fizemos bem (ao seguir as práticas)?

2. O que aprendemos (ao executar experimentos)?

Em vez de questionar as coisas que deram errado, é melhor perguntar o que funcionou bem.[13] Isso enfatiza que você quer compartilhar as boas receitas, não os erros. Não há problema em discutir práticas já conhecidas. Reforçar boas práticas aumenta as chances que outros também as adotem (região C).

Mesmo quando, apesar do melhor esforço das pessoas, o resultado de uma boa prática for um fracasso, você ainda poderá considerar fazer uma comemoração, porque pelo menos elas deram o melhor de si (região F).

A segunda pergunta é sobre testes e experimentos que as pessoas executaram quando não conseguiram prever facilmente o resultado. É importante que tanto os sucessos quanto os fracassos sejam discutidos em igual medida, porque, apesar de ser verdade que você pode aprender muito com os fracassos, também é verdade que você pode aprender muito com o sucesso. É por isso que sua atenção deveria estar dividida igualmente entre ambos (regiões B e E).

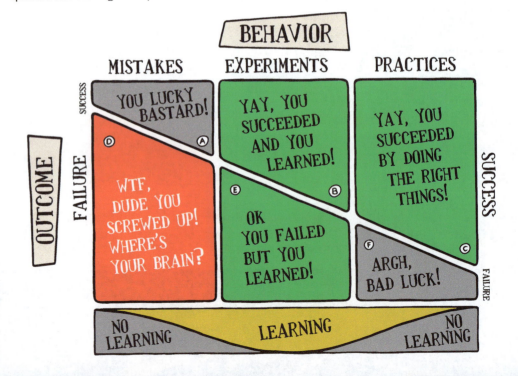

As duas questões são ambas razões para celebrar. Você comemora para reforçar bons comportamentos e você comemora para reforçar o aprendizado. Ambos são necessários quando sua meta é motivar sua equipe.

Quando você tiver suas reuniões regulares com os colegas, tais como encontros pessoais (one-on-ones), reuniões em pé, retrospectivas ou chamadas semanais via Skype, sugiro que você crie o hábito de começar com essas duas questões "yay!".

Iniciar as conversas com essas duas perguntas tem vários benefícios. Primeiro, permite que as pessoas se gabem um pouco de seus bons trabalhos e sobre o que aprenderam. Isso as ajuda a se sentir bem consigo mesmas. Ao enfatizar as coisas positivas, o clima melhorará e as pessoas se sentirão mais à vontade para falar sobre alguns de seus fracassos e erros mais tarde.

Segundo, motiva as pessoas a pensar mais sobre as boas receitas que aplicaram e sobre as coisas que aprenderam, assim elas têm algo para compartilhar na próxima conversa. Todos devem entender que seu trabalho não é apenas reduzir erros e falhas. É também aprender boas práticas e compartilhá-las com seus colegas.

Na verdade, tudo isso soa bem familiar!

De fato, as mesmas questões também existem em outros contextos. Por exemplo, especialistas em gestão de mudanças sabem que uma das primeiras perguntas a se fazer em qualquer programa de mudança é: "onde as coisas estão indo bem?" seguida por "como obtemos feedback?"[14] São perguntas muito semelhantes, mas em um formato diferente. Outro exemplo é o *jogo da perfeição*, uma técnica de feedback útil para instrutores e facilitadores. Pergunta-se às pessoas "quanto você gostou do que fizemos?" seguido por "se não está perfeito, como podemos melhorar?"[15,16] Novamente, são duas questões semelhantes, mas com um ângulo ligeiramente diferente.

Celebre o Trabalho

Quaisquer respostas para essas duas questões poderiam ser um gatilho para uma celebração. 🎈 O novo funcionário trocou corretamente a *rebimboca da parafuseta*? Comemore! O experimento audacioso de um membro da equipe resultou em uma grande ideia? Yay! Aplauda quem ajudou valentemente um cliente com uma solução de software alternativa que salvou informação, mesmo que infelizmente tenha desconectado outros 50 clientes. Talvez você até toque o sino para a pessoa que estupidamente apagou todas as faturas, porque isso permitiu que os administradores de rede melhorassem seus procedimentos de backup.

Em alguns ambientes, quando você começa a fazer essas duas perguntas, eventos positivos são mais difíceis de encontrar do que uma programadora de Cobol participando de um concurso de Miss Universo. Talvez seja porque não existam muitas notícias boas para compartilhar em primeiro lugar, ou talvez seja porque as pessoas não considerem seus bons comportamentos e resultados de aprendizado algo digno de celebração. Sugiro que você não subestime o que as pessoas fazem. Faça cada pequeno passo ser digno de mencionar.

> Não subestime o que as pessoas fazem. Faça cada pequeno passo ser digno de mencionar.

Quando for celebrar, tenha em mente as sugestões a seguir:

1. **Celebre frequentemente.** Todo dia pode ser um dia para fazer essas duas perguntas. Todo dia pode ser uma razão para celebrar. Não salive apenas com as grandes conquistas. Preste atenção também às coisas pequenas. Quando todos chegarem no horário para uma reunião, comemore! Quando o CEO publicar seu primeiro post no blog, "yay!". Quando a Juanita não xingar por uma semana, "Uhuuu!".

2. **Comemore de forma visível.** Garanta que suas celebrações sejam visíveis (ou barulhentas), de forma que todos possam ver (ou ouvir) o que está sendo comemorado e o porquê. Transforme suas comemorações em radiadores de informação. Com um pouco de sorte, outras partes da organização seguirão seu bom exemplo. É difícil não seguir o fluxo quando uma boa vibração toma conta de você.

3. **Comemore de forma memorável.** Tente atingir vários sentidos com suas comemorações. Seja memorável incluindo seus próprios rituais únicos. Você pode tocar um sino, jogar confetes, soltar balões, compartilhar chocolates ou pôr algumas luzes de discoteca e tocar uma música do Village People. Ao transformar as celebrações em pequenos rituais, elas se tornarão parte da cultura organizacional.

Quando escrevi o primeiro rascunho deste capítulo, agendei uma visita ao meu emprego anterior. O sino ainda estava lá. Fiquei feliz em ver que eles o tinham badalado uma semana antes para comemorar o lançamento de um produto importante e o aniversário de cinco anos de trabalho de vários profissionais que, diferentemente de mim, não saíram da empresa.

Do finalizado à celebração

"Temos um quadro Kanban que torna visível nosso fluxo de trabalho e periodicamente movemos nossas tarefas da coluna Em Andamento para a coluna Finalizado. Algumas vezes comemoramos quando as tarefas chegam à coluna Finalizado com um "hurra" e então movemos os cartões para uma grande área de entregas finalizadas no quadro branco. Mas agora estou pensando em desenhar o seu quadro de celebração na área de tarefas finalizadas. Quando os cartões chegam lá, nós os colocamos na região apropriada do quadro de celebração e deixamos que o aprendizado e a comemoração comecem."

Geoffrey Lowney, *Estados Unidos*

© 2006 Crystal, Creative Commons 2.0
http://www.flickr.com/photos/crystalflickr/190713106

Melhores retrospectivas

"Eu pensei que seria uma boa ideia utilizar o quadro de celebração como um framework para organizar as retrospectivas da equipe. Então, comecei a experiência com uma equipe Scrum com a qual eu já vinha trabalhando, desenhei o diagrama no quadro branco e discuti o ideia de como a maior parte do aprendizado é obtida por meio de experimentos. Sugeri que poderíamos utilizar o diagrama como uma forma de estruturar a retrospectiva para nos colocar em um modo de pensar sobre o que estávamos aprendendo de fato. A equipe concordou que parecia uma abordagem promissora.

Forneci dez minutos para que a equipe escrevesse em notas adesivas os erros, experimentos e as boas práticas que eles haviam identificado. Quando o tempo acabou, os membros da equipe colaram as notas adesivas no quadro em seus lugares apropriados e tivemos uma conversa sobre nossas descobertas e novas ideias. Durante a conversa da equipe, identificamos experimentos adicionais para colocar no quadro e a equipe se comprometeu com várias melhorias no processo.

A retrospectiva foi extremamente boa. O feedback da equipe foi muito positivo. Todo mundo achou que havia sido a melhor retrospectiva que já tinham participado. Para mim, foi de longe a melhor que eu já havia facilitado. Achamos que o quadro de celebração ofereceu um excelente framework visual, e os conceitos de experimentação, aprendizado e celebração deram direção, significado e propósito reais para a retrospectiva."

Robie Wood, *Estados Unidos*

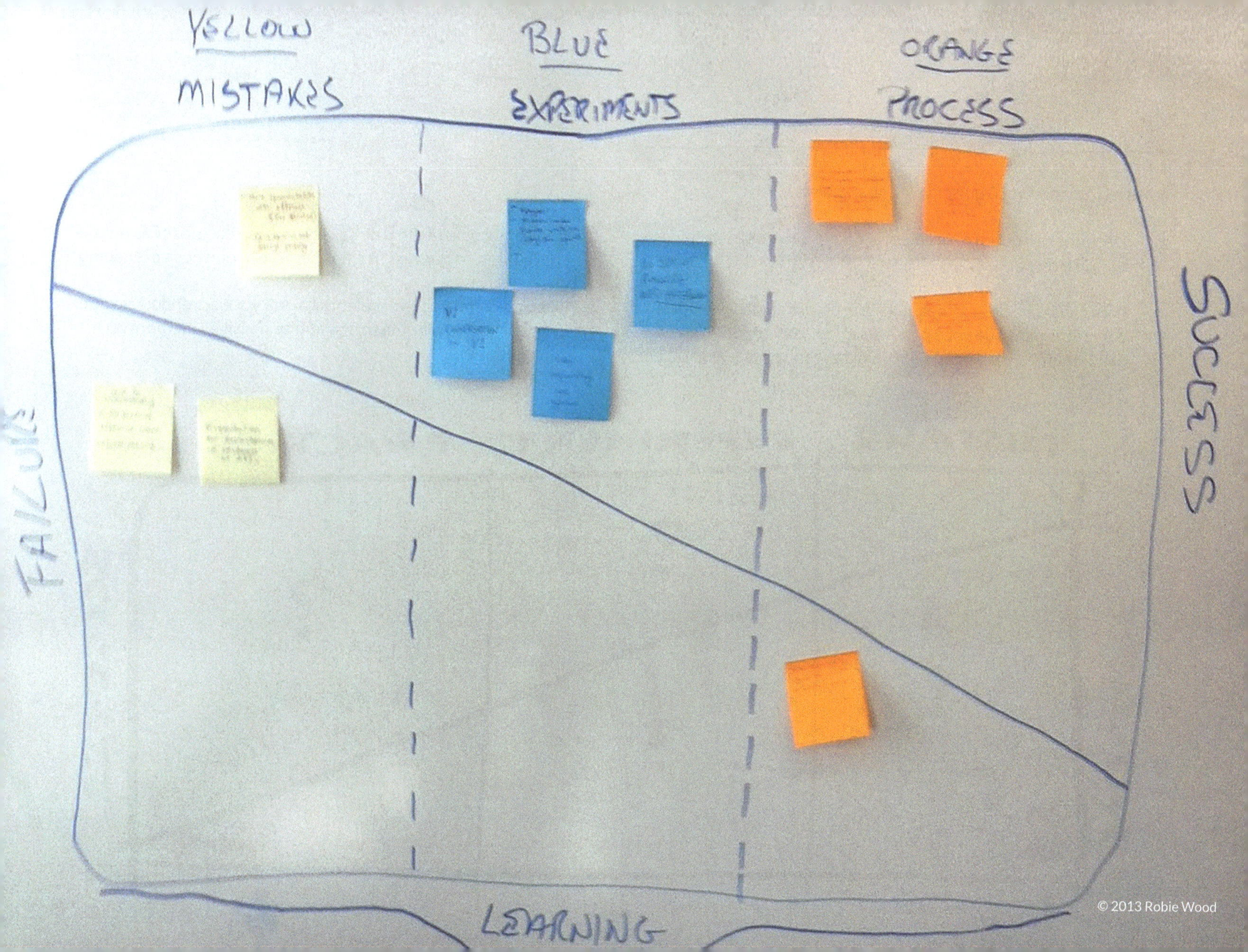
YELLOW
MISTAKES
BLUE
EXPERIMENTS
ORANGE
PROCESS
FAILURE
SUCCESS
LEARNING

Como Começar

Tente isso quando você quiser celebrar as coisas:

1. Desenhe um quadro de celebração em um quadro branco e discuta-o.

2. Para cada uma das regiões, peça às pessoas alguns exemplos concretos para que você possa aprender com todos os erros, experimentos e práticas, não importa se foi um fracasso ou um sucesso.

3. No começo ou no final de suas reuniões, tente fazer as duas perguntas: "o que nós fizemos bem?" e "o que nós aprendemos?".

4. Decida como você vai celebrar o que você aprendeu e o que você praticou, de uma forma que seja visível, memorável e divertida.

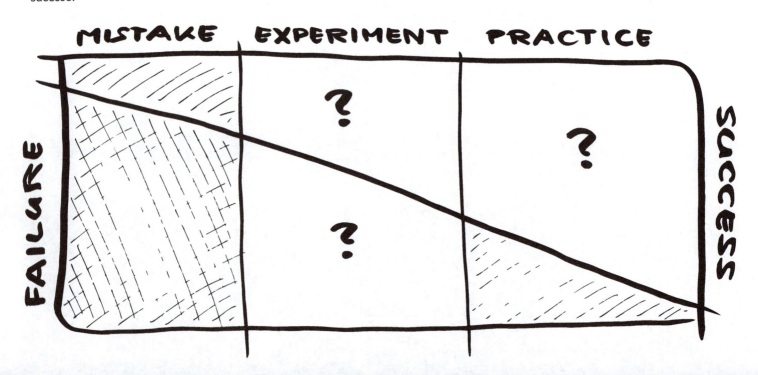

Dicas e Variações

Antes de usar o quadro de celebração com um grupo de pessoas, explique a elas a diferença entre erros (comportamento) e fracassos (resultado). Na linguagem comum, eles podem ser confundidos.

Desenhe um quadro de celebração em um quadro branco ou flip chart, para que uma equipe inteira possa contribuir e compartilhar aprendizados.

Faça com que as pessoas interajam distribuindo notas adesivas para inserir itens no quadro, em vez de fazer tudo sozinho.

Tente fazer as duas perguntas: "o que nós aprendemos?" e "o que nós fizemos bem?" de maneiras diferentes. Por exemplo, "o que deveríamos tentar?" e "o que deveríamos repetir?"

Você pode desenhar um funil acima do quadro de celebração para indicar uma área onde novos experimentos propostos podem ser inseridos.

Eu descobri que o quadro de celebração é particularmente poderoso em programas de mudanças. Ele mostra que a hierarquia pode apoiar as melhores práticas da indústria, enquanto a rede irá tentar coisas novas e experimentar.

Eu sempre uso o quadro de celebração no final de um dia de workshop. É ótimo ver as pessoas ao redor de um quadro branco, refletindo sobre o que elas aprenderam. Elas amam isso.

O quadro é uma ferramenta para reflexão. Mas que tal usá-lo como uma ferramenta de previsão? O que você terá aprendido com seus erros e práticas daqui a uma semana, um mês ou um ano?

Com uma equipe remota, um sino alto obviamente não vai funcionar. Em vez disso, tente um algo especial no seu canal corporativo ou algo que gere uma notificação para todo o grupo.

Tivemos que encontrar outra maneira de anunciar celebrações porque, de onde eu venho, as pessoas associam um sino a ambientes escolares :-)

Muitos avisos para celebrações devem vir da gestão. E não apenas para vendas de produtos ou lançamentos do cliente. O aprendizado com os fracassos também pode ser comemorado!

Encontre ferramentas específicas e mais ideias em <https://management30.com/practice/yay-questions/> e <https://management30.com/practice/celebration-grids/>.

conclusão
Nunca Pare de Experimentar*

---
* Tradução: Luisa Escobar e Mateus Rocha.

> Sinto fortemente que mudar é bom, porque agita o sistema.
>
> Ann Richards, política americana (1933–2006)

Eu reuni ideias de várias fontes e as ofereci como práticas concretas. Mas copiar jogos e exercícios não é suficiente para mudar organizações. Você deve adaptar as práticas às suas necessidades e ter em mente os princípios de engajar as pessoas, melhorar o sistema e encantar todos os clientes.

Chegamos ao final do livro, e isso me deixa feliz e triste ao mesmo tempo. Eu me sinto feliz porque você não acreditaria na quantidade de trabalho necessário para produzir um livro como este. Não é apenas o esforço de inserir centenas de milhares de palavras em um editor de texto. O principal desafio é colocá-las em uma ordem sensata! E ainda tem as pesquisas (divertidas!), as ilustrações (que eu mesmo faço), a formatação (delegada com prazer), o marketing (*nunca* delegue isso!), e a revisão, a releitura, a reescrita, a reestilização, o redesenho, a reedição, o referenciamento, a reciclagem e (graças aos céus!) também o relaxamento e o regozijo. E os e-mails. Meu Deus, os e-mails! Eu poderia enterrar um par de cavalos, e sua carruagem, debaixo da quantidade de e-mails que recebo todos os dias. Mas, para ser sincero, são os e-mails que me fazem continuar. O incentivo dos leitores sempre me faz feliz. No entanto, chegar ao final de um grande projeto me encanta ainda mais! Como escrevi há muito tempo no meu blog, só consigo apreciar meu trabalho quando sei que ele chegará ao fim.[1]

O final deste livro também me deixa triste, porque ainda há tanta coisa que eu gostaria de discutir com você! Não exploramos contratação colaborativa, resolução de problemas com o A3, recrutamento moderno, resolução de conflitos, matriz de competências e muitos outros tópicos. Não contei a história do chefe que acordou em uma sala de reuniões com uma pasta cheia de avaliações de desempenho enfiada em suas calças.

De qualquer forma, o que espero ter alcançado com os capítulos que *escrevi* é que você acredite, como eu, que *todos* são responsáveis pela gestão. Você não deve esperar por gerentes em tempo integral para inovar a maneira como você organiza seu trabalho. Boas práticas de gestão devem envolver os profissionais, melhorar o sistema e encantar as partes interessadas. Qualquer um pode fazer isso. Qualquer um pode liderar para a felicidade no local de trabalho.

> O trabalho de gestão pode ser feito por praticamente qualquer pessoa que tenha as informações, as ferramentas, as responsabilidades e os incentivos certos.
>
> Gary Hamel, *What Matters Now*[2]

© 2009 Anssi Koskinen, Creative Commons 2.0
http://www.flickr.com/photos/ansik/3218139011

O Agricultor de Ideias

Quase tudo neste livro surgiu porque eu leio muitos livros, blogs, sites e revistas (e eu viajo bastante). Eu leio porque adoro colecionar boas ideias de outras pessoas. Como eu sempre digo, "copiar e ajustar" é a melhor receita para a inovação. Tudo o que eu digo é copiado e ajustado, até o próprio conceito de "copiar e ajustar".

> Se você mira o mais alto possível, não se limite aos gigantes. Encontre os pequenos que estão de pé!

Na minha busca por boas ideias, você deve ter notado que eu não me limito a ler os eternos clássicos de gurus famosos. Eu também faço referência a muitos livros e artigos menos conhecidos que apenas algumas pessoas leram. O pensamento por trás dessa abordagem é que, se você mira o mais alto possível, não se limite aos gigantes. Encontre os pequenos que estão de pé!

Eu cultivo todas as grandes e pequenas ideias que encontro. Eu as rego com minha atenção, e as alimento com meus pensamentos. Depois de um pouco de tempo e energia, as ideias geralmente começam a germinar frutos. Eu permito que elas se combinem e se misturem; eu deixo que se conectem, compitam, cooperem e copulem das maneiras mais estranhas. Às vezes elas me fazem corar. Mas os frutos valem o trabalho. Eu me importo com essas novas ideias, e tento torná-las saudáveis e fortes.

> As histórias de sucesso e fracasso consistentemente exageram o impacto do estilo de liderança e das práticas de gestão sobre os resultados concretos e, assim, suas mensagens raramente são úteis.
>
> Daniel Kahneman, *Thinking, Fast and Slow* [3]

Eu sou um **agricultor de ideias**. Eu desenvolvo novas ideias a partir de ideias antigas. Quando as novas ideias estão maduras, eu as vendo. Ou, quando ainda são jovens e imaturas, eu geralmente as ofereço de graça, porque isso permite que se tornem melhores e mais experientes.

Você está quase terminando de ler um livro cheio de ideias sobre práticas concretas de gestão que as pessoas podem implementar na próxima segunda-feira de manhã – não apenas gerentes, mas *todos aqueles* que estão preocupados com a gestão de uma organização. Gestão é importante demais para ser deixada apenas com os gerentes! Contudo, apenas copiar ideias e práticas de outras fontes não é suficiente para mudar uma organização.

> Nunca se esqueça de que melhores *princípios*, não melhores *práticas*, são o que as organizações realmente precisam.

Nunca se esqueça de que melhores *princípios*, não melhores *práticas*, são o que as organizações realmente precisam. É fácil demais para as organizações deixarem que boas práticas recém-adotadas evoluam para princípios ruins.[4] A maioria dos profissionais, no entanto, não sabe seguir princípios abstratos sem práticas concretas. Profissionais criativos em geral apreciam conselhos práticos. As pessoas me dizem que querem experimentar quadros de delegação, moving motivators, feedback wrap, merit money e muito mais. Com este livro, tentei dar a você exatamente isso – muito mais. Mas essas práticas mais felizes são apenas o começo. Seu objetivo não deve ser apenas implementar as práticas que mostrei, porque é improvável que isso altere quaisquer resultados. Seu objetivo é ensinar à organização os novos princípios.

> O mundo é complexo demais para fornecer a você apenas uma lista de práticas a seguir. O que os gerentes no século XXI mais precisam é de discernimento para desenvolver suas próprias receitas para suas necessidades particulares.
>
> Daniel Mintzberg, *Managers, Not MBAs* [5]

© 2012 Jurgen Appelo

Mas... Somos Diferentes!

Quase toda vez que estou em outro país (eu disse que viajo muito?), as pessoas me perguntam: "a gerência é diferente em outro lugar?"

"As melhores práticas de gestão são mais difíceis na China?"

"Os problemas na Europa Oriental são diferentes do resto da Europa?"

"É mais fácil ser ágil na Escandinávia do que nos Estados Unidos?"

"Como a cultura de negócios na *Holanda* se compara com a dos *Países Baixos*?"

Minha resposta é sempre: "sim, as coisas são um pouco diferentes". Mas essa diferença é muito menor do que as pessoas parecem esperar. Não importa aonde eu vá, as pessoas têm os mesmos problemas com gestão e liderança; elas enfrentam os mesmos desafios com equipes auto-organizadas; e elas relatam as mesmas descobertas sobre transformação de negócios e cultura organizacional. Certamente, algumas diferenças culturais (generalizadas) entre países são reais. Os alemães são diretos e os franceses são sensíveis. Os britânicos são educados e os holandeses são pouco polidos. Mas você seria um idiota – lembre--se, sou holandês – se enxergar isso como um obstáculo.

A cultura empresarial supera a cultura geográfica – sempre. Na minha experiência como gerente, notei que as diferenças entre desenvolvedores nos Países Baixos e desenvolvedores na Ucrânia eram insignificantes quando comparadas às diferenças entre *desenvolvedores* nos Países Baixos e *gerentes de contas* nos Países Baixos. Da mesma forma, as diferenças culturais entre nossos dois escritórios nos Países Baixos e na Ucrânia não eram nada comparadas com as diferenças entre nossa empresa de desenvolvimento web e... ah, digamos, um banco de investimento, um fabricante de cerveja, ou, Deus nos ajude, uma instituição do governo *em nosso próprio país*! Eu notei, repetidas vezes, que diferenças culturais entre áreas geográficas não são nada em comparação com as diferenças culturais entre indústrias, cargos e empresas.

Não me entenda mal. Não quero dizer que podemos ignorar de forma segura as culturas regionais. Quero apenas dizer que, quando as pessoas se concentram nas diferenças entre os países, elas tendem a ignorar uma diversidade muito mais rica em seu próprio quintal. Elas também ignoram as muitas maneiras nas quais diferentes locais de trabalho em todo o mundo na verdade se parecem. Talvez devêssemos parar de focar em como as pessoas em outros países são diferentes. Podemos resolver mais problemas 🧠 quando percebemos como na verdade somos parecidos e o quanto podemos aprender com o que os outros estão fazendo do outro lado do mundo.

Mas... Isso Não Funciona!

Esteja ciente de que "aprender com o que os outros estão fazendo" não é o mesmo que "fazer exatamente o que os outros estão fazendo". Digamos que um cozinheiro use uma receita que encontrou na internet, decide segui-la à risca e a torta de maçã não sai como o esperado. A receita "falhou"? E se o cozinheiro disser: "tortas de maçã não funcionam por aqui. Nós tentamos. Ninguém gostou". Isso faria sentido?

Você deve se lembrar da história do meu passeio a cavalo nas montanhas andinas do Chile, que compartilhei com você no Capítulo 3. O passeio começou com uma viagem de quatro horas. Choveu o dia todo e tudo estava molhado, eu tinha arranhado minha perna em uma pedra, estávamos cansados, com frio e mal-humorados, meu cavalo estava tentando morder os outros cavalos e, basicamente, todo mundo no grupo estava se sentindo infeliz, incluindo os cavalos. Quer dizer, até chegarmos ao nosso destino, uma cabana no meio da floresta. O lugar era adorável, acolhedor e aconchegante. E Jane, a turista americana que chegou um dia antes, havia assado uma torta de maçã para todos. Estava deeeeeeliciooooosa. Jane se sentiu um pouco insegura porque ela teve que adaptar sua receita por não ter alguns de seus ingredientes favoritos, por ter que usar um tipo estranho de maçã e um forno a lenha simples, já que a cabana não tinha um forno elétrico ou recursos como CoolTouch, FanGrill ou PyroTech. Mas ela adaptou a receita muito bem. Sua torta de maçã foi a melhor coisa que poderia ter acontecido conosco depois de quatro horas de sofrimento nos Andes.

> Ótimos locais de trabalho tornam-se ótimos devido à sua abordagem única. Assumir que existe "uma melhor maneira" pode empurrar você rapidamente para um lócus de controle externo.
>
> Jennifer Robin e Michael Burchell, *No Excuses* [6]

Uma receita é apenas uma sequência de sugestões, nada mais. Um cozinheiro não pode dizer: "a receita não funciona", porque a receita não *faz* nada. Quem faz todo o trabalho é *o cozinheiro*. Se você não conseguir o que esperava, meu palpite é que você pode ser inexperiente no ambiente atual e precisa de algum tempo para aprender como *adaptar* a receita. Talvez você não tenha compensado o fato de ter usado ovos de tamanho acima da média, ou o forno mais quente que o pretendido, ou a marca diferente de farinha, ou o sabor brando das especiarias baratas que comprou na loja de conveniência, ou as várias preferências culinárias de seus convidados. "A receita não funciona" é uma abreviação para "ainda não descobri como adaptar as instruções às circunstâncias locais e *fazer* uma versão da receita que funcione".

É a mesma coisa para qualquer outra prática útil, seja uma receita para cozinhar, uma prática de gestão ou um exercício físico. *Claro* que as coisas geralmente não funcionam exatamente como prescritas em outro lugar do mundo. Você precisa se esforçar para *fazer* as coisas funcionarem. Seja como Jane, trabalhe com o que você tem e aprenda a ser ótimo. Aplique as práticas à sua própria maneira.

Hábitos da Gestão

Este livro está cheio de sugestões para uma gestão mais feliz, e tenho certeza de que é apenas a ponta do iceberg. Muitas outras pessoas têm ótimas ideias para práticas concretas que podem ajudá-lo a motivar qualquer equipe. Na verdade, não há escassez de ideias. Há escassez de compromisso em fazê-las acontecer.

> Não há escassez de ideias.
> Há escassez de compromisso em
> fazê-las acontecer.

O mundo é complexo demais para meramente fornecer a você uma lista de práticas para seguir. É por isso que comecei este livro descrevendo os princípios do Management 3.0. Apenas dar às pessoas alguns princípios, contudo, não é o suficiente para melhorar comportamentos. A maioria das pessoas pode entender os princípios ao ouvir falar deles, mas só compreendem verdadeiramente seu significado ao experimentá-los. É a experiência que resulta da adoção de boas práticas.

Agora é com você!

É a sua vez de fazer as coisas acontecerem, implementando práticas e experimentando princípios. Para algumas práticas, você precisará convencer o gerente a disponibilizar tempo, espaço ou dinheiro para seus experimentos. A melhor forma de convencer gerentes dos benefícios de novas ideias é entregar as coisas conforme prometido para gerar confiança, sempre tentando resolver o problema do seu gerente primeiro e experimentando com novas ideias em ambientes seguros para falhar.[7]

Com outros jogos, você não precisa da cooperação de ninguém e é possível começar imediatamente. Normalmente, o principal desafio aqui é manter a regularidade. Os benefícios das novas práticas podem demorar um pouco para se manifestar. Seus esforços devem se concentrar em encontrar os gatilhos corretos que facilitem o início de bons comportamentos e encontrar ciclos curtos de feedback que o recompensem e permitam transformar as práticas em hábitos.[8]

Para todas as ferramentas apresentadas aqui, posso dizer que seus benefícios já foram provados em outras empresas, mas você deve experimentá-las por si mesmo e fazer delas algo seu.

> Tentar copiar ou reproduzir ferramentas, técnicas ou princípios de uma outra empresa pouco contribui para a cultura de uma organização, seu jeito de fazer as coisas. Por exemplo, como você leva as pessoas a vivenciar de fato os princípios? Por outro lado, focar no desenvolvimento de padrões de comportamento diários é um ponto de alavancagem porque, como o campo da psicologia nos mostra, com prática, é possível mudar, aprender e reproduzir padrões de comportamento.
>
> Mike Rother, *Toyota Kata*[9]

© 2011 Ibrahim Iujaz, Creative Commons 2.0
http://www.flickr.com/photos/notsogoodphotography/6608891363

Um mago dos projetos

"Se eu tiver que falar algo sobre o seu trabalho, seria a teoria da complexidade e o pensamento sistêmico que mais fui capaz de utilizar. Saber que se trata de como o sistema inteiro age sobre os indivíduos e como os indivíduos agem sobre o sistema inteiro me deixou mais confiante e sistemático como um gerente de projetos e um gerente de mudanças.

Sei que o que preciso fazer é construir suficientes restrições locais e mecanismos de feedback para seguir em frente e melhorar a partir daí. Meus gestores estão impressionados e gostam do meu trabalho. Ganhei o título de "o mago dos projetos.""

Johan Dahlbäck, *Suécia*

Eu Amo Gestão

Eu me lembro bem que odiava gestão muitos anos atrás. Eu odiava verificar se as pessoas tinham feito o que eu havia pedido que fizessem. Eu odiava fazer avaliações de desempenho. Eu odiava negociar salários e bônus individuais. Eu odiava alinhar com as equipes a estratégia-de-negócios-da-semana da alta gestão. E eu odiava usar terno e gravata enquanto todas as pessoas legais estavam usando jeans e suéteres.

Demorei um pouco para entender o porquê, mas agora eu sei.

Era a gestão *ruim* que eu odiava.

É diferente agora. Hoje em dia, adoro dar orientações ao programa de licenciamento do Management 3.0. Eu adoro descobrir a motivação intrínseca das pessoas, inspirá-las com histórias e discutir restrições com equipes e facilitadores auto-organizados. Adoro desenvolver material didático e medir meu progresso ao escrever ou falar. Adoro ser um dos fundadores da rede Agile Lean Europe e do movimento Stoos, e adoro desenvolver e nutrir nossos negócios da Happy Melly. Ah, e eu amo usar jeans e suéteres.

Agora é fácil entender o motivo.

Eu adoro uma *boa* gestão e parece que sou uma das poucas pessoas no mundo que realmente ama seu trabalho.

A vida é curta demais para passá-la em ambientes de trabalho que não amamos

"Eu estava no meio da criação de uma complexa avaliação de 360 graus quando ouvi falar do Management 3.0 pela primeira vez. Um amigo meu me contou sobre um treinamento na Turquia e eu decidi aproveitar essa oportunidade. Após o curso, voltei ao trabalho com várias ideias, incluindo a prática de merit money. Era um método muito mais simples do que o sistema que eu tinha originalmente em mente. Nós começamos com 20 pessoas em três equipes. Ninguém questionou a justiça do modelo. Foi divertido; causou muitas discussões bem-humoradas entre as equipes; e me deu uma métrica simples que não era baseada em minha própria opinião subjetiva.

Havia também um pequeno livro na minha bolsa chamado How To Change The World que eu recebi no curso na Turquia. O livro começava com um argumento simples: 'se você não está satisfeito com seu trabalho, você tem três opções: ignorá-lo, sair do trabalho ou tentar mudar a organização'. Foi como apertar um interruptor e acender a luz! Eu fiz o meu melhor para convencer meu chefe e o conselho executivo sobre os problemas que as pessoas tinham com o estilo de gestão da empresa. Eu tinha certeza de que algo mudaria: ou a gestão melhoraria ou eu sairia da empresa.

E, de fato, as coisas mudaram! Saí da empresa junto com várias pessoas de nossas equipes. Nós criamos nosso próprio local de trabalho, do jeito que queríamos, e sem queimar dinheiro alheio. ;-) Agora não somos mais funcionários, mas iniciadores. Percebemos que a vida é curta demais para passá-la em ambientes de trabalho que não amamos."

Alix Moghadam, *Irã*

Quando comecei a escrever o capítulo final deste livro, recebi a seguinte mensagem de um leitor:

> Eu acho seu trabalho não apenas interessante, mas também importante, porque ajuda pessoas e organizações a lidar com os desafios no trabalho diário. Eu também acho que é muito importante nos esforçarmos para inovar a maneira como organizamos o trabalho hoje.

Lazar Todorov, *um gentil leitor da Alemanha*

Eu costumo manter uma atitude cética saudável em relação a reclamações e elogios nos e-mails que recebo, mas para mensagens como essas eu abro de bom grado uma exceção. ;-)

Espero ter lhe dado inspiração suficiente para motivar qualquer equipe e gerenciar o local de trabalho de modo a obter mais felicidade. Com este livro, você agora tem jogos sérios que ajudam a melhorar a cultura organizacional, práticas simples que aumentam o engajamento dos profissionais, histórias criativas que inspiram trabalho em equipe e colaboração, novas maneiras de obter responsabilidade das equipes, etapas concretas na direção de uma maior criatividade e inovação, exercícios fáceis para tornar as organizações mais ágeis e ferramentas modernas que permitem que as pessoas desfrutem de uma segunda-feira feliz.

Agora você pode mudar a cultura de sua organização, passo a passo, ao engajar as pessoas, melhorar o trabalho e encantar seus clientes. Lidere para a felicidade e motive qualquer equipe.

Divirta-se!

© 2012 Jurgen Appelo

Notas

Introdução

1. Steve Tobak, "Want to Be Successful? Learn How to Manage", *Entrepreneur*, February 19, 2014, <http://bit.ly/1m3BFmF>.
2. Steve Denning, "Leadership in the Three-Speed Economy", *Forbes*, May 1, 2013, <http://onforb.es/1cixHX8>.
3. Jurgen Appelo, "Are You a Creative Networker?", noop.nl, January 2, 2014.
4. Josh Bersin, "Why Companies Fail to Engage Today's Workforce: The Overwhelmed Employee", *Forbes*, March 15, 2014, <http://onforb.es/1dJMuVW>.
5. Mark C. Crowley, "The Sharp Drop-off in Worker Happiness—And What Your Company Can Do About It", *FastCompany*, April 30, 2012, <http://bit.ly/1hu5igi>.
6. Ryan Scott, "The 7 Ways You're Not Engaging Your Employees", *Forbes*, February 6, 2014, <http://onforb.es/1fR54iC>.
7. University of Warwick, "We Work Harder When We Are Happy, New Study Shows", *ScienceDaily*, March 20, 2014, <http://bit.ly/OV0HZP>.
8. Sergei Netessine e Valery Yakubovich, "Get Employees to Compete Against Each Other", *Harvard Business Review*, June 1, 2012, <http://bit.ly/1dYsGBF>.
9. Matthew Swyers, "What Your Employees Do When You're on Vacation," *Inc.*, June 1, 2012.
10. Riva Richmond, "3 Tips for Legally and Ethically Monitoring Employees Online," *Entrepreneur*, May 31, 2012, <http://bit.ly/1nTl30o>.
11. Lisa Haneberg, "How to Have Great One-on-Ones", *All Business*, <https://www.allbusiness.com/how-to-have-great-one-on-ones-3871839-1.html>.
12. Jack Zenger e Joseph Folkman, "Getting 360 Degree Reviews Right", *Harvard Business Review*, September 7, 2012, <http://bit.ly/ONhWgs>.
13. Robert S. Kaplan e David P. Norton, "Using the Balanced Scorecard as a Strategic Management System", *Harvard Business Review*, July 2007, <http://bit.ly/1d6ZpEi>.
14. Danny Miller e Jon Hartwick, "Spotting Management Fads," *Harvard Business Review*, October 2002, <http://bit.ly/1bVddDm>.
15. Stafford Beer, *Designing Freedom*. Concord: House of Anansi Press, 1993.
16. "7th Annual State of Agile Development Survey", VersionOne (2013).
17. Peter F. Drucker e Joseph A. Maciariello, *Management* rev. ed. New York: Collins, 2008, loc:1038.
18. Gary Hamel, "First, Let's Fire All the Managers", *Harvard Business Review*, December 2011, <http://bit.ly/1cEshFS>.
19. "The #NoManager Organization and the Manager of One", Happy Melly (blog), September 23, 2013, <http://bit.ly/1h4MKmJ>.
20. Camille Sweeney e Josh Gosfield, "No Managers Required: How Zappos Ditched the Old Corporate Structure for Something New", *FastCompany*, January 6, 2014, <http://bit.ly/1cEsvNe>.

Capítulo 1: Kudo Box e Kudo Cards

1. Nic Fleming, "The Bonus Myth: How Paying for Results Can Backfire", *New Scientist*, April 6, 2011, <http://bit.ly/fK7uXJ>.
2. Mark Buchanan, "Banking Cheats Will Always Prosper", *New Scientist*, March 16, 2011, <http://bit.ly/fbEwlT>.
3. Fleming, "The Bonus Myth".
4. Drucker, *Management*, 42.
5. Alfie Kohn, *Punished by Rewards: The Trouble with Gold Stars, Incentive Plans, A's, Praise, and Other Bribes*. Boston: Houghton Mifflin Co., 1993.
6. Kohn, *Punished by Rewards*, 320.
7. Fleming, "The Bonus Myth".
8. Kerry Patterson, Joseph Grenny, David Maxfield, Ron McMillan e Al Switzler, *Influencer: The Power to Change Anything*. New York: McGraw-Hill, 2008, 194.
9. Daniel Pink, *Drive: The Surprising Truth about What Motivates Us*. New York: Riverhead Books, 2009, loc:524.
10. Fleming, "The Bonus Myth".

11. Mitch McCrimmon, "Celebrating Success at Work", *Suite*, April 9, 2008.

12. Amy Alberg, "How to Celebrate Success Throughout Your Projects", Making Things Happen (blog), May 21, 2008, <http://bit.ly/I94FWZ>.

13. Fleming, "The Bonus Myth".

14. Pink, *Drive*, loc:2523.

15. Paul Klipp, "How and Why You Should Build a Secret Spy Network to Monitor Employee Behavior", Agile Activist (blog), November 20, 2012, <http://bit.ly/1hw15Fx>.

16. Eric Markowitz, "3 Weird, Game-Changing Ways to Make Employees Happy", *Inc.*, May 11, 2012, <http://bit.ly/Jqa1fj>.

17. Mig Pascual, "Four Peer-to-Peer Ways Zappos Employees Reward Each Other", *Zappos Insights*, September 10, 2012, <http://bit.ly/1g3kdJM>.

Capítulo 2: Mapas Pessoais

1. Alistair Cockburn, *Agile Software Development: The Cooperative Game*. 2nd. ed. Upper Saddle River: Addison-Wesley, 2007.

2. Patterson et al., *Influencer*, loc:3904.

3. Jurgen Appelo, *Management 3.0: Leading Agile Developers, Developing Agile Leaders*. Upper Saddle River: Addison-Wesley, 2011, loc:5155.

4. Daniel Markovitz, "Go to Where the Actual Work Is Being Done", *Harvard Business Review*, March 31, 2014, <http://bit.ly/1exOh60>.

5. Mark Rosenthal, "Walking the Gemba", The Lean Thinker (blog), January 28, 2009, <http://bit.ly/h49DCA>.

6. Mike Rother, *Toyota Kata: Managing People for Improvement, Adaptiveness, and Superior Results*. New York: McGraw Hill, 2010, loc:1995.

7. Walter Isaacson, "The Real Leadership Lessons of Steve Jobs", *Harvard Business Review*, April 2012, <http://bit.ly/GBedqe>.

8. Mike Cohn, *Succeeding with Agile: Software Development Using Scrum*. Upper Saddle River: Addison-Wesley, 2010, 370.

9. Alex Pentland, "The New Science of Building Great Teams", *Harvard Business Review*, April 2012, <http://bit.ly/GAC3lk>.

10. Tim Harford, *Adapt: Why Success Always Starts with Failure*. New York: Farrar, Straus and Giroux, 2011, loc:3583.

11. Richard Branson, *Like a Virgin: Secrets They Won't Teach You at Business School*. London: Virgin, 2012.

12. Farhad Manjoo, "Marissa Mayer Has Made a Terrible Mistake", *Slate*, February 26, 2013, <https://slate.com/technology/2013/02/yahoo-working-at-home-marissa-mayer-has-made-a-terrible-mistake-working-from-home-is-great-for-employees-and-employers.html>.

13. Jessica Stillman, "Remote Work Boosts Productivity? Only for Creative Tasks, Says New Research", *Gigaom*, April 30, 2012, <http://bit.ly/17ax0rY>.

14. Richard Branson, "Give People the Freedom of Where to Work", *Virgin*, February 25, 2013, <http://bit.ly/11T0Bni>.

15. Sam Grier, "The Gemba Walk – A Tool for IT Management and Leadership", *IT Managers Inbox*, <http://bit.ly/15EZt1>.

16. Appelo, *Management 3.0*, loc:2309.

17. "Feedback for Real", *Gallup Business Journal*, March 15, 2001, <http://bit.ly/10dWi2b>.

18. Appelo, *Management 3.0*, loc:2191.

Capítulo 3: Quadros de Delegação e Pôquer da Delegação

1. Patrick Hoverstadt, *The Fractal Organization: Creating Sustainable Organizations with the Viable System Model*. Hoboken: John Wiley & Sons, 2008, loc:517.

2. Appelo, *Management 3.0*, 108.

3. John Seddon, *Freedom from Command & Control: Rethinking Management for Lean Service*. New York: Productivity Press, 2005, 193.

4. John P. Kotter, *Leading Change*. Boston: Harvard Business School Press, 1996, loc:1775.

5. Kenneth W. Thomas, *Intrinsic Motivation at Work: What Really Drives Employee Engagement*. San Francisco: Berrett-Koehler Publishers, 2009.

6. Roger Lewin e Birute Regine, *Weaving Complexity and Business: Engaging the Soul at Work*. New York: Texere, 2001.

7. D. E. Bowen e E. E. Lawler, "Empowering Service Employees", *Sloan Management Review*, Summer 1995, 73-84.

8. S. Caudron, "Create an Empowering Environment", *Personnel Journal*, 74:9 (1995), 28-36.

9. Russell L. Ackoff, *Re-creating the Corporation: A Design of Organizations for the 21st Century*. New York: Oxford University Press, 1999, 180.

10. Ackoff, *Re-creating the Corporation*, 287.

11. Stephanie Vozza, "How to Set Healthy Boundaries in Your Workplace", *Entrepreneur*, December 30, 2013, <http://bit.ly/1I9NgRs>.

12. Donald G. Reinertsen, *Managing the Design Factory: A Product Developer's Toolkit*. New York: Free Press, 1997, 107.

13. Appelo, *Management 3.0*, loc:2884.

14. Jurgen Appelo, "Delegation Poker (Free Exercise)," noop.nl, updated May 6, 2013, http://bit.ly/16gsgl5.

Capítulo 4: Histórias sobre Valores e Livros de Cultura

1. Hamel, *What Matters Now*, loc:340.

2. James M. Kouzes e Barry Z. Posner, *The Leadership Challenge: How to Make Extraordinary Things Happen in Organizations*. San Francisco: Jossey-Bass, 2012, loc:1173.

3. Ronald N. Ashkenas, *Simply Effective: How to Cut Through Complexity in Your Organization and Get Things Done*. Boston: Harvard Business Press, 2010, loc:242.

4. Rosabeth Moss Kanter, "How Great Companies Think Differently", *Harvard Business Review*, November 2011, <http://bit.ly/WIYuNI>.

5. Appelo, *Management 3.0*, loc:2256.

6. Geert Hofstede, Gert Jan Hofstede e Michael Minkov. *Cultures and Organizations: Software of the Mind*, 3rd. ed. New York: McGraw-Hill, 2010.

7. Kouzes e Posner. *Leadership Challenge*, loc:1207.

8. Appelo, *Management 3.0*, loc:2241.

9. Torben Rick, "Value Statements Can Be Real Business Drivers", *Meliorate*, March 7, 2014, <http://bit.ly/1pDX3Rq>.

10. Teresa Amabile, Colin M. Fisher e Julianna Pillemer, "IDEO's Culture of Helping", *Harvard Business Review*, January-February 2014, <http://bit.ly/1juZ2po>.

11. Tim Brown, "The Little Book of IDEO", *SlideShare*, December 18, 2013, <http://slidesha.re/1i9KFE5>.

12. *Valve Handbook for New Employees*, 1st. ed. Valve Press, March 2012, <http://bit.ly/1muZHHj>.

13. Susan M. Heathfield, "20 Ways Zappos Reinforces Its Company Culture", *The Balance Careers*, updated July 30, 2019, <http://abt.cm/1jTjTFA>.

14. "The Zappos Family Culture Book", *Zappos Insights*, 2012, <http://bit.ly/1jTB0Hz>.

15. Jennifer Robin e Michael Burchell, *No Excuses: How You Can Turn Any Workplace into a Great One*. San Francisco: Jossey-Bass, 2013, 1120.

16. Drake Baer, "Netflix's Major HR Innovation: Treating Humans Like People", *FastCompany*, March 13, 2014, <http://bit.ly/QBLw9y>.

17. Reed Hastings, "Netflix Culture: Freedom & Responsibility", *SlideShare*, August 1, 2009, <http://slidesha.re/1s2inSQ>.

18. Patty McCord, "How Netflix Reinvented HR", *Harvard Business Review*, January-February 2014, <http://bit.ly/1e7yO7o>.

19. Peter Senge, *The Fifth Discipline: The Art and Practice of the Learning Organization*. New York: Doubleday/Currency, 2006, loc:6345.

20. Suzanne Lucas, "Culture Comes First. The Rest Is Noise", *Inc.*, December 19, 2013, <http://bit.ly/1hYa6Y9>.

21. Frédéric Laloux, *Reinventing Organizations: A Guide to Creating Organizations Inspired by the Next Stage in Human Consciousness*. Brussels, Belgium: Nelson Parker, 2014, loc:3368.

Capítulo 5: Dias de Exploração e Crowdfunding Interno

1. Drucker, *Management*, loc:5807.

2. Erin Hayes, "Google's 20 Percent Factor", *ABC News*, May 12, 2008, <http://abcn.ws/Ku53ka>.

3. Christopher Mims, "Google's '20% Time,' Which Brought You Gmail and AdSense, Is Now As Good As Dead", *Quartz*, August 16, 2013, <http://bit.ly/1q46QPd>.

4. Christopher Mims, "Google Engineers Insist 20% Time Is Not Dead–It's Just Turned Into 120% Time", *Quartz*, August 16, 2013, <http://bit.ly/1dXmI6g>.

5. "Danger, If You Read This Story You May Want to Apply at This Company!" Happy Melly (blog), March 12, 2013.

6. Jurgen Appelo, *How to Change the World: Change Management 3.0*. Rotterdam: Jojo Ventures BV, 2012, 48.

7. Daniel H. Pink, "How to Deliver Innovation Overnight", DanPink.com, July 5, 2011, <http://bit.ly/ipXAE5>.

8. David Zax, "Secrets of Facebook's Legendary Hackathons Revealed", *Fast Company*, November 9, 2012, <http://bit.ly/RTPk2H>.

9. Zax, "Secrets of Facebook's Legendary Hackathons Revealed".

10. Dave Brands, "FedEx Day at PAT", *Agile Studio*, May 7, 2012.

11. "ShipIt Day FAQ", Atlassian, January 1, 2013, <http://bit.ly/W5O27X>.

12. Jon Silvers, "ShipIt Day in the Wild", Atlassian Blogs, November 12, 2010, <http://bit.ly/JF5j3d>.

13. Christopher Mims, "Google Engineers Insist 20% Time Is Not Dead—It's Just Turned into 120% Time", *Quartz*, August 16, 2013, <http://qz.com/116196/google-engineers-insist-20-time-is-not-dead-its-just-turned-into-120-time>.

14. David Burkus, "Why Hierarchy Stifles Creativity" *Psychology Today*, March 23, 2014, <http://bit.ly/1gwpJ88>.

15. Michael Schrage, "Just How Valuable Is Google's '20% Time'?", *Harvard Business Review*, August 20, 2013, http://bit.ly/1fV4OME.

16. Mims, "20% Time Is Now As Good As Dead".

17. Mims, "20% Time Is Not Dead".

18. Laura Vanderkam, "Why Encouraging Employees to Be Entrepreneurs Can Create an Incredible Place to Work", *Fast Company*, January 16, 2014, <http://bit.ly/QOgKKy>.

19. Donald G. Reinertsen, *The Principles of Product Development Flow: Second Generation Lean Product Development*. Redondo Beach: Celeritas, 2009.

20. Vanderkam, "Encouraging Employees to Be Entrepreneurs".

21. Hoverstadt, *The Fractal Organization*, loc:161.

22. "Hackathons Aren't Just for Developers", Spotify Developer, February 2, 2012.

23. Jurgen Appelo, "Innovation Is Not Only in Your Code" noop.nl, February 5, 2014.

24. William Taylor e Polly G. LaBarre, *Mavericks at Work: Why the Most Original Minds in Business Win*. New York: William Morrow, 2006, loc:3507.

25. Ricardo Semler, *The Seven-Day Weekend: Changing the Way Work Works*. New York: Portfolio, 2004, 133.

Capítulo 6: Guildas Empresariais e Encontros Corporativos

1. Sheilagh Ogilvie, "Guilds, Efficiency, and Social Capital: Evidence from German Proto-Industry", CESifo, December 2002.

2. Thomas Malone, *The Future of Work: How the New Order of Business Will Shape Your Organization, Your Management Style, and Your Life*. Boston: Harvard Business School Press, 2004, 84.

3. Craig Brown, "On Community of Practice", Better Projects (blog), March 28, 2012, <http://bit.ly/HcQhj7>.

4. Etienne Wenger, *Cultivating Communities of Practice: A Guide to Managing Knowledge*. Boston: Harvard Business School Press, 2002, loc:144.

5. Gary Hamel, "Moon Shots for Management", *Harvard Business Review*, February 2009, <http://bit.ly/UrOjRV>.

6. John Seely Brown, "Complexity and Innovation". *In: The Interaction of Complexity and Management*, ed. Michael Lissack. Westport: Quorum Books, 2002.

7. Wenger, *Cultivating Communities of Practice*, loc:518.

8. Henrik Kniberg, "Scaling @ Spotify with Tribes, Squads, Chapters & Guilds", Crisp's Blog, November 14, 2012, <http://bit.ly/1kzzy95>.

9. Piotr Anioła, "Guilds @ BLStream", BLStream, March 2014.

10. Ronald N. Ashkenas, *The Boundaryless Organization: Breaking the Chains of Organizational Structure*. San Francisco: Jossey-Bass, 2002, 157.

11. Adriana Gardella, "The Verdict on Huddles", *The New York Times*, April 5, 2012.

12. Wenger, *Cultivating Communities of Practice*, loc:153.

13. Brian Bozzuto e Dennis Stevens, "Beyond Functional Silos with Communities of Practice", *SlideShare*, August 18, 2012, <http://slidesha.re/1hxsqek>.

14. Seth Godin, *Tribes: We Need You to Lead Us*. New York: Portfolio, 2008.

Capítulo 7: Feedback Wraps e Férias Ilimitadas

1. David G. Javitch, "The Benefits of Flextime", *Entrepreneur*, June 5, 2006, <http://bit.ly/18FhwPr>.
2. Paul Boag, "The Benefits and Challenges of Remote Working", boagworld (blog), September 17, 2013, <http://bit.ly/1h2seSk>.
3. James Surowiecki, "Face Time", *The New Yorker*, March 18, 2013, <http://nyr.kr/18WkyBp>.
4. Amy-Mae Elliott, "4 Important Considerations for Creating a Remote Work Policy", *Mashable*, September 12, 2011, <https://mashable.com/2011/09/12/remote-work-policy/>.
5. Jena McGregor, "Flextime: Honing the Balance", *Bloomberg Business*, December 10, 2006, <http://buswk.co/18Wlg1r>.
6. Surowiecki, "Face Time".
7. David Hauser, "What's Wrong with a No-Remote-Work Policy at Yahoo?", davidhauser.com (blog), February 27, 2013, <https://davidhauser.tumblr.com/post/44139499219/whats-wrong-with-a-no-remote-work-policy-at>.
8. Douglas MacMillan, "To Recruit Techies, Companies Offer Unlimited Vacation", *Bloomberg Business*, July 19, 2012, <http://buswk.co/1iZy1wm>.
9. Lotte Bailyn, "Unlimited Vacation Time Is Better in Theory Than in Practice", *Quartz*, August 27, 2013, <http://bit.ly/18DWFJc>.
10. Dugald McConnell e Erin McPike, "Unlimited Vacation? Some Workplaces Offer It", *CNN*, September 2, 2013, <http://cnn.it/IHk71C>.
11. McConnell e McPike, "Unlimited Vacation?".
12. Bailyn, "Unlimited Vacation Time".
13. Carolyn Gregoire, "Unlimited Vacation Policies Might Be Too Good to Be True", *Huffington Post*, November 1, 2013, <http://huff.to/19jlr3Z>.
14. Jena McGregor, "The Catch of Having an Unlimited Vacation Policy", *The Washington Post*, August 13, 2013, <http://wapo.st/1dsTNlh>.
15. Robert F. Hurley, *The Decision to Trust: How Leaders Create High-Trust Organizations*. San Francisco: Jossey-Bass, 2012, loc:616.
16. Hurley, *The Decision to Trust*, loc:3175.
17. Monique Valcour, "The End of 'Results Only' at Best Buy Is Bad News", *Harvard Business Review*, March 8, 2013, <http://bit.ly/18WqGtt>.
18. Aubrey Daniels, "Results Only Work Environment? It's a Leadership Problem", *Talent Management*, March 27, 2013, <https://talentmgt.com/2013/03/27/results-only-work-environment-its-a-leadership-problem_trashed/>.
19. Halvor Gregusson, "Creating a Remote Work Policy that Works", Yast (blog), March 28, 2013.
20. Tom Coens e Mary Jenkins, *Abolishing Performance Appraisals: Why They Backfire and What to Do Instead*. San Francisco: Berrett-Koehler Publishers, 2000, loc:779.
21. Coens e Jenkins, *Abolishing Performance Appraisals*, loc:402.
22. Coens e Jenkins, *Abolishing Performance Appraisals*, loc:457.
23. Gabriella Jozwiak, "Is It Time to Give Up on Performance Appraisals?", *HR Magazine*, October 22, 2012, <http://bit.ly/18WsB0Y>.
24. Kohn, *Punished by Rewards*, loc:3568.
25. Josh Bersin, "Time to Scrap Performance Appraisals?", *Forbes*, May 6, 2013, <http://onforb.es/1f9si1o>.
26. Samuel A. Culbert, "Get Rid of the Performance Review!", *The Wall Street Journal*, October 20, 2008, <http://on.wsj.com/1bGTSDd>.
27. Stephanie Vozza, "10 Reasons to Scrap Year-End Performance Reviews", *Entrepreneur*, December 23, 2013, <http://bit.ly/1e80Nco>.
28. Ray B. Williams, "Why 'Constructive Feedback' Doesn't Improve Performance", *Psychology Today*, November 26, 2011, <http://bit.ly/19jMz3R>.
29. Coens e Jenkins, *Abolishing Performance Appraisals*, loc:769.
30. Coens e Jenkins, *Abolishing Performance Appraisals*, loc:72.
31. Bersin, "Time to Scrap Performance Appraisals?".
32. Drake Baer, "Why Jerk Bosses Make People Worse at Their Jobs", *Fast Company*, February 20, 2014, <http://bit.ly/R0QA7r>.

33. Ron Ashkenas, "Stop Pretending That You Can't Give Candid Feedback", *Harvard Business Review*, February 28, 2014, <http://bit.ly/R0RbpM>.

34. Ed Batista, "Building a Feedback-Rich Culture", *Harvard Business Review*, December 24, 2014, <http://bit.ly/1qgqqK8>.

35. Alina Tugend, "You've Been Doing a Fantastic Job. Just One Thing...", *The New York Times*, April 5, 2013, <http://nyti.ms/IHnpSq>.

36. Carolyn Kaufman, "Giving Good Constructive Feedback", *Psychology Today*, June 13, 2012, <http://bit.ly/18E1CBA>.

37. Julius Tarng, "How to Give Constructive Design Feedback over Email", *Medium*, October 21, 2013, <http://bit.ly/1e7Hm2X>.

38. Amy Gallo, "Giving a High Performer Productive Feedback", *Harvard Business Review*, December 3, 2009, <http://bit.ly/IRablC>.

39. Kaufman, "Giving Good Constructive Feedback".

40. Gallo, "Giving a High Performer Productive Feedback".

41. Kaufman, "Giving Good Constructive Feedback".

42. Tarng, "How to Give Constructive Design Feedback over Email".

43. Tugend, "You've Been Doing a Fantastic Job".

44. Bersin, "Time to Scrap Performance Appraisals?".

45. Kaufman, "Giving Good Constructive Feedback".

46. Heidi Grant, "Sometimes Negative Feedback Is Best", *Harvard Business Review*, January 28, 2013, <http://bit.ly/1e8lh4T>.

47. Kaufman, "Giving Good Constructive Feedback".

48. Tugend, "You've Been Doing a Fantastic Job".

49. Williams, "Why 'Constructive Feedback' Doesn't Improve Performance".

50. Grant Halvorson, "Sometimes Negative Feedback Is Best".

51. Bersin, "Time to Scrap Performance Appraisals?".

52. Gregusson, "Creating a Remote Work Policy".

53. Miki Kashtan, "Is Nonviolent Communication Practical?", *Psychology Today*, May 21, 2012, <http://bit.ly/18nGswF>.

54. Coens e Jenkins, *Abolishing Performance Appraisals*, loc:925.

55. Marshall B. Rosenberg, *Nonviolent Communication: A Language of Life*. Encinitas: PuddleDancer Press, 2003.

Capítulo 8: Ecossistema de Métricas e Índice de Scoreboard

1. Sandeep Gautam, "4 Major Goals of Life", *Psychology Today*, February 4, 2014, <http://bit.ly/1fdWFSh>.

2. Jay Yarow, "This Is the Internal Grading System Google Uses for Its Employees—And You Should Use It Too", *Business Insider*, January 6, 2014.

3. Dean R. Spitzer, *Transforming Performance Measurement: Rethinking the Way We Measure and Drive Organizational Success*. New York: American Management Association, 2007, loc:431.

4. Jamshid Gharajedaghi, *Systems Thinking: Managing Chaos and Complexity: A Platform for Designing Business Architecture*. Amsterdam: Elsevier, 2006.

5. Gharajedaghi, *Systems Thinking*, 47.

6. Douglas W. Hubbard, *How to Measure Anything: Finding the Value of "Intangibles" in Business*. Hoboken: Wiley, 2010.

7. Drucker, *Management*.

8. Jeffrey Gedmin, "Our Mania for Measuring (and Remeasuring) Well-Being", *Harvard Business Review*, September 2013, <http://bit.ly/1iYZzyi>.

9. Yarow, "This Is the Internal Grading System Google Uses".

10. W. Edwards Deming, *Out of the Crisis*. Cambridge: Massachusetts Institute of Technology, Center for Advanced Engineering Study, 1986, 121.

11. Hubbard, *How to Measure Anything*, 27.

12. Spitzer, *Transforming Performance Measurement*, loc:784.

13. "Data, Data Everywhere", *The Economist*, February 27, 2010, <http://econ.st/1goRsuj>.

14. Peter Brownell, "The Most Important New Advanced Soccer Statistics and Why They Matter", *Bleacher Report*, April 9, 2013, <http://bit.ly/1epNTzE>.

15. Eric Ries, *The Lean Startup: How Today's Entrepreneurs Use Continuous Innovation to Create Radically Successful Businesses*. New York: Crown Business, 2011, 143.

16. Hoverstadt, *The Fractal Organization*, 102.

17. Ackoff, *Re-Creating the Corporation*, 33.

18. Stephen Denning, *The Leader's Guide to Radical Management: Reinventing the Workplace for the 21st Century*. San Francisco: Jossey-Bass, 2010, loc:1385.

19. Appelo, *Management 3.0*, loc:6604.

20. Spitzer, *Transforming Performance Measurement*, loc:1022.

21. Drucker, *Management*, loc:7160.

22. Drucker, *Management*, loc:6032.

23. Robert D. Austin, *Measuring and Managing Performance in Organizations*. New York: Dorset House Publishing, 1996, loc:1899.

24. Seddon, *Freedom from Command and Control*, 19.

25. Kelly Allan, "3 Deming-Based Alternatives to Management by Objective", Process Excellence Network, April 12, 2012, <http://bit.ly/1jwxJww>.

26. Hoverstadt, *The Fractal Organization*, 138.

27. Yarow, "This Is the Internal Grading System Google Uses".

28. Michael Schrage, "Team Chemistry Is the New Holy Grail of Performance Analytics", *Harvard Business Review*, March 5, 2014, <http://bit.ly/1hJMI5d>.

29. Jeffrey K. Liker e Gary L. Convis, *The Toyota Way to Lean Leadership: Achieving and Sustaining Excellence Through Leadership Development*. New York: McGraw-Hill, 2011, loc:4056.

30. Yarow, "This Is the Internal Grading System Google Uses".

31. Spitzer, *Transforming Performance Measurement*, loc:1333.

32. Austin, *Measuring and Managing Performance*, loc:464.

33. G. Lyons, *Social Research and Public Policies*. Hanover: Dartmouth College, The Public Affairs Center, 1975, 35.

34. Liker, *The Toyota Way to Lean Leadership*, loc:592.

35. Drucker, *Management*, loc:6032.

36. Kohn, *Punished by Rewards*, loc:1343.

37. Yarow, "This Is the Internal Grading System Google Uses".

38. Kohn, *Punished by Rewards*, loc:1159.

39. Austin, *Measuring and Managing Performance*, loc:2977.

40. Hoverstadt, *The Fractal Organization*, 109.

41. Spitzer, *Transforming Performance Measurement*, loc:905.

42. Yarow, "This Is the Internal Grading System Google Uses".

43. Liker, *The Toyota Way to Lean Leadership*, loc:3133.

44. Gerald M. Weinberg, *Becoming a Technical Leader: An Organic Problem-Solving Approach*. New York: Dorset House, 1986, loc:659.

45. Patrick Kua, "An Appropriate Use of Metrics", Martin Fowler, February 19, 2013, <http://bit.ly/1ooprY6>.

46. Robert S. Kaplan e David P. Norton, *The Balanced Scorecard: Translating Strategy into Action*. Boston: Harvard Business Review Press, 1996.

47. Austin, *Measuring and Managing Performance*, loc:750.
48. Mike Rother, *Toyota Kata: Managing People for Improvement, Adaptiveness, and Superior Results*. New York: McGraw Hill, 2010, loc:2428.
49. Spitzer, *Transforming Performance Measurement*, loc:2081.
50. Yarow, "This Is the Internal Grading System Google Uses".

Capítulo 9: Merit Money

1. Bjarte Bogsnes, *Implementing Beyond Budgeting: Unlocking the Performance Potential*. Hoboken: John Wiley & Sons, 2009, loc:73.
2. Kohn, *Punished By Rewards*.
3. Pink, *Drive*.
4. Fleming, "The Bonus Myth".
5. Joel Spolsky, "Incentive Pay Considered Harmful", Joel on Software (blog), April 3, 2000, <http://bit.ly/11q4Czh>.
6. Fleming, "The Bonus Myth".
7. Kohn, *Punished By Rewards*.
8. Pink, *Drive*.
9. Nikolaj Bomann, "Bonus Schemes Should Be Handled with Care", Pointbeing.net, June 27, 2009, <http://bit.ly/Roavfl>.
10. Jonathan Haidt, *The Happiness Hypothesis: Finding Modern Truth in Ancient Wisdom*. New York: Basic Books, 2006, 67.
11. Dan Ariely, *Predictably Irrational: The Hidden Forces That Shape Our Decisions*. New York: Harper, 2009.
12. E. D. Boyd, "At IGN, Employees Use a 'Viral Pay' System to Determine Each Other's Bonuses", *Fast Company*, December 16, 2011, <http://bit.ly/11q83G7>.
13. James Surowiecki, *The Wisdom of Crowds: Why the Many Are Smarter Than the Few and How Collective Wisdom Shapes Business, Economies, Societies, and Nations*. New York: Doubleday, 2004.
14. Haidt, *The Happiness Hypothesis*, 66.
15. Daniel Kahneman, *Thinking, Fast and Slow*. New York: Farrar, Straus and Giroux, 2011, 55.
16. Markowitz, "3 Weird, Game-Changing Ways to Make Employees Happy".
17. "Merit Money: A Crazy Idea That Works", Happy Melly, October 7, 2013, <http://bit.ly/1eEqph8>.

Capítulo 10: Moving Motivators

1. Jacob Shriar, "13 Scary Statistics on Employee Engagement", *Digitalist Magazine*, December 1, 2014.
2. John Hollon, "How Important Is Engagement? 87% of Leaders Say a Lack of It Is a Key Issue", *Talent Management and HR*, March 4, 2015, <http://bit.ly/1NdBROB>.
3. John Roberts, *The Modern Firm: Organizational Design for Performance and Growth*. Oxford, New York: Oxford University Press, 2004, loc:1040.
4. Kohn, *Punished by Rewards*, loc:3528.
5. Jeff Grabmeier, "Intrinsic Motivation Doesn't Exist, Researcher Says", *The Ohio State University*, September 5, 2005.
6. Edward L. Deci e Richard M. Ryan, *Handbook of Self-Determination Research*. Rochester, NY: University of Rochester Press, 2002.
7. Pink, *Drive*.
8. Steven Reiss, *Who Am I? The 16 Basic Desires that Motivate Our Behavior and Define Our Personality*. New York: Berkley, 2002.
9. Garth Sundem, "A New Kind of Reward Increases Intrinsic Motivation", *Psychology Today*, March 19, 2014, <http://bit.ly/1DcbSAs>.
10. David Kelley e Tom Kelley, *Creative Confidence: Unleashing the Creative Potential Within Us All*. New York: Crown Business, 2013.
11. Sylvia Ann Hewlett, Melinda Marshall e Laura Sherbin, "How Diversity Can Drive Innovation", *Harvard Business Review*, December 2013, <http://bit.ly/1zZCruD>.
12. Reiss, *Who Am I?*

13. Ian Robertson, "Power Is the Ultimate High", *New Scientist*, July 4, 2012, <http://bit.ly/1Z0TFSr>.
14. Fritjof Capra e P. L. Luisi, *The Systems View of Life: A Unifying Vision*. Cambridge: Cambridge University Press, 2014, loc:612.
15. Laloux, *Reinventing Organizations*, loc:5713.
16. Mihaly Csikszentmihalyi, *Creativity: The Psychology of Discovery and Invention*. New York: Harper Perennial Modern Classics, 2013, loc:1887.
17. Les McKeown, "A Very Simple Reason Employee Engagement Programs Don't Work", *Inc.*, September 10, 2013, <http://bit.ly/1U6OPR0>.
18. McKeown, "A Very Simple Reason".
19. Sebastian Radics, "Advanced Moving Motivators Sessions – Don't Miss These 6 Expert Hints", *On the Agile Path*, May 22, 2015, <http://bit.ly/1M4KhDW>.
20. Sander Huijsen, "My Experience Playing Moving Motivators", *Medium*, August 7, 2015.

Capítulo 11: Porta da Felicidade

1. Steve Crabtree, "Worldwide, 13% of Employees Are Engaged at Work", *Gallup*, October 8, 2013, <http://bit.ly/1aG9kMn>.
2. Devi Clark, "Fascinating Facts about Job Satisfaction and Motivation All Over the World", *Lifehack*, February 16, 2015, <http://bit.ly/1vEQJuL>.
3. University of Warwick, "We Work Harder When We Are Happy, New Study Shows", *Science Daily*, March 20, 2014, <http://bit.ly/1e1eeuF>.
4. Shawn Achor, *The Happiness Advantage: The Seven Principles of Positive Psychology That Fuel Success and Performance at Work*. New York: Crown Business, 2010.
5. Jonathan Haidt, *The Happiness Hypothesis: Finding Modern Truth in Ancient Wisdom*. New York: Basic Books, 2006.
6. Daniel T. Gilbert, *Stumbling on Happiness*. New York: A. A. Knopf, 2006, loc:561.
7. Martin E. Seligman, *Authentic Happiness: Using the New Positive Psychology to Realize Your Potential for Lasting Fulfillment*. New York: Free Press, 2004.
8. Harvey B. Simon, "Giving Thanks Can Make You Happier", *Harvard Health Publications*, November 22, 2011, <http://bit.ly/1s2KuRg>.
9. Kelly Fitzpatrick, "Are We Happier When We Give or Receive Gifts?", *Greatist*, December 20, 2011, <http://bit.ly/1PwpqAp>.
10. Jenny Santi, "The Secret to Happiness Is Helping Others", *Time*, August 4, 2017, <http://ti.me/1ZItBg7>.
11. Rachael Moeller Gorman, "New Science Links Food and Happiness", *EatingWell*, April 22, 2010, <http://bit.ly/1OkkLR1>.
12. Leo Widrich, "What Happens to Our Brains When We Exercise and How It Makes Us Happier", *Buffer Social*, August 23, 2012, <http://bit.ly/YKZMQZ>.
13. Lindsay Holmes, "All the Ways Sleep Affects Your Happiness, in One Chart", *Huffington Post*, July 23, 2015, <http://huff.to/1g9bdLl>.
14. Jay Cassano, "The Science of Why You Should Spend Your Money on Experiences, Not Things", Co.Exist (blog), *Fast Company*, March 30, 2015, <http://bit.ly/1CoOIIx>.
15. "Spending Time in Nature Makes People Feel More Alive, Study Shows", *University of Rochester*, June 3, 2010, <http://bit.ly/UyDdg1>.
16. Elise Bialylew, "4 Ways Mindfulness Can Enhance Your Happiness", *Huffington Post*, April 16, 2015, <http://huff.to/1FY1bo1>.
17. Kimberly Schaufenbuel, "Why Google, Target, and General Mills Are Investing in Mindfulness", *Harvard Business Review*, December 28, 2015, <http://bit.ly/1TmWHgu>.
18. Robert Waldinger, "What Makes a Good Life? Lessons from the Longest Study on Happiness", *TED*, November 2015, <http://bit.ly/1QI5o7B>.
19. Emily Esfahani Smith, "There's More to Life Than Being Happy", *The Atlantic*, January 9, 2013, <https://www.theatlantic.com/health/archive/2013/01/theres-more-to-life-than-being-happy/266805/>.
20. Melinda Wenner, "Smile! It Could Make You Happier", *Scientific American*, September 1, 2009, <http://bit.ly/1oxz0pU>.

Capítulo 12: Questões yay! e Quadros de Celebração

1. Robin e Burchell, *No Excuses*, loc:589.
2. "Celebrate Failure", *Fast Company*, November 21, 2005, <https://www.fastcompany.com/918958/celebrate-failure>.
3. Alexander Kjerulf, "Top 5 Reasons to Celebrate Mistakes at Work", The Chief Happiness Officer Blog, June 3, 2010, <http://bit.ly/1gUfL4Q>.
4. Leigh Buchanan, "Welcome to the Church of Fail", *Inc.*, November 2013, <http://bit.ly/1lk6abG>.

5. Jason Fried, "Failure Is Overrated, a Redux", *Signal vs. Noise*, March 23, 2009, <http://bit.ly/41Ffok>.

6. Donald G. Reinertsen, *The Principles of Product Development Flow: Second Generation Lean Product Development*. Redondo Beach: Celeritas, 2009, loc:1512.

7. Reinertsen, *The Principles of Product Development Flow*, loc:1512.

8. Deming, *Out of the Crisis*, 128.

9. Alberg, "How to Celebrate Success Throughout Your Projects".

10. Bruce Eckel, "You Get What You Measure", Reinventing Business (blog), August 2, 2011, <http://bit.ly/pc0CwQ>.

11. Atul Gawande, *The Checklist Manifesto: How to Get Things Right*. New York: Metropolitan Books, 2010.

12. Grant Halvorson, "Sometimes Negative Feedback Is Best".

13. McCrimmon, "Celebrating Success at Work".

14. Jurgen Appelo, *How to Change the World: Change Management 3.0*. Rotterdam: Jojo Ventures BV, 2012.

15. Jim McCarthy, *Software for Your Head: Core Protocols for Creating and Maintaining Shared Vision*. Boston: Addison-Wesley, 2002.

16. Pascal Van Cauwenberghe, "We Expect Nothing Less Than Perfection", Thinking for a Change (blog), August 12, 2006, <http://bit.ly/I9i0ih>.

Conclusão

1. Jurgen Appelo, "Where's the End?" noop.nl, December 13, 2012.

2. Gary Hamel, *What Matters Now: How to Win in a World of Relentless Change, Ferocious Competition, and Unstoppable Innovation*. San Francisco: Jossey-Bass, 2012, loc:4123.

3. Kahneman, *Thinking, Fast and Slow*, loc:3473.

4. Jim Highsmith, "Agile Bureaucracy: When Practices Become Principles", Jim Highsmith (blog), July 10, 2012, <https://www.thoughtworks.com/pt/insights/blog/agile-bureaucracy-when-practices-become-principles>.

5. Henry Mintzberg, Managers, *Not MBAs: A Hard Look at the Soft Practice of Managing and Management Development*. San Francisco: Berrett-Koehler Publishers, 2004, 252.

6. Robin e Burchell, *No Excuses*, loc:702.

7. Scott Berkun, "How to Convince Your Boss to Try New Things", Scott Berkun (blog), March 26, 2014, <http://bit.ly/1gMMc1I>.

8. Charles Duhigg, *The Power of Habit: Why We Do What We Do in Life and Business*. New York: Random House, 2012.

9. Rother, *Toyota Kata*, loc:171.

Espere, tem mais!

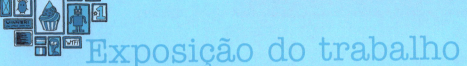
Exposição do trabalho
Explique o propósito coletando artefatos

Símbolos e identidade
Convide os profissionais para criar uma identidade compartilhada

Melhoria de diálogo e programas de copiloto
Melhore o desempenho através da colaboração

Hora do problema
Continue resolvendo problemas e entregue valor

Perfis de trabalho e créditos por projetos
Mude o foco dos cargos para a reputação

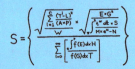
Fórmula salarial
Mantenha a confiança das pessoas com compensação justa

Lista de verificação champfrogs
Entenda como ser um influenciador me

https://management30.com/

Sobre o Autor

Jurgen Appelo é pioneiro na gestão para ajudar organizações criativas a sobreviverem e prosperarem no século XXI. Ele oferece ferramentas, práticas e jogos concretos, para que você possa introduzir uma melhor gestão com menos gerentes.

Jurgen chama a si mesmo de creative networker. Mas às vezes ele é escritor, palestrante, facilitador, empresário, ilustrador, gerente, blogueiro, leitor, sonhador, líder, pensador livre ou... o cara holandês. A inc.com o colocou no Top 50 de especialistas em liderança, uma das 50 principais lideranças inovadoras e no Top 100 dos maiores palestrantes sobre liderança. Desde 2008, Jurgen escreve no popular blog NOOP.NL, oferecendo ideias sobre economia criativa, gestão ágil, mudança organizacional e desenvolvimento pessoal. Ele é autor do livro *Management 3.0*, que descreve a função do gerente em organizações ágeis, e também escreveu um pequeno livro chamado *How to Change The World*, que descreve um super modelo de gestão de mudanças (management30.com). Jurgen é fundador da rede de negócios Happy Melly (happymelly.com). Ele é também palestrante e é regularmente convidado para falar em seminários de negócios e conferências ao redor do mundo (jurgenappelo.com).

Depois de estudar engenharia de software na Delft University of Technology, e finalizar seu mestrado em 1994, Jurgen esteve envolvido na criação e liderança de uma variedade de negócios holandeses, sempre na posição de líder de equipe, gerente ou executivo. Jurgen possui experiência em liderar uma horda de 100 desenvolvedores de software, gerentes de desenvolvimento, gerentes de projetos, consultores de negócios, gerentes de qualidade, gerentes de serviço e alguns cangurus, os quais ele contratou acidentalmente.

Atualmente ele trabalha em tempo integral desenvolvendo materiais didáticos inovadores, livros e outros tipos de conteúdo. Mas às vezes Jurgen coloca tudo de lado para programar ele mesmo, ou passar um tempo com sua crescente coleção de literatura de fantasia e ficção científica, que ele empilha em uma estante que ele próprio desenhou. Ela tem 4 metros de altura. Jurgen vive em Roterdã (Países Baixos) – e em Bruxelas (Bélgica) – com seu parceiro Raoul e uma rede Wi-Fi chamada Scooby.

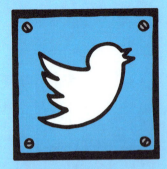 **twitter.com**
/jurgenappelo

 **youtube.com**
/user/jurgenappelo

 **linkedin.com**
/in/jurgenappelo

 **slideshare.net**
/jurgenappelo

 **facebook.com**
/jurgenappelo

 **www.noop.nl**

Cocriadores

É impossível escrever um livro como este que você acabou de ler sem a ajuda de uma comunidade solidária de amigos, parceiros, profissionais e leitores. Muitas pessoas ajudaram na criação deste livro – às vezes, até mesmo sem perceber.

O livro foi revisado – e meu inglês não nativo foi significativamente melhorado gramaticalmente – por Betsy Goolsby, David Gregory e Wayne Purdin.

A edição de design deste livro foi lindamente formatada graças às incríveis habilidades de design de Linda Hirzmann. Alguns rascunhos anteriores e adaptações tardias de capítulos foram criados por Erik Gille.

Fotos úteis foram gentilmente oferecidas por Anthony Claverie, Dave Brands, Gary Shepherd, José Ignacio de Juan, Jürgen Dittmar, Kamil Sowa, Koen van Wijk, Mateusz Gajdzik, Omar C. Bermudez e Robie Wood.

Seria um livro chato sem as maravilhosas histórias e contribuições oferecidas por Agnieszka Zimończyk, Alix Moghadam, Anders Ivarsson, Cláudio Pires, Flavius Stef, Florian Hoffmann, Gary Shepherd, Geoffrey Lowney, Gerardo Barcia Palacios, Inga-Lill Holmqvist, Ivo van Halen, Ivo Velitchkov, Jason Little, Johan Dahlbäck, Juhani Lind, Lazar Todorov, Paul Bowler, Paul Holden, Patrick Verdonk, Peter Rubarth, Riccardo Bua, Robie Wood, Sebastian Radics e Stefan Wunder.

As visitas inspiradoras às empresas foram organizadas por Anders Ivarsson, Ivo van Halen, Jesper Richter-Reichhelm, Jordi Ascolies, Kees de Koning, Leighton Gao, Olve Maudal, Paweł Pustelnik, Rory Abbott e Volker Dusch.

Seria difícil ler este livro sem as muitas melhorias oferecidas por meus revisores Adrian Lupei, Alexandros Philopoulos, Andrej Ruckij, Angelo Anolin, Caspar Below, Craig Brown, Dan Woodward, Derek Graham, Eduardo Scudeler Fernandes, Erik Weber, Inga-Lill Holmqvist, Jan Pastwa, Janka Haderkova, Jorge Ronchese, Ken Weir, Koen van Wijk, Matthias Wolf, Max Heywood, Maxim Krizhanovsky, Mike Griffiths, Mike Leber, Nilesh Kulkarni, Paul Immerzeel, Paweł Pustelnik, Pierre Fauvel, Preeti Gholap, Rafael Cichini, Rainer Grau, Ramkumar KB, Riccardo Bua, Scott Duncan, Sergiu Damian, Sigrid Smeele, Stefan Haas, Stefano Leli, Thomas Kuryura, Tomasz Skubisz, Tony Navarro, Vibhu Srinivasan, Vijay Bandaru, Voranc Kutnik, Wim Heemskerk, Yehonathan Sharvit e Yves Charreire.

Finalmente, minha equipe na Happy Melly sempre me ofereceu muito apoio. Obrigado a todos!

Peço desculpas pela qualidade deplorável de todas as ilustrações. Eu mesmo as fiz.

Tradutores

Um trabalho dessa magnitude e importância jamais teria acontecido sem a ajuda de um seleto grupo de tradutores, que emprestaram seu tempo e talento para tornar possível o sonho deste livro em português.

Aqui você conhecerá um pouco mais sobre eles:

Mateus Rocha
Idealizador desta obra em português. Trabalha com agilidade organizacional no grupo UOL. Apaixonado por compartilhar conhecimento e participar de discussões sobre gestão moderna, é Co-owner do canal Papo ágil, coordenador de materiais de Management 3.0 em português, finalizando o mestrado em engenharia de software pelo IPT, além de facilitador do tema. Adora viajar, ficar com a família e ler sobre assuntos complexos e inovadores.
@mateusbr

Isabel Coutinho
Agilista, possui 14 anos de experiência na área de tecnologia, sendo os últimos sete focados em gestão, liderança e agilidade. Cofundadora da Carbono Consultoria & Treinamentos, onde ministra treinamentos de Management 3.0 e workshops práticos com foco em agilidade e liderança. Coautora dos livros "Jornada Ágil e Digital" e "Jornada Ágil do Produto", também publicados pela Brasport, é apaixonada por inovação e motivação de pessoas.
@_icoutinho

Tadeu Marinho
Iniciou sua jornada profissional desenvolvendo produtos digitais em 1999, vivenciando as dificuldades da aplicação da gestão tradicional (linear) no dia a dia do trabalhador do conhecimento. Em 2003 encontrou nos princípios e valores da agilidade a adaptação necessária para lidar com a complexidade envolvida no trabalho criativo (não linear). Praticante do Management 3.0, possui diversos artigos e casos de estudo publicados no site da instituição. Trabalha atualmente como agente de mudança organizacional ajudando empresas a se adaptar para gerar mais valor através da agilidade organizacional (business agility).

Luisa Escobar
Engenheira colombiana com ♥ brasileiro, apaixonada pela cultura ágil, especializada em qualidade e comportamento e ciência da felicidade, com mais de 15 anos trabalhando em projetos de transformação. Responsável da área de engagement & team culture na Ambevtech e facilitadora oficial de Management 3.0.
linkedin.com/in/luisaescobarpalencia/
@luisa.karo.escobar

Diogo Riker
Agilista formado em design de interação. Acredita que a experiência do usuário é o diferencial em qualquer produto e que a colaboração é o melhor caminho para alcançar esse objetivo. É criador do Agile.Pub, organizador do Agile In The Jungle, autor do e-book "**A Arte Da Facilitação**", facilitador de Management 3.0, apreciador de cerveja e vinho e aprendiz de mágico.

Ivan Ferraz
Especialista em gestão moderna e agilidade organizacional, apoiando empresas no processo de transformação organizacional através de práticas ágeis e gestão moderna, criando ambientes produtivos e colaborativos. Formado em Sistema de Informação e pós-graduado em Engenharia de Software, possui algumas certificações ágeis. No grupo Descomplicando Agilidade encontrei meu Ikigai.
@ivanferraz1105

Gino Terentim
Pai da Isa, filho da Dona Arlette, do Seu Gino e marido da Lu. Foi Coordenador Geral de Gerenciamento de Projetos no Ministério da Ciência, Tecnologia, Inovações e Comunicações e esteve à frente do escritório de projetos estratégicos da CAIXA. Doutorando pela Université de Bordeaux, com MBE em Economia e Gestão de Projetos pela USP, possui amplo conhecimento e experiência em Planejamento Estratégico, Inovação e Gerenciamento de Portfólios, Programas e Projetos. É mentor de startups, autor, professor e curioso, buscando tornar o mundo um lugar ainda melhor por meio da educação. Coautor do livro "Gestão de Mudanças em Abordagens Ágeis", também publicado pela Brasport.
@ginoterentimjr

Ricardo Peters
Ricardo Peters se destaca pela sua paixão quando o assunto é gestão e agilidade na prática, ajudando equipes e líderes em sua jornada rumo à agilidade. Seu foco está em unir pessoas para navegar os diferentes desafios, abordagens, métodos e culturas organizacionais. Sabe que empoderar pessoas é a melhor forma de construir ambientes de trabalho mais felizes e produtivos, e de desenvolver surpreendentes novas oportunidades.

Elaine Valverde
Uma agilista apaixonada por pessoas, que hoje não vê possibilidade de trabalhar com um modelo de gestão diferente do que é proposto neste livro. Atualmente, faz parte da transformação ágil na Conectcar, onde pode trabalhar alinhada com o seu propósito de impactar positivamente a vida das pessoas ao seu redor. Mãe do Matheus, tia das plantas, louca por viagens e projetos faça você mesmo, não consegue enxergar um descolamento entre pessoal e profissional. Então segue trabalhando entre plantas, pensando em pintar paredes no escritório e cheia de post-its pela casa.

Na verdade, você pode baixar todas as ilustrações que eu fiz para meus os meus três primeiros livros, incluindo este! Sim, é tudo grátis. E sim, você pode usá-los em seu próprio trabalho, de forma comercial ou não. Eu apenas gostaria que você desse os créditos a mim por esse trabalho, incluindo o link para um dos meus sites.

• • • • • • • • • • • • • • • • • • •

Contudo, o que eu realmente espero é que você comece a produzir suas próprias ilustrações. O mundo já tem fotografia demais!

M30.ME/ILLUSTRATIONS →

Os eventos de Management 3.0 visam influenciar líderes e profissionais do conhecimento que estão tentando ser mais ágeis e enxutos em suas abordagens de gestão. Os cursos e workshops geralmente atraem um mix de líderes de equipe, gerentes de desenvolvimento, diretores, agile coaches, gerentes de RH, gerentes de projetos e profissionais criativos.

O objetivo mais importante dos eventos de Management 3.0 é as pessoas encontrarem formas de melhorar suas empresas. Todos os eventos seguem os seguintes princípios: teoria e prática em pequenos pedaços; visuais claros e objetivos; histórias inspiradoras e metáforas; jogos divertidos e exercícios; grupos de discussão focados; e práticas concretas com resultados tangíveis.

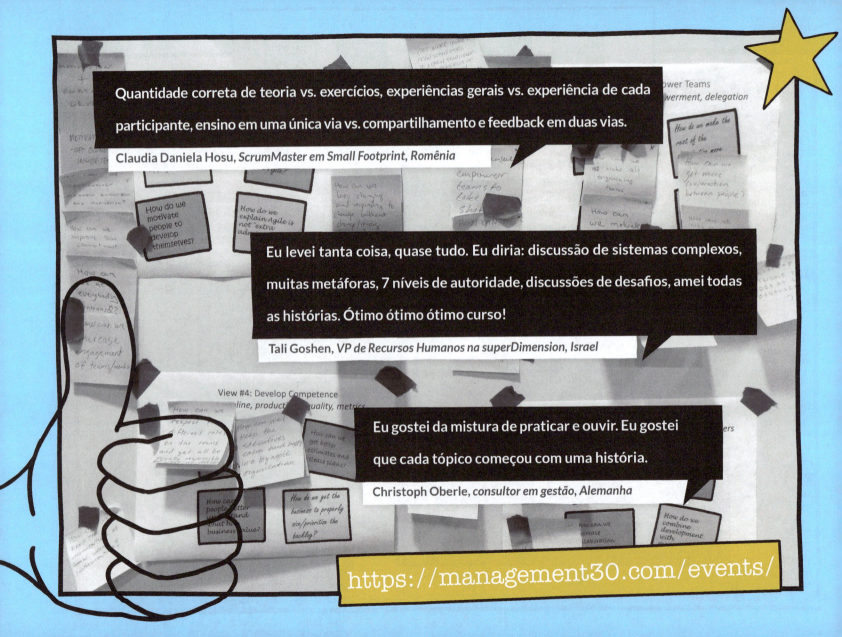

Licenciamento

Você gostaria de ensinar as pessoas os princípios e práticas do Management 3.0?

Você quer usar o pôquer da delegação, moving motivators e todos os outros jogos divertidos, exercícios, slides e ilustrações em suas turmas?

Junte-se à crescente comunidade de facilitadores de Management 3.0!

<https://management30.com/facilitators/licensing/>

Acompanhe a BRASPORT nas redes sociais e receba regularmente
informações sobre atualizações, promoções e lançamentos.

@Brasport

/brasporteditora

/editorabrasport

/editoraBrasport

Sua sugestão será bem-vinda!

Envie uma mensagem para **marketing@brasport.com.br** informando se
deseja receber nossas newsletters através do seu e-mail.